はしがき

私たち、労働者側弁護士にとって待望の労働審判制度が平成18年（2006年）4月にスタートします。現在、審判員候補者の研修、裁判所と弁護士（会）との協議による運営方法の検討（例えば、東京地裁労働部と日弁連労働法制委員会との労働訴訟協議など）など準備が進められているところです。

労働審判制度は、主として２つの点で画期的な制度です。１つは、職業裁判官（労働審判官）と労働問題の専門家として労使団体から推薦・選任される、いわば素人裁判官（労働審判員）の３名が１つの合議体を構成し、３名で判断するという点です。現在、停止状態になっている刑事事件における陪審制度を除けば、日本の司法に初めて非職業裁判官が評決権を持って参加するもので、裁判員制度より一足先にスタートします。これによって、労働現場の感覚を活かそうというのが狙いです。２つは、３回の期日で結論（調停の成立又は審判の言い渡し）を出すという点です。制度設計にかかわった裁判官からは日本の民事裁判を大きく変える可能性を期待する声も出されています。これによって、迅速さを担保します。

このように、初めての制度であり、立法段階で十分に詰められなかった点、あるいは、審判に対するイメージのズレや変動もある中で、労働側弁護士という実務家の立場から、本制度とその運用に期待を込めて、しかし、中立・公正を旨として記述したのが本書です。労働審判制度にかかわることとなる法律家はもちろん、審判員となっていただく方、その方を推薦する労使団体、そして何よりも制度の主役となる労働者や労働相談担当者の皆さんに読んでいただけるような記述に心掛けました。

様々に、不備な点、十分に詰められていない点、裁判所あるいは使用者側の立場からは対応しきれない点などあろうかと思いますが、忌憚のないご意見、ご批判をいただき、本書が制度の趣旨の着実な実現に向けての素材となれば、幸いです。

労働審判制度が、日本の労使関係の中で、労使双方から信頼され、期待される制度として育っていくためには、まず何よりも利用者（主として、労働者）を得なければなりません。そして、審判委員会と労使の代理人がそれぞれの立場はありつつも、制度趣旨実現のために努力・工夫することが求められ、ことに、使用者代理人の負担と責任は重いものがあると考えます。法曹界全体の責務として労働審判制度の定着、発展に寄与したく思います。

2005年6月

著者を代表して
鴨　田　哲　郎

第2版のはしがき

労働審判制度が始まって、もうすぐ6年目を迎えようとしています。2010年には5年目を迎えるにあたって、大きなシンポジウムが開かれたり、日弁連による利用者アンケートも行われました（その後、JILPTによるアンケート調査も行われました）。

労働審判制度は、いわゆる司法改革の中で、最も成功した制度と裁判所側は評価していますし、利用者（主として申立人となる労働者）や代理人弁護士からも概ね好評を得ています。申立件数は右肩上がりで、これに伴って審判員も増員され、立川、小倉を皮切りに支部（県庁所在地ではない場所にある裁判所）での審理も始まり、これからますます拡大されるでしょう。

しかし、その一方で、審理方式が柔軟な中で審判官（職業裁判官）の個性が審理に反映されるため、調停（和解）にばかり熱心だとか、審理が強引だとか、審判員の役割が見えなかったなどの批判もあります。また、本訴や仮処分の申立も減るどころか増えています。

時代の状況とともに、泣き寝入りしない労働者が確実に増加しているものと思われます（その割には、労働局のあっせん申立等の数や比率はそれほど大きく伸びてはおらず、あっせん申立件数と労働審判申立件数との差も大きいものがあります）。

この間、労働契約法の制定、労基法、育児介護休業法、パート法等の改正などがなされ、労働関係に係わる者にとっては増々、法令や制度に習熟することが求められています。

これらを踏まえ、筆者らのささやかな経験の中で第2版の運びとなりました。本書が労働問題への対応を検討される多くの方々の参考となれば幸いです。

2011年2月

著者を代表して

鴨　田　哲　郎

第３版　はしがき

2011年に第２版を出して、はや12年。労働審判制度が始まって（2005年）18年となり、制度として定着したと評価してよいでしょう。

この12年間、実定法では、民法改正や労基法改正等々があり、働き方改革と言われ、コロナの影響もあって、働き方も大きく変わってきつつあると言われます。他方、働く者の意識、特に団結とか連帯とか主体的に闘うという面ではどうなんだという指摘もあります。労働審判制度を労働者個人が活用するとしても、労働組合や労働者集団のサポートは大事なものです。労働裁判としてくくられるものの件数がここのところ7,000件台で推移して減りもしないが、増えてもいないという点をどう評価すべきでしょうか。労働相談の中で顕著なのは、各種ハラスメントに関わるものが、解雇・雇止めなど身分そのものに関わる事項を押しのけてトップにあることです。

時代の変化に応じて、制度やその運用・活用も工夫していかなければなりません。「迅速」「柔軟」に解決しうる制度にさらに工夫を加え、益々発展するよう望むところです。

これらを踏まえ、筆者らのささやかな経験の中で第３版の運びとなりました。本書が労働問題への対応を検討される多くの方々の参考となれば幸いです。

2023年４月

著者を代表して
鴨　田　哲　郎

第１編　労働審判制度の仕組み

第4編　労働審判申立書の書き方

巻末資料

凡　例

本書においては、法令等につき以下のように省略しています。

労働審判法	法
労働審判規則	則
労働基準法	労基法
個別労働関係紛争の解決の促進に関する法律	個別労働紛争解決促進法
労働契約法	労契法
雇用の分野における男女の均等な機会及び待遇の確保等に関する法律	男女雇用機会均等法
育児休業、介護休業等育児又は家族介護を行う労働者の福祉に関する法律	育児介護休業法
労働施策の総合的な推進並びに労働者の雇用の安定及び職業生活の充実等に関する法律	労働施策総合推進法
高年齢者等の雇用の安定等に関する法律	高年齢者雇用安定法
短時間労働者及び有期雇用労働者の雇用管理の改善等に関する法律	パートタイム・有期雇用労働法
労働者派遣事業の適正な運営の確保及び派遣労働者の保護等に関する法律	労働者派遣法

第１編

労働審判制度の仕組み

第１　労働審判法成立の経緯と意義

1　個別労使紛争の激増

1991年（平成３年）のバブル経済崩壊後から、日本の社会において「リストラ」の嵐が吹き荒れ、「リストラ」という名の“首切り”が我が国の労働者を直撃しました。単純に解雇を言い渡すだけでなく、悪質な使用者は、退職勧奨に応じない労働者を一カ所に集め、“研修”と称して山で木を伐らせたり、“自己啓発”と称して労働者を缶詰にして反省文を毎日書かせるといった「退職強要」が横行するようになりました。挙句に、退職勧奨を拒否した労働者を“座敷牢”に閉じ込め、仕事もさせず、ただただ労働者が自分から「退職します」と言い出すのを待ち続けるという陰湿ないじめが横行し、「職場いじめ」が社会的な問題となりました。

日本労働弁護団が、初めて電話による労働相談活動を始めたのは、1993年（平成５年）２月の首都圏を対象とした「雇用調整ホットライン」でした。電話相談を始める前は、電話など掛かってこないのではないかという不安もありましたが、そのような危惧は吹き飛んでしまいました。一日中、電話が鳴りっ放しの状態で、次から次に労働者からの相談が寄せられたのです。これらの相談は、労働争議や不当労働行為等といった労働組合と使用者との紛争である「集団的労使紛争」ではなく、労働者個人と使用者との間の「個別労使紛争」であり、私たちは「市民的労働事件」と呼び、相談活動に取り組んできました。

1993年に「雇用調整ホットライン」を始めて以来、日本労働弁護団では、継続して電話や面接による労働相談活動を続けており、今年で30年になります。個別労使紛争の相談活動を始めてから、日本経済と企業社会の動向や労働現場の状況の変化に応じ、労働相談のネーミングは「リストラ110番」に始まり、「倒産・リストラ110番」、「企業再編・リストラ110番」、「残業・リストラ110番」、「残業・長時間労働110番」「労働トラブル110番」などと変わりましたが、労働者からの労働相談は今も止むことはありません。

ここ数年（2020年～2022年）の統計を見てみると、労働弁護団に寄せられる労働相談の件数は、年間2,000件～3,000件で推移しています。相談内容を見ると、解雇に関する相談の中でも整理解雇の相談が減っていて、逆に雇止めに関する相談割合が顕著に増えています。新型コロナ禍における不況業種で、非正規労働者が雇用の調整弁になっている状況だと思われます。ハラスメントに関する相談も顕著に増えています。

また、2001年10月に施行された「個別労働関係紛争の解決の促進に関する法律」（個別労働紛争解決促進法）に基づき、全国の労基署では労働相談、都道府県労働局では助言・指導やあっせんが行われるようになりました。厚生労働省の発表によれば、2021年度の民事上の個別労働紛争の相談が約28万4,000件（前年比1.9％増）もあったということです。国の機関が全国で組織的に労働相談を行うのですから、相談件数も桁が違ってくるのでしょうが、これだけ多くの労働相談が毎年あるとは大変驚きです。しかし、労基署や都道府県労働局の相談で紛争が解決しているかというと、助言・指導の申出は約8,400件、あっせんの申請はわずか3,760件であり、残り約27万件が相談だけで終わり、解決手続に至っていないのです。

＊**「総合労働相談」**：都道府県労働局、各労働基準監督署内、駅近隣の建物など379カ所（令和４年４月１日現在）に、あらゆる労働問題に関する相談にワンストップで対応するための総合労働相談コーナーを設置し、相談員が対応している。なお、平成28年度から、都道府県労働局の組織見直しにより「雇用

環境・均等（部）室」が設置され、これまで「雇用均等室」で対応していた男女雇用機会均等法等に関しても一体的に労働相談として対応することになったため、それらの相談件数も計上されている。

後記の「労働審判制度利用者調査」（東京大学社会科学研究所）によれば、労働審判申立事件の約６割が行政の労働相談を通ってきていることが報告されています。厚労省の全国の総合労働相談窓口や各都道府県の行政相談窓口から労働審判制度を紹介されて申立に繋がっているのではないかと思われます。

2　解決システムの不備と司法改革の必要

日本労働弁護団や総合労働相談コーナー等に寄せられる労働相談だけでもこれだけ多数に上るのに、日本の裁判所に、労働事件として持ち込まれる件数はごくわずかでした。裁判所の統計資料（判例タイムズ1147号５頁～６頁）によると、91年（平成３年）のバブル経済崩壊後から2003年（平成15年）までに全国の裁判所に提訴、申立された労働事件の数は増え続けています。全国の地方裁判所（第一審）の新受件数は91年以降、右肩上がりで事件数が増え、2000年には2,000件を超え、2003年は2,433件に達し、過去最高を記録しています。これに仮処分申立事件の新受件数を加えると、2003年は約3,150件になります。

それでも、わずか3,150件にすぎません。毎年、労働弁護団や総合労働相談コーナー等に寄せられる労働相談の数と裁判所の処理件数とを単純に比較することはできないかもしれませんが、これでは、毎年日本で起きている労使紛争の圧倒的多数が未解決のまま、年々放置され続けていることと同じです。使用者に対して強制力を持った司法による紛争解決システムの整備がどうしても必要な現状にあるのです。

今の個別労使紛争の大きな特徴は、民間労働者の８割以上が労働組合に加入していない未組織の労働者だということです（日本の労働組合の組織率はほぼ一貫して下がり続けており、2021年は16.9％まで落ち込んでいます。組合員数は何とか1,000万人を維持しています。中でも中小企業の組織率は著しく低く、従業員999人以下の企業では11.1％ですが、同99人以下では0.8％で、労働組合がないに等しいです)。自分の勤めている会社に労働組合が存在せず、労働組合の援助を受けることができない労働者が圧倒的に多いのです。また、たとえ労働組合があっても、個別紛争は団体交渉事項として扱ってくれない場合も多いのです。そこには、職場で労働紛争を抱えながら、誰からも支援を受けることができず、１人で孤立している労働者の姿が見えてきます。

これだけたくさんの個別労使紛争が起こっているのですから、労働者の権利確保、救済のためにも、社会や企業の安定のためにも、紛争が起きたときには、誰でも、いつでも、簡便に、裁判所を利用して早期に労使紛争を解決できるシステムが是非とも必要だったのです。

3　労働審判制度の誕生

激増する個別労使紛争に的確に対応できる司法の仕組みができないかということで、政府の司法制度改革推進本部の中の労働検討会（座長は菅野和夫東京大学教授（当時））の場において、2002年（平成14年）２月から2003年（平成15年）12月まで31回にわたって審議がなされました。労働検討会では、政府関係者、研究者だけでなく、労働組合出身の委員や労働者側弁護士、使用者団体出身の委員や使用者側弁護士、それに裁判官も加わって、激しく粘り強い議論が重ねられ、菅野座長の強い熱意で、「労働審判」という我が国の裁判制度の歴史上まったく新しい制度を創設することが、全員一致により合意されました。2004年（平成16年）４月に労働審判法が成立し、2006年（平成18年）４月１日から施行されました。

菅野教授の言葉をお借りすれば、この制度は「50年に一度のあるかないかのチャンスを得て創設された司法制度」であり、この新しい個別労使紛争解決システムを本当に生きた制度として、日本の労働者にとって利用しやすく、役に立つものとしていくことが切望されます。日本で誕生した新しい制度なのですから、これを利用する労働者と代理人がまず積極的にこの制度の運用を担っていかなければなりませんし、意義あるものを形成していかなければなりません。

さらに、裁判所、審判員、使用者代理人等の関係者が制度趣旨を深く理解し、期待に応えるべく、格段の努力をなすことが求められます。

4　労働審判法施行後の利用状況

それでは、労働審判法が施行されてからの労働審判の利用状況はどうだったのでしょうか。

最高裁判所が公表している統計によると、最初の年である2006年（平成18年）４月～12月までの全国の地方裁判所における労働審判事件の新受件数（申立件数）は877件でした。この件数は１年間ではなく９カ月の統計であり、また、新制度が施行されたばかりで弁護士や国民の間に知られていないことや、当初は労働組合の中には労働審判制度に懐疑的で利用すべきではないという組合もあったことから、申立件数はそれほど多くありませんでした。

ところが、その後、労働審判制度が労使紛争を迅速に解決できる制度であることが労働組合や労働者の間で広まるに従って、申立件数が増加していきました。２年目の2007年には1,494件となり、労働審判制度を策定した当時の最高裁判所の年間予測件数1,500件に２年目で届きました。2008年には2,000件を突破して2,052件となり、2009年は前年のリーマンショック後の不況によるリストラ・解雇事件が急増したことにより、3,468件と前年より一気に1,400件以上も増えました（対前年比69％もの増加）。その後、リーマンショックが収まった後も減少することなく、裁判所に申し立てられる労働事件の件数は訴訟事件とあわせてほぼ増加傾向にあります。

2015年（平成27年）には両方の件数あわせて7,000件を突破し、いったん下がったものの、2018年（平成30年）以降は現在まで7,000件台を維持しており、2020年（令和２年）には、労働事件の訴訟件数も労働審判事件件数も過去最多となり、それぞれ3,963件と3,646件、合計7,870件でした。

ここまで労働審判の利用が急増した要因としていくつかのことが考えられますが、まず、何といっても「手続にかかる時間が短い」という迅速性が挙げられます。最高裁の発表した統計資料（令和３年）によると、全国の労働審判既済事件の期日実施回数（終結した事件の審理回数――24条終了、却下・移送を除く）は、１回で終わった事件が30％、２回で終わった事件が38％、３回で終わった事件が20％、４回以上かかった事件が１％となっており、２回目の期日までに手続が終了した事件は68％もあります。申立から終局日までの平均審理期間を見ると、かつては73.6日（平成23年当時）となっていましたが、現在は91.0日となっています（令和３年）。それでも民事訴訟の第一審手続よりかなり短い期間で手続が終了しています。これらは驚くべき結果であり、従来解雇事件の本訴が１年～２年、仮処分申立事件でも３カ月～６カ月かかっていたことからすれば、わずか２回か３回でこんなに迅速に手続が終わるとは予測できませんでした。

２番目の要因として考えられるのは、事件の解決率が高いということです。最高裁の資料で労働審判既済事件の終局事由ごとの割合を見てみると、労働審判が宣告された事件が約16％、調停が成立した事件（調停により事件が解決して終了したもの）が約70％、労働審判法24条による終了（審判手続での解決不能）が約６％、取下げが８％となっています。さらに、労働審判が宣告された事件のうち異議申立がなされずに終了した事件が５割近く（47.9％）ありますから、実に８割近い事件が労働審判手続において解決していることになります。この高い解決率も驚異的な結果であり、労働審判申立事件が平均３カ月で迅速に、しかも全体の８割近くが解決に結びついているということが、労働審判の利用件数が飛躍的に伸びた要因と思われます。

どんなに解決までにかかる時間が短くても、その内容が良くなければ制度として意味がありませんが、東京大学社会学研究所が裁判所に協力してもらって2009年秋に実施した「労働審判制度利用者調査」のアンケート結果を見ると、調停が成立して事件が終了した人で調停の内容に満足21％、やや満足31％で合わせると52％の人が満足しており、労働審判が宣告された人のうちで審判の内容に満足と答えた人が42％、やや満足が21％で合わせると63％の人が満足していると答えています。回答者数が71人と少ないですので、統計的に有意な数字とは言えませんが、労働審判手続に満足している人が５割～６割いることも、この制度が広く利用されるようになった要因の一つだといえます。

さらに、2018年に実施された第２回の「労働審判制度利用者調査」（東京大学社会学研究所）の結果を見ても、2010年調査結果と同じ傾向が出ています。すなわち、①「迅速な解決が実現している」「時間・費用について予測がついた」という回答が多く、②特に労働者側の高い評価・満足が示されている、③中小企業使用者が労働審判手続をきっかけとしてコンプライアンス体制や人事管理制度の見直しを行っている、このような結果から、労働審判制度は、①労働者の司法アクセスの拡大、②当事者にとって評価・満足度の高い労使紛争解決の提供、③中小企業の労働関係への法の浸透といった役割を果たしていると分析されています。

2018年調査の特徴としては、①2010年調査では低かった使用者側の評価・満足が向上し、労働者側の高い評価・満足は引き続き維持したままで、使用者側の評価・満足が高まっていることは、労働審判制度のさらなる発展にとって良い材料であるといえます。②大規模企業の使用者の評価・満足は前回調査もそれほど低くはありませんでしたが、2018年調査ではさらに改善して、ほぼ労働者と遜色のない高い評価となりました。「満足している」労働者は57.8％、使用者（従業員300人以上）55.2％でした。中規模企業（従業員30人～299人）でも５割弱が「満足している」と回答しています。これに対し、小規模・零細企業（30人未満）の使用者の満足度は依然として低く、半数以上が「満足していない」「満足している」と回答しています。

第2　労働審判制度の特徴と意義

労働審判制度とは、個別労働関係事件について裁判官1名と労働関係に関する専門的な知識経験を有する労使の専門家2名で構成する委員会（労働審判委員会）が3回以内の期日で審理し、調停による解決を試み、調停が成立しない場合には「当事者間の権利関係を踏まえつつ事案の実情に即した解決をするために必要な審判」を行うという制度です（法1条）。

この制度の特徴を一言でいうと、多発する個別労使紛争を通常の民事裁判ではなく、労使の専門家と裁判官が一緒になって審理し迅速で柔軟な解決をすることができる司法制度ということです。すなわち、通常の民事訴訟と比べると、労働審判制度の最大の特徴は、迅速性・専門性・柔軟性の3つを備えた実効的な解決システムという点にあります。

なお、本書では、労働審判全般の制度や手続については「労働審判制度」「労働審判手続」と、結論として出される労働審判については、単に「審判」と表示します。また、労働審判法を「法」と、労働審判規則を「則」と表示します。また、実情については筆者らが経験している東京地裁の実情に基づいて記述していますので、各地での運用、実情には若干の違いがあります（東京地裁における制度運用状況については判例タイムズ1315号5頁以下も参照されたい）。

1　迅速な審理

1　３回以内の期日で結論

通常の労働裁判（本訴）は審理期間が長く、例えば１人の解雇事件でも一審の判決までに１年半から２年くらいかかっていました。日本の裁判は長くかかりすぎるということが、労働事件で裁判所が利用されない一番の原因であったと思われます。

これに対して、労働審判手続は、３回以内の期日で、審理を終結するのが原則です（法15条２項）。必ず３回の期日を行うものではなくて、事情に応じて１回や２回の期日で終了することもあります（則21条２項）。調停が成立せず審理手続が終結すると、「審判」が出されます。2010年（平成22年）10月までに「審判」が出された事件は全体の18.6％で、２割弱の事件で「審判」が宣告されています。そのうち62.7％の事件において異議が出され、通常訴訟に移行しています。

2　審理期間

第１回期日は申立後40日以内に指定しなければならないので（則13条）、最初の期日まで約40日かかります。そして、第２回期日と第３回期日までの間隔は事情に応じて様々ですが、概ね第２回目は２週間〜３週間後、３回目はもっと短い場合が多いと思われます。２回目の期日までに手続が終了した事件が７割近くもあり（24条終了、却下・移送を除く）、申立から終局日までの平均審理期間は91.0日となっていて、平均するとかなり短い期間で手続が終了しています。

しかし、過去には申立から平均して約２カ月半で労働審判事件は終局解決していたのに、なぜ現在は約３カ月（91.0日）に延びたのでしょうか。主要な要因の一つは、近時、相手方に代理人が就くのが遅れたとか、相手方代理人の予定が合わないなどという主に相手方の理由により、第１回労働審判期日がなかなか入らず、期日の指定が遅くなっていることがあります。労働審判規則13条は、労働審判官は特別の事由がある場合を除き、申立から40日以内に第１回期日を指定しなければならないと定めているのに、40日以内に期日が入らないことが往々にしてあります。筆者の経験では、申立から50日以上酷い時には２カ月以上も先に指定されたことがあります。これに対して「40日を超えて期日指定するのは法律に反する」と文句を言うと、ある書記官は「40日は目安ですから」と答えたことがありました。法律を軽視する期日指定の在り方は厳に戒めるべきであり、迅速を第一の趣旨とする労働審判制度を否定することになりかねません。

３　速やかな争点及び証拠の整理

３回以内の期日で審理を終結させるためには、迅速で効率的に審理を進めなければならないので、労働審判委員会は「速やかに当事者の陳述を聞いて争点及び証拠の整理をしなければならない」義務を負っています（法15条１項、則21条）。また、申立書には予想される争点とこれに関する証拠を記載するよう求められています（則９条）。当事者は、やむを得ない事由がある場合を除き、労働審判手続の第２回の期日が終了するまでに、主張及び証拠書類の提出を終えなければなりません（則27条）。

したがって、労働審判委員会は、第１回目の期日から申し立てられた事案の争点は何かを究明して争点整理を行わなければならないとともに、主張事実を裏付ける証拠はあるか、どの証拠がそれにあたるのかを整理しなければなりません。第１回期日にこれらの争点整理と証拠整理が終わらないと迅速な審理は望めないし、とても３回の期日では審理は終結できません。実際の労働審判手続では、労働審判官が「本件の争点は〜の３つですね。双方の代理人、よろしいでしょうか」と尋ねて、概ね冒頭に争点整理がなされているようです。

ただし、証拠の整理については、時間もかかり、労働審判員が十分に検討する時間がないという事情もあって、労働審判委員会全員が事前に十分に証拠を見て理解しているかどうか不安も残りますので（東京地裁のように、労働審判員には書証の写しが交付されない取扱いがなされている場合はなおさら)、審理の中で特に重要視してほしい証拠の内容を労働審判委員会に対して指摘することを忘れないようにした方がよいでしょう。申立書の中で引用したり、別紙として添付したり、あるいはマーカーで色を付けたりの工夫が考えられます。

4　審判関係者の迅速手続義務

迅速な審理を実現するために、労働審判委員会には上記のような義務が課せられていますが、これは当事者の協力、努力がなければ実現不可能ですので、当事者に対してはその責務として、「早期に主張及び証拠の提出をし、労働審判手続の計画的かつ迅速な進行に努め」、信義誠実に手続を進行する義務が課せられています（則２条)。

5　期日における口頭主義の原則

民事訴訟の実務では書面主義がとられ、期日には準備書面が提出されるだけ（ただし、最近は１週間前提出が一般的になってきています）で、訴状に対する答弁書提出の期日、答弁書に対する反論の準備書面提出の期日、さらに反論の準備書面提出の期日と期日が何回も重ねられることが多いものです。

しかし、労働審判手続では、書面の提出は原則として申立書と答弁書だけで、あとは口頭主義が原則です（則17条１項)。答弁書に対する反論やこれに対する再反論、再々反論は労働審判期日において口頭で行うと定められています。当事者と労働審判委員会とが期日においてその場でお互いに議論し合い、これによって早期に争点とそれに関する当事者の主張及び証拠を明確にしようとするものです。相手方の主張に対する反論は「追って書面でなす」という対応は許されません。期日の場で直ちに反論しなければ負けてしまうおそれがあります。ただし、口頭での主張を補充する書面を出すことができます（則17条１項後段)。文字どおり、「補充」の書面であってあくまでも口頭主義が原則です。いちいち書面を作成する手間隙をかけないで、これによって審理の迅速化を図るというのが法律の趣旨です。

しかし、解雇理由が不明又は曖昧な解雇事件や、処分理由が不明又は曖昧な降格・減給事件などは相手方の答弁書が提出されて初めて具体的な解雇理由や処分理由がわかることも多いので、その場合には、申立人の主張をわかりやすく整理するために簡潔に補充書面で、第１回期日前に反論しておいた方が審理を充実したものにするために必要です。また、相手方の答弁内容によっては予測した争点がズレることもあり、その場合にも補充書面の事前提出が必要です。

実際に、連合東京が行っている労働審判員の研修では、労働審判員の皆さんは、「補充書面があったほうが助かる」という意見です。口頭で長く複雑な反論をされるとすぐには理解できないから、書面があった方がよいということでしょう。口頭主義を大事にしながら、主張の要諦を補充書面にして労働審判官と労働審判員の理解の助けにしてもらうことはやはり大事だと思います。筆者は必ず補充書面を出すようにしています。

2　労使の専門家と裁判官による評議

通常の民事裁判は、職業裁判官だけが審理し判決を下します。利用者側から見れば、企業での就業経験がなく大学・司法研修所を出ただけの純粋なキャリア裁判官に対しては、企業実務も企業社会も直接触れたことがない者が、専門性があり、ある意味で特殊な労働事件を適確に判断できるのかという疑問がありました。

これに対して、労働審判制度は、事件を審理・審判する労働審判委員会が職業裁判官１名と、「労働関係に関する専門的な知識経験を有する者」（労働審判員）２名によって組織され、合計３名で構成される合議体が労働審判手続を行います（法７条、８条、９条２項）。そして、「労働審判委員会の決議は、過半数の意見による」ものとされ（法12条１項）、労働審判員は職業裁判官と同一の評決権を持ちます。審判員は裁判官と対等な立場で事件を評議し審判するという強力な権限を持つと同時に、重大な責務を負っているといえます。この点、都道府県労働委員会の労働者委員や使用者委員が審問に参与するにとどまり評決権を有しない（労働組合法24条１項）のとは、まったく異なります。

このように、労働の現場を知り、労働問題の専門家である労働審判員が審判手続に加わることによって、個々の事件の実情や労使両当事者の意向に即した審理と調停、審判がなされることが期待され、労働審判委員会の判断（調停案や審判）に対する当事者の信頼は増し、納得の度合いも高まるものと考えられます。実際に、労働審判員に親身に自分の訴えを聞いてもらい理解してもらったという当事者の方もいますが、逆に、労働審判員が何も発言してくれなかったと不満を言う場合もあるので、労働審判員のより積極的な審理への関与が期待されます。

3　事案の実情に即した柔軟な解決

民事訴訟における判決は100かゼロか、勝訴か敗訴しかなく、その中間的な判断というものはありません。例えば、解雇事件では解雇が無効か有効か、労働契約上の地位があるかないかの判決ですし、賃金切下げ事件では切り下げられる前の賃金額の請求権があるかないかの判決しかありえません。通常の民事訴訟でも和解の試みはなされるものの、強制力を伴わないものですし、当事者が同意しなければやはり判決で白黒をつけるしかありません。

これに対して、労働審判手続は、労働審判委員会が事件を審理し、いつでも調停を試みることができ、調停による解決ができない場合に、「当事者間の権利関係を踏まえつつ事案の実情に即した解決をするために必要な審判」がなされます（法１条）。

審判は、「審理の結果認められる当事者間の権利関係及び労働審判手続の経過を踏まえて」行います（法20条1項)。したがって、権利義務の存否だけでなく、労働審判手続の経過として当該紛争の解決の仕方や条件についての当事者のそれまでの意見や対応などが踏まえられることになります。

審判の内容も、「当事者間の権利関係を確認し、金銭の支払、物の引渡しその他の財産上の給付を命」ずることができるのはもちろん、さらには、「その他個別労働関係民事紛争の解決をするために相当と認める事項を定めることができ」ます（法20条2項)。したがって、民事訴訟の判決とは異なり、労働審判はゼロか100かではなく、当該事案の実情に即した柔軟な、労使のバランスに配慮した解決を図ることが可能となっています。

最近筆者が経験した、労働審判を利用した柔軟な解決事例を紹介します。

⑴　船の上の労災事故に関する事件

相手方会社所有の曳航船の船長として勤務していた申立人が、勤務中、乗船する際に足を滑らせて転倒し大怪我を負って労働災害と認定され（後遺障害等級第8級)、当該労災事故による損害賠償を請求した事件です。相手方代理人と任意の交渉を重ねて、本件労災事故の態様と一定の過失（過失の内容については争いあり)、申立人の損害及び損益相殺についてはほぼ争いがなくなり、残る争点は過失相殺の割合に絞られたことから、この争点のみを労働審判手続で審理して労働審判委員会に損害賠償金額を判断してもらうために、両当事者の管轄合意の下で東京地裁に本件労働審判手続の申立を行いました。訴訟を提起すると、事故態様から過失の有無、過失割合まで本格的な訴訟になり2～3年はかかってしまうし、両代理人とも事務所が東京で、裁判管轄が横須賀支部と遠くて裁判所に通うのが大変であるから、相手方代理人に「お互いの過失は認めて、過失相殺の割合を除いてほぼ争いはなくなっているから、その点だけを労働審判という早い手続で審理してもらうのはどうか、横須賀支部まで何年も通うのはお互い大変だから、東京地裁で管轄合意してやれば１回か２回の期日で結論が出る」と持ち掛けて同意してもらいました。相手方としても損害賠償は保険会社が支払うので、一定の裁判所の判断があれば支払いやすいという事情もあって東京地裁労働部に労働審判を申し立てることにしました。案の定、担当の労働審判官からすぐに電話がかかって来て、「この労災事故を労働審判でやれるのですか？」と心配されていたので、「大丈夫。交渉過程で残った争点は過失割合だけだから、その点だけを審理してもらい判断してもらえば、お互いに従いますから、お願いします。労使推薦の労働審判員には船会社出身の人もいるはずだから、できれば船のことに詳しい労働審判員を選んでください」と説得して第１回期日を指定してもらいました。結果は、うまくいって、第１回期日で労働審判委員会から事故態様と過失の内容について質問があり、その審理の結果に基づく過失割合を判断してもらいました。使用者側８割、労働者側２割ということでした。申立人はこれで満足であったので受諾する旨回答し、相手方が第２回期日までに保険会社を説得するということになり、無事に調停が成立しました。申立からわずか２カ月のスピード解決でした。実は、もう一件同じ会社で船の上の労災事故が起きているので、こちらの方も同じやり方で解決しようと思っています。

⑵　退職勧奨を断り続けたら新設した「庶務課」に配転となった事件

長年マーケティングとＰＲの業務を担当してきた女性労働者が、社長の愛人問題等勤務態度を批判したところ、組織替えのため君にオファーする仕事はないから退職しろと何度も迫られ、退職勧奨を拒否し続けていると、社長が「それでは仕事を作ってあげよう」と言って、総務部に「庶務課」を新設し当該女性に配転命令を出して、それまで派遣労働者がやっていた仕事を命じた（賃金の減額はない）ことから、庶務課で就労する義務のないことの確認と退職強要による慰謝料を請求する労働審判を申し立てました。第１回期日で、労働審判委員会は使用者の配転命令には広い裁量があり、庶務課の業務も会社にとって全く必要のない業務ともいえないから、退職強要目的なのか通常の人事異動なのか、相当判断に迷っていました。そこで、第２回期日までの間を少し長めにとって、本当に申立人に与えるべき業務がないのか、労働審判期日に出頭していた人事部長が毎日業務を管理して申立人にやらせた業務内容を報告するようにと労働審判委員会から指示を出しました。申立人としては不満ではあったが、どうせコロナ禍で来客もほとんどいなくて、掃除と電話番と接客対応しかないので従うことにしました。ところが、第２回期日が来る前に、当該人事部長が自分の任務に嫌気がさして会社を退職してしまいました。これにより、労働審判委員会も退職強要、配転無効の心証を固め、相手方に対して庶務課への配転命令を取り消して元の業務に戻すこと、その際に担当業務に争いがないように「ジョブディスクリプション」の内容を確定させること、今後不当な人事評価や人事異動を行わないことと合わせて損害賠償まで命じる調停が成立しました。この事例も、労働審判の調停により、原状回復と労使紛争が再発しないように手当をした解決例です。

4　実効性のある解決

労働審判手続は、調停による解決を試みるという調停機能だけでなく、調停が成立しない場合には司法判断としての審判という判定機能をも併せ持っているので、個別労働紛争解決促進法に基づく都道府県労働局におけるあっせん、都道府県労働委員会における個別労使紛争のあっせん、簡易裁判所における調停など裁判外の紛争処理制度（ADR）が調停機能に限定されているのとは決定的に異なります。審判により司法判断がなされ、それが確定すると強制力を持つということになるので、当事者としてはその司法判断に従うという契機になり、その結論は重く受け止められます。このような判定機能を持つということはその前段の調停による解決を図る上でも重大な影響力を持つといえ、実効性のある解決が期待できます。

実際に、前掲の東京大学社会学研究所アンケート調査結果によれば、利用者は労働審判の判定機能に期待している人が多く、審判の内容を重視している傾向が出ています。短期間に一定の司法判断（争点に対する結論）が出るからこそ、それが紛争を解決する大きな力になって労働審判制度が実効性のあるものとなっているといえます。

第3　労働審判制度の仕組み

1　労働審判の対象

労働審判手続の対象となる事件について、法1条は、「労働契約の存否その他の労働関係に関する事項について個々の労働者と事業主との間に生じた民事に関する紛争」すなわち「個別労働関係民事紛争」と規定しています。

1　個別労働関係紛争

⑴　まず、対象となるのは個別の労働関係に関する紛争ですから、集団的労使紛争、すなわち労働組合と使用者との間の紛争は対象となりません。例えば、労働組合法の不当労働行為事件や労働争議をめぐる組織間（会社と組合、組合と組合）の紛争などです。ただし、解雇事件や配転無効事件などの労働審判において解雇や配転が不当労働行為にあたることを主張することは問題ありません。

⑵　募集及び採用に関する紛争は、労働契約成立前の段階ですから労働契約上の地位を争う紛争は対象となりませんが、募集・採用をめぐる損害賠償請求は対象となります。ただし、男女雇用機会均等法違反や不当労働行為を理由とする募集・採用差別の事件は法律の定め（男女雇用機会均等法5条、労働組合法7条）により公序と解されるので契

約上の地位を争う紛争も対象になると解されます。

(3)　採用内定取消し事件は、労働契約関係の存在を前提としているので対象となります。事実関係によりますが、内内定事件も同様です。

(4)　親会社に対して雇用責任や賃金の支払いを求める事件は、法人格濫用の法理や実質的同一性の法理などによって親会社との間の労働契約関係の成否が争いになる事件ですから、労働関係の存否を争う事件として対象となります（ただし、法24条の複雑事件にあたる場合があります）。

同様に、営業譲渡先の会社に対して労働契約上の地位確認や賃金請求等を行う事件も労働審判の対象になります。

(5)　請負や業務委託等の形式で就労しているが、実質的には「労働者に該当する」として労働契約関係があると主張する「労働者性」を争う紛争も、労働関係に関する紛争ですから、労働審判の対象となります。

2　労働者と事業主との間の紛争

(1)　対象となるのは個々の労働者と事業主との間に生じた紛争ですから、使用者と労働組合の間の紛争は対象外です。例えば、労働組合が会社に対して労働協約の不履行責任を追及する事件とか、ストライキが違法だとして会社が労働組合に対して損害賠償請求をする事件などです。

(2)　労働者個人間の紛争も対象となりません。問題なのは、上司や同僚によるセクシャル・ハラスメントやパワー・ハラスメントによって身体上・精神上の損害を被ったとして上司や同僚に対し損害賠償請求をなす場合です。個人のみを相手方とする申立では、労働審判の対象外と解さざるを得ません。

しかし、使用者の職場環境配慮義務違反（労契法５条）や不法行為責任（使用者責任・民法715条）を追及する場合には、労働審判の対象となります。この場合、労働審判申立の相手方は使用者になり、ハラスメントを行った上司・同僚については、「利害関係人」として労働審判手続に参加するよう、労働審判委員会に当該上司・同僚の呼び出しを求めることができます（則24条）。法29条は民事調停法11条2項を準用し、「労働審判委員会は、相当であると認めるときは、労働審判手続の結果について利害関係を有する者を労働審判手続に参加させることができる」と定めています。

3　民事に関する紛争

⑴　対象となる事件は民事紛争でなければなりませんから、公務員の任用関係は対象となりません。例えば、公務員の懲戒処分や配転に関する紛争、非常勤公務員の雇止めなどです。

⑵　しかし、公務員がセクシャル・ハラスメントやパワー・ハラスメントに対する損害賠償請求を求める紛争は、労働審判の対象になると解されます。

⑶　権利紛争が対象であり、利益紛争は対象外であるともいわれますが、そもそもかかる区別自体があいまいであり、そのように単純に分けて解することはできないと思われます。利益紛争とは、例えば、春闘で賃上げを求めるような場合とか、次年度の年俸が決まっておらず、基準とすべきものもない場合年俸額をどうするかというような場合が、典型例だといわれます。

しかし、賃金額や年俸額の決定は使用者の一定の基準による査定や人事評価に基づいてなされるものですから、制度内容によっては査定の客観性、公平性、手続的公正などが権利問題となるケースがあり得るのであって、例えば次年度の年俸が800万円になるはずだとして、年俸800万円の賃金請求権を有する地位を確認するとの申立は、労働審判の対象になり得ると解されます（立証できるか否かは別問題です）。

同様に、成果主義賃金制度に基づく不当な賃金ダウンや賃金据え置きのケースでも、その差額賃金請求の申立は労働審判の対象となると解されます。

4　複雑事案等の終了

法24条1項は「事案の性質に照らし、労働審判手続を行うことが紛争の迅速かつ適正な解決のために適当でないと認めるとき」は、労働審判事件を「終了」させることができると定めています。

(1)　個別労働関係における民事紛争に該当する事件であっても、3回以内の期日で審理が難しい事案は終了処理される可能性があります。

複雑であるとして「終了」の可能性が検討され得る事案として、次のようなケースが指摘されています（詳細は、123頁以下参照）。

①　多数の当事者がいて、かつ、争点が複雑で審理が長期化するのが通常という事件。例えば、思想信条に基づく賃金差別や性差別などの雇用差別事件や就業規則の変更による労働条件の不利益変更事件などが指摘されています（この問題については、123頁以下参照）。

②　多数の労働者が同時に解雇された整理解雇事件。

ただし、同時に整理解雇の通告を受けた複数の労働者が地位確認を求めて労働審判を申し立てる場合は、事実関係は共通ですから、争点は同一ですし、過去に東京地裁では複数の申立人の事件を1事件として受け付け審理していました（現在、東京地裁は頑なに複数の併合審理を拒否していますが、不当だと思います）。

また、3回以内の期日で審理が終結する見込みがあるか否かは個々の事案と労使の主張立証によって異なるものですし、事件解決の見通しは手続の進行と展開によって変化するものですから、事件の適切な見極めが肝要です。したがって、事件名や当事者の数によって一律に判断するのではなく、手続を進行させる中で事件を法24条により終了させるかどうかを慎重に判断すべきで、法24条による事件終了は「例外中の例外」として扱うべきです。この点を一律・安易に振分けすれば、通常の訴訟に事件を流してしまい（法24条2項、法22条により訴え提起が擬制される）、労働審判を受ける権利の拒否となり、労働審判制度をつくった本来の意味がなくなってしまいます。

(2)　審判を出しても異議が確実に出ると予測される場合に事件を終了させることができるかも問題となっています。このような場合には労働審判をやっても無駄だから早く終わらせて訴訟に移行した方がよいのではないかというのです。しかし、法は審判を出す要件として「異議が出ないこと」などと規定しているわけではありません。手続の経過やこれを踏まえた審判の内容によっては、当事者の最終的な決断が変わることも往々にしてあるので、終了させるべきではありません。

2　管轄、移送

1　管轄は地方裁判所（法２条）

審判の申立は、①相手方の住所、居所、営業所もしくは事務所の所在地を管轄する地方裁判所、②労働者と事業主との間の労働関係に基づいて当該労働者が現に就業しもしくは最後に就業した当該事業主の事業所の所在地を管轄する地方裁判所、③当事者が合意で定める地方裁判所のいずれかに対して行います（法２条）。応訴管轄は生じません。

2　「営業所」「事務所」「事業所」とは

①の「営業所」「事務所」はある程度独立して業務が行われている場所をいいますが、②の「事業所」はこれらほど独立して業務が行われている場所である必要はなく、緩やかに解されます（齊藤友嘉「労働審判法の成立経緯と概要」ジュリスト1275号16頁）。支店登記がされている必要はなく、現に就業していた場所であれば、他の会社の営業所・事務所の一画であっても事業所に該ります。労働者が現に就労している、あるいはしていた場所であればよいということです（②の「事業所」は、労基法上の事業場とは異なり、労基法上は事業場に該当しない就業場所も含まれることに

なります)。

3　合意管轄について検討すべき問題

(1)　まず合意は書面でしなければならない（則3条）ので、書面のない合意は無効です。

管轄について事前の合意をすることはできるでしょうか。書面を一方的に押し付けられたり、入社の際に何の説明もなく他の書類と一緒に署名・捺印したとか、雇用契約書の多くの条項の中に紛れていたという場合には真正の合意がないので無効と解すべきです。

また、就業規則は使用者が一方的に定めるものですから合意書面にはあたらないので、就業規則で定めているだけでは管轄合意があったものとすることはできません。

(2)　労働者にとって不利益な管轄合意、例えば現実の就業場所は東京なのに、合意された管轄は本社のある大阪という場合には、事後の合意であっても、労働者の意思表示が真に自由な意思に基づいてなされたのかどうか慎重に検討されねばならず（労契法3条1項は、対等合意を定めています)、民法上の脅迫や詐欺までには至らないものの、使用者が労働者を困惑させたり、畏怖させたりして合意に導いた場合には、この合意を取り消すことができると解するべきです（なお、労働者代理人としては、無効・取消原因の主張とともに移送申立を検討すべきです)。

4　地方裁判所の支部にも申し立てることができるか

法律上は、地方裁判所に管轄があると規定しているだけですから、地方裁判所の支部にも管轄があります。ただし、裁判所は、労働審判制度が始まる当初は、本庁のみで申立を受け付けることを予定していました。これは、裁判所の人的・物的体制と運用上の問題で、当面は本庁のみでスタートさせるということでした（定塚誠「05年1月15日日弁連主催シンポジウム」発言)。

しかし、新しくできた労働審判制度を利用したいという労働者・使用者にとっては、支部の管轄内の営業所や事業所で働いているという場合に、わざわざ遠く離れた本庁まで出向いて行かなければならないというのは著しく不便であり、国民であれば等しく司法サービスを享受できるという要請に反するので、早急に裁判所は体制を整えて、支部でも受け付けるべきです。

労働審判制度の利用者が増加したことから、裁判所も支部での労働審判の受付を始めることにしました。2010年（平成22年）４月から東京地裁立川支部と福岡地裁小倉支部の２箇所で労働審判手続が始まりました。さらに、その５年後の2015年（平成27年）１月から「民事司法改革に関する日弁連・最高裁協議」がスタートし、４部会が設置されて、そのうちの「基盤整備部会」で労働審判支部拡大などがテーマとなって協議が行われました。筆者も支部拡大の担当者として最高裁と協議に臨みました。紆余曲折はありましたが、色々と努力してようやく「松本・浜松・福山」の３支部で新たに労働審判の申立ができることが決まり、2017年４月から開始されました。

これら５支部の最近の労働審判の利用状況は（平成29年～令和３年）、立川支部がそれぞれの年に65件、112件、91件、74件、80件となっています。浜松支部がそれぞれ23件、21件、26件、26件、38件。松本支部がそれぞれ14件、17件、18件、16件、14件。福山支部が８件、15件、12件、13件、17件。小倉支部が47件、41件、54件、40件、30件となっています。

労働審判制度が新たにスタートしてから16年も経つのに、全国で未だにたったの５支部しか労働審判を申し立てることができません。このことは、すなわち全国各地で起きている多数の労働事件が労働審判という最も個別労使紛争の解決に有効なシステムを利用できない状況が続いているということです。さらなる支部拡大が強く望まれます。

５　移送（法３条）

(1)　労働審判事件の全部又は一部がその管轄に属しないと認めるとき

は、裁判所は、申立により又は職権で、これを管轄裁判所に移送することとしています（法３条１項）。例えば、上記の事前合意が無効であって合意管轄が認められない場合などです。現実の就業場所は東京なのに、管轄裁判所は本社のある大阪地裁という合意が無効と認められる場合には、東京地裁に移送されることになります。

(2)　また、裁判所は、労働審判事件がその管轄に属する場合においても、事件を処理するために適当と認めるときは、申立により又は職権で、他の管轄裁判所に移送することができます（同条２項）。

例えば、横浜の事業所で就業していた労働者がその事業所で起こった不正経理事件を理由に懲戒解雇され、会社から損害賠償請求の労働審判を本社所在地である大阪地裁に提起されたという場合、不正経理事件の舞台は横浜事業所で関係者も横浜事業所勤務であり、労働者の住所も横浜近辺であるときは、移送の申立をして横浜地裁で審理をするように求めるべきです。このような場合には移送が認められると思われます。

実際に、労働者に不利益な場所で会社から労働審判の申立がなされた場合には、積極的に移送の申立を活用すべきです。

3　代理人、本人申立

1　代理人は必ずつけなければならないのか

労働審判法は代理人をつけることを義務付けていません。したがって、個別労働関係民事紛争を抱える労働者、事業主なら誰でも本人だけで申し立てることができます。弁護士がついていないからといって、裁判所は申立を受け付けないということはできません。

しかし、労働審判手続は労働関係上の権利義務関係を踏まえて審理され、そのための争点及び証拠の整理や証拠調べが行われ、法的枠組に従った議論や法的な知識経験が必要ですから、弁護士が代理人となることが望ましいといえます。特に、３回以内という限られた期日で迅速かつ効率的に紛争解決を行うためには弁護士を代理人につける必要性がかなり高いでしょう。裁判所は、できれば全件弁護士がついてほしいと希望しています。約10％の事件が本人訴訟というのが現状です。

ただ、労働審判の迅速性の要請と同時に、この制度が誰でも簡易に利用できるものとして運用されないと、広く国民に定着したものとなり得ません。本人でも容易に申立ができる環境を整備することは重要であり、裁判所や弁護士会でのサービスを充実させていかなければなりません。

2　代理人となり得る者（法4条）

(1)　原則として弁護士でなければ代理人になることができない（法4条）

法令により裁判上の行為をすることができる代理人は労働審判手続の代理人になることができます。例えば、商法上の支配人（商法21条）などです（民事訴訟法54条参照）。

(2)　労働組合の執行委員や企業の人事担当者は代理人になれるか

法４条ただし書は、裁判所は、「当事者の権利利益の保護及び労働審判手続の円滑な進行のために必要かつ相当と認めるときは、弁護士でない者を代理人とすることを許可することができる」としています（許可代理）。

したがって、ただし書の要件に該当し裁判所の許可があれば、労働組合の執行委員や労働相談担当者、交渉担当者等も労働審判手続の代理人になることはできます。しかし、裁判所の運用として、労働審判制度の施行から当分の間は、弁護士以外の代理人を許可する意向はないようです。その理由は、労働審判手続にあっては、申立書と答弁書の充実、早期の証拠提出、３回以内という短期間の期日で争点と証拠の整理、口頭での弁論、証拠調べを行い審理を終結させなければならないので、この迅速で適切な手続進行のためには弁護士が必要だと考えられるからです。

裁判所の統計によると、これまで（平成23年）に申立人（労働者）の代理人として弁護士以外の者が就いた件数は6件あります。相手方（使用者）に弁護士以外の代理人が就いた件数は70件あります。

裁判所は、許可代理を認める対象者として、任期を終え、退任した労働審判員を考えているようです。それも一つの案だと思われますが、全国には労働審判員に選任されなくても労働相談を日常的に担って会社と交渉をしている経験豊富な労働組合の相談担当者などが大勢います。したがって、許可代理は労働審判員経験者しか認めないという硬直的な運用ではなく、法の定める要件を満たすような労働組合の執行委員や労働相談担当者等にも広く許可代理の機会を付与するべきです。

なお、制度施行17年目を迎え、退任した労働審判員も相当数にのぼっており、積極的に許可代理の申立をすることも考えるべきでしょう。

労働審判制度を簡便なものとするためには、多くの許可代理人を養成する必要があるのですから、例えば、代理人弁護士と共同で許可代理人として活動して一定の経験を重ねた上で、単独で許可代理を認めるという運用を是非ともなすべきです。そのようにして、この制度を労使が弁護士に委任しないで自ら積極的に利用できるような環境をつくっていくことが、労働審判制度が我が国の労働者と労働組合に浸透していくために必要不可欠です。

4　労働審判委員会

1　労働審判委員会（法7条）

裁判所において、労働審判手続を行うのは「労働審判委員会」で、労働審判委員会は労働審判官1人と労働審判員2人で組織されます（法7条）。労働審判官は職業裁判官ですが、2名の労働審判員は裁判官ではなく民間人であり、非常勤の国家公務員となります。

労働審判委員会の決議は、労働審判官及び労働審判員の過半数の意見によって決められます（法12条1項）。委員会の評議は秘密とされます（同条2項）。労働審判員あるいは労働審判員であった者が評議の秘密や職務上知り得た秘密を漏らしたときは、刑罰が科せられます。労働審判員（過去に就任した者も含む）が正当な理由なく評議の経過とか労働審判官や労働審判員の意見、意見の数を漏らしたときは、「評議の秘密を漏らす罪」に該当し、30万円以下の罰金に処せられます。また、労働審判員が正当な理由なく労働審判員として職務上取り扱ったことについて知り得た人の秘密を漏らしたときは、「人の秘密を漏らす罪」に該当し、1年以下の懲役又は50万円以下の罰金という重い刑罰が科せられます。逆に、禁止されているのは秘密を洩らすことですから、労働審判員だからといって、日常の活動を自制する必要はありません。

2　労働審判官（法8条）

労働審判官は、労働審判の申立を受けた各地方裁判所によって、その地裁の裁判官の中から指定されます（法8条）。

労働審判官は、申立があると、労働審判手続の期日を定めて、事件の関係人を呼び出さなければなりません（法14条）。第1回期日の指定は申立がなされた日から40日以内の日にしなければなりません（則13条）。

労働審判手続は労働審判官が指揮します（法13条）。例えば、期日における関係人の発言の許可や発言の整理、争点整理や証拠の整理のために次回期日までに準備すべき事項の指示などです。

3　労働審判員（法9条）

(1)　労働審判員は、「労働関係に関する専門的な知識経験を有する者」で68歳未満の者の中から、最高裁判所が任命します（法9条2項、労働審判員規則1条）。具体的な労働審判委員会を構成する労働審判員は、労働審判事件ごとに、裁判所によって指定されます（法10条1

項）。労働審判員の構成について適正を確保するように配慮しなければならず（同条２項）、労使出身の審判員各１名を指定することになっています。

⑵　「労働関係に関する専門的な知識経験を有する者」というのは、労働者又は使用者の立場で、実際に個別労働紛争の処理等に携わった経験があり、その中で、労働関係についての実情や慣行、人事制度等の知識を身につけた労使関係者が想定されています。具体的には、労働組合の執行委員や労働相談担当者、企業の人事労務経験者等が想定されており、研究者や弁護士、司法書士、社会保険労務士などは該当しません（なお、研究者、弁護士は、将来、非常勤審判官に任命することが検討されるべきです）。

全国の地方裁判所で制度発足時、合計1,000名（労働者側500名、使用者側500名）の労働審判員が任命されました。最高裁判所が労使の推薦母体（労使の団体）に一括して推薦を依頼し、推薦された人の中から任命します。労働審判員は非常勤の国家公務員で、任期は２年です（労働審判員規則３条）。現在は約600名です（2022年末）。

⑶　労働審判員は労使の推薦母体から推薦される者ではありますが、労働者又は使用者の利益を代表するものではありません。労働委員会の参与委員とはまったく異なり、厳格に中立・公正な立場で職務を行わなければなりません。

労働審判法は、労働審判員に対して中立・公正義務を課しており、中立かつ公正な立場において、労働審判事件を処理するために必要な職務を行うとしています（法９条１項）。これは極めて重要な責務であり、労働審判員の中立・公正な立場が堅持されなければ、国民の労働審判に対する信頼は瓦解してしまいます。

労働審判員が、中立かつ公正な立場において職務を行うことができないと認めるに足る行為や、労働審判手続に対する信頼を損なうおそれのある行為を行った場合、最高裁判所はたとえ任期途中であってもこれを解任することができます（労働審判員規則６条２項）。

5 同一事件の訴訟係属による並存

労働審判の申立があった事件について、別途民事訴訟（仮処分は含まない）が提起された場合や、逆に民事訴訟が先行している事件について労働審判の申立があった場合、両手続は並存することになりますが、その取扱いについて、法27条は、民事訴訟の提起を受けた裁判所は、労働審判事件が終了するまで訴訟手続を中止することができると定めており、裁判所の裁量に委ねられています。

例えば、解雇された労働者が民事訴訟を先に提起しているのに、使用者が後から労働関係不存在確認の労働審判を申し立て、並存した場合には、労働審判制度は調停前置主義を採っているものではありませんから、裁判所は労働者の明示の同意がない限り、民事裁判を優先させるべきです。

解雇事件で、使用者の方が先に雇用関係不存在の訴訟を提起してくる場合がありますが、労働審判で早期に解決を図りたい場合には、労働審判手続の申立をして、労働審判手続を優先するよう裁判所に申し入れるべきです。これまでに筆者も２度、使用者が先に雇用関係不存在の訴訟を起こしたのに対抗して、労働契約上の権利を有する地位確認の労働審判を申し立てて、法27条に基づき、裁判所に先行する訴訟手続を中止してもらい、労働審判手続で審理して調停成立と労働審判が出されたことがあります。先行する雇用関係不存在の訴訟を残しておいても意味がないので、裁判所は使用者に対して先行する訴訟を取り下げるように勧告します。

■労働審判員連絡協議会の発足■

労働審判制度の運用から10年という節目を迎えた2017年４月、労働審判制度のさらなる発展に向けて、労働審判員の現役と労働審判員経験者がこの間蓄積した経験を交流し、労働審判員としてのスキルを高めるとともに、次世代に継承することにより制度のさらなる発展に寄与することを目的として、「労働審判員連絡協議会」が設立されました。この協議会は規約に基づき運営される任意団体として設立され、運営されてきましたが、協議会としての活動をさらに広げるため、理事を増員し、活動の拡大を図っています。毎年総会を開催、全国各地でもシンポジウムを開催していますし、「労働審判員通信」という会報誌も発行されています（現在、23号）。また、2022年12月には協議会のホームページも開設されていますので、是非アクセスしてみてください。

（https://roudoushinpanin.org/）

また、協議会の活動を理事会が推進していくにあたって、活動に必要な専門的事項の支援を受けるために有識者の支援委員会が組織されています。筆者も支援委員の一人です。

第４　労働審判の手続

申立から期日、調停の成立、審判までの労働審判手続の流れは、次の図のとおりです。

労働審判手続の流れ

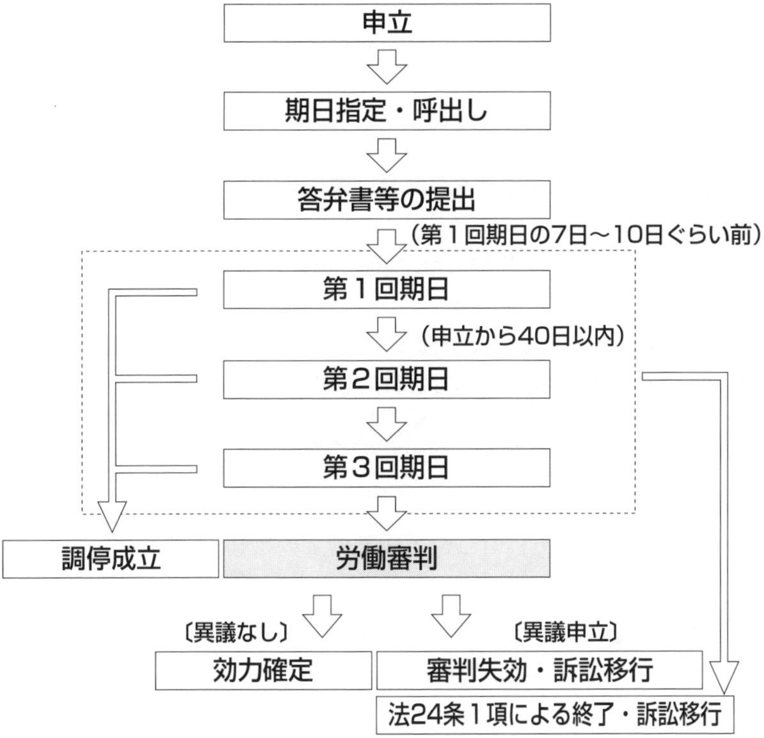

1　申立、費用

1　申立（法５条）

労働者と事業主との間で個別労働関係に関する民事紛争が発生したときは、当事者は、紛争の解決を図るため、管轄のある地方裁判所に対し、申立書を提出して、労働審判手続の申立をすることができます（法５条１項・２項）（管轄については33頁参照）。口頭での申立は許されず、書面によってしなければなりません。

2　申立書の記載事項（則９条）

申立書には、申立の趣旨及び理由を記載しなければならず（法５条３項）、必要的な記載事項が規則で定められています（則９条１項・２項）。

①　申立の趣旨
②　申立の理由
申立を特定するのに必要な事実及び申立を理由付ける具体的な事実を含むものでなければならない。
③　予想される争点及び当該争点に関連する重要な事実
④　予想される争点ごとの証拠
⑤　当事者間においてされた交渉その他申立に至る経緯の概要。交渉は、あっせんその他の手続においてされたものを含む。

具体的には、申立書の書式を参照してください（**第４編**〈197頁以下〉）。例えば、普通の解雇事件の場合、「申立の趣旨」は、

> 1　申立人が相手方に対し、労働契約上の権利を有する地位にあることを確認する。
> 2　相手方は、申立人に対し、○年○月○日から毎月○日限り金○円及びこれらに対する各支払期日の翌日から支払済まで年３％の割合による金員を支払え。

3　申立費用は相手方の負担とする。
との労働審判を求める。

と記載します。第1項は、本件解雇は無効であるから労働契約は終了せずに、労働契約が継続していることを確認するものです。第2項は、毎月の賃金の支払いを求めるものです。賞与が支給されていた場合には賞与の請求も忘れないように。第3項は、申立費用の負担を求めるものです。

「申立の理由」は、本件解雇事件の事案の概要と無効理由について証拠があれば、それを示しながら次のような事実を記載します。

①　労働契約の成立
②　相手方（事業主）の形態・業務内容・規模等
③　労働契約の内容（仕事の内容、賃金、賞与等）
④　解雇通告の事実
⑤　解雇に至る経緯
⑥　相手方が通告した解雇の具体的理由
⑦　解雇理由に対する反論（「予想される争点」を意識して記載します）
⑧　解雇通告後の相手方の対応、交渉の経緯など

十分な答弁書を提出させるためにも、第1回期日を充実したものとするためにも、申立の理由には審判手続に必要と思われる事実（情報）は、十分かつ簡潔に記載すべきです。

3　証拠の提出

予想される争点について証拠書類があるときは、申立人は、その写し（コピー）を申立書に添付して提出しなければなりません（則9条3項。原本は第1回期日に持参します）。基本的な証拠や争点に関する証拠は、申立の段階からできるだけ出すようにすべきです。そうしないと、第1回期日での証拠の整理ができません。

例えば、普通解雇事件の場合、基本的な証拠というのは、労働契約書、就業規則・賃金規程、解雇通知、解雇理由証明書、賃金明細書等です。証拠（書証）が労働審判員に交付されない委員会の場合で、解雇理由の存否を争う場合は、解雇理由証明書を別紙として申立書に添付するとか、その記載内容を「　」で引用するなどの工夫も必要です。

現在の労働審判手続の実務は、とにかく第１回期日が勝負であり、ほとんどすべての勝負が１回目の審理で決まると言っても過言ではありません。したがって、当事者双方とも自己の積極的な主張を裏付ける証拠は第１回までに出し切っておく必要があります。出し惜しみをしていては手遅れになってしまいます。陳述書については、制度スタート時には必ず提出が必要だとされていましたが、少なくとも当事者本人の陳述書については、申立書に詳細な事実経過が記載されていれば、必ずしも必要ではありません。これに対して、重要な第三者の証人の陳述書は必要でしょう。

4　提出する数

申立書は、正本１通と相手方の数に３を加えた数の写し（コピー）を提出しなければなりません（則９条４項）。労働審判委員会は３名で構成されるからです。相手方が１人なら正本１通と写し４通です。

また、証拠書類の写しは労働審判委員会用に１通と相手方の数と同じ数を提出します（同条３項・４項）。相手方が１人なら２通です。なお、証拠書類は甲号証として、順次番号を振ります。義務ではありませんが、労働審判員用に２通余計に提出するのが望ましいでしょう。

5　申立費用

申立の費用は、民事調停の申立の場合と同一と定められています（民事訴訟費用等に関する法律別表第１の14、手数料額早見表）。1,000万円までの申立ならば民事訴訟の半額です。一般的には収入印紙を申立書に貼付する方法で納めます。

例えば、100万円の賃金請求をする場合には5,000円の申立費用となります。200万円の請求なら7,500円です。解雇事件の場合は少し複雑です。民事訴訟（本訴）の場合、解雇から申立までの賃金（バックペイ）及び将来１年分の賃金を合計した金額と160万円との多い方が請求額（訴額）とさ

【申立費用一覧表】

訴　額	申立費用	訴　額	申立費用
（万円）	（円）		
10	500	420	13,000
20	1,000	440	13,500
30	1,500	460	14,000
40	2,000	480	14,500
50	2,500	500	15,000
60	3,000	550	16,000
70	3,500	600	17,000
80	4,000	650	18,000
90	4,500	700	19,000
100	5,000	750	20,000
120	5,500	800	21,000
140	6,000	850	22,000
160	6,500	900	23,000
180	7,000	950	24,000
200	7,500	1,000	25,000
220	8,000	1,100	26,200
240	8,500	1,200	27,400
260	9,000	1,300	28,600
280	9,500	1,400	29,800
300	10,000	1,500	31,000
320	10,500	1,600	32,200
340	11,000	1,700	33,400
360	11,500	1,800	34,600
380	12,000	1,900	35,800
400	12,500	2,000	37,000

れ、その金額に対する訴えの費用を払わなければならないという実務的扱いとなっています。１年分の根拠は労働事件の平均審理期間が１年だからということです。労働審判の場合には、３回の期日で終わらせるのですか

ら、平均３カ月程度が目安なので、申立費用は、解雇日から申立日までの賃金（既に支払日が過ぎている過去分賃金の合計額）及び申立後３カ月分の賃金の合計額と160万円とを比較してどちらか金額が大きい方を訴額（申立の価額）とするという取扱いが東京地裁ではなされています。他の裁判所では費用の計算が異なることもありますので、事前に問い合わせた方がよいでしょう。なお、申立書等の相手方への送付費用として、郵便切手を予納しなければなりませんが、裁判所によっては、切手ではなく現金を納める扱いのところもあるので、確認が必要です。

6　添付書類

申立にあたっては、上記のほか、相手方が会社等の場合には、資格証明書（商業登記簿謄本の役員欄）を添付する必要があります。代理人を選任したときは訴訟委任状も必要です。

なお、審理にあたって要望があるとき（倒産しそうなので特別に急いでほしいなど）はその旨を上申書として提出することもできます。

2　手続の開始

1　手続の開始（法５条）

労働審判手続は、一方当事者が裁判所に対して手続の申立を行うことによって開始されます（法５条１項）。制度策定にあたった労働検討会の議論の中では、相手方の同意を手続の開始要件とするか否かが議論されましたが、最終的に、相手方の同意は不要となりました。

労働審判官は、申立があると労働審判手続の期日を定めて事件の関係人を呼び出します（法14条）。

２　呼び出し（法14条）

申立があると、第１回の労働審判手続の期日が定められて、事件の関係人は呼び出されます（法14条）。申立書と証拠の写し及び裁判所からの呼出状が申立書記載の相手方の住所に送付されます（則10、15条）。呼出状には、第１回期日前に、主張や証拠の申出、証拠調べに必要な準備をすべきこと、答弁書の提出期限などが記載されます（則15条）。

第１回期日は、特別の事由がある場合を除き、申立がなされた日から40日以内に指定されます（則13条）。

通常の民事訴訟では、原則として訴え提起の日から30日以内の日に第１回口頭弁論期日が指定されますので（民事訴訟規則60条２項）一見、遅いように見えますが、労働審判手続では、中身のある答弁書を事前に提出させ第１回期日を充実したものとするために（51頁参照）、40日としたものです。

なお、労働審判手続は迅速性が命ですから、「特別の事由」という例外はまず認められないと思われます。

３　過料の制裁（法31条）

呼び出しを受けた事件の関係人（相手方や証人等）が正当な理由がなく出頭しないときは、５万円以下の過料の制裁があります（ただし、特別送達または、期日請書が提出されたときのみ。通常は特別送達は行われない。62頁参照。）。これによって事件関係者の出頭を確保しようとしているのです。

４　相手方が出頭しないとき

裁判所から呼び出しを受けた相手方が期日に出頭しないときでも、労働審判手続は進行します。申立人の主張立証で審判を下せる場合は、第１回期日であっても（則21条２項）審判が出ます。

相手方が出頭しない場合は、法24条に該り、事件を終了すべきとの主張もありますが、誤りです。労働検討会の審議において、労働審判手続の「入り口論」が論議され、相手方が不出頭の場合でも手続を進め、審判を出すものとして制度設計されたのです。

3 答弁

1　答弁書の提出期限（則14条）

労働審判官が答弁書の提出期限を定めます（則14条1項）。この提出期限は、申立人が相手方の答弁書を受け取りそこに記載された事実について、第1回期日までに反論等の準備をするための期間を考慮して決められることになります（同条2項）。

迅速な審理を実現するためには、第1回期日において、労働審判委員会が事件の争点と証拠の整理を終えなければなりませんが、そのためには、第1回期日までに、当事者がお互いの主張と証拠について十分検討した上で期日に臨まなければなりません。そこで、相手方の答弁書に対する申立人の反論の準備のための時間を取ることにしたのです。

裁判所は、第1回期日の7日～10日前くらいを答弁書の提出期限としています。相手方はこの提出期限を厳守しなければなりません（則16条1項）。

2　答弁書の記載事項（則16条）

答弁書には、次のような事項を記載しなければなりません（則16条1項）。

①　**申立の趣旨に対する答弁**
②　**申立書に記載された事実に対する認否**
③　**答弁を理由付ける具体的な事実**
④　**予想される争点及びその争点に関連する重要な事実**

⑤　予想される争点ごとの証拠
⑥　当事者間でなされた交渉やあっせんその他申立に至る経緯
⑦　代理人や相手方の住所、電話番号、ファックス番号など

証拠書類（書証）があれば、その写しを乙号証として答弁書に添付しなければならないことが義務付けられています。特に、予想される争点に関する証拠書類は重要です（同条2項）。これは、早期に審理を進行させるために必要だからです。労働事件においては、一般的に、使用者の方が圧倒的に多数の証拠を所持しています。この中には、使用者にとって有利な証拠もあれば、不利な証拠もあります。迅速な審理によって事案を解明し、事実認定をするためには、どちらに有利不利かに関係なく、証拠書類の提出が必要不可欠です。証拠をたくさん持っている使用者はこれを隠さずすべて出すことが強く求められます。労働審判制度を生かすも殺すも、この点にかかっているといっても過言ではありません。

答弁書やそれに添付する証拠書類の写しは、申立人に直送しなければなりません（則20条3項）。一方、労働審判委員会に対しては、答弁書正本1通と写し3通（則16条3項）、乙号証は写し1通（則16条2項）を提出することになっています。

4　第1回期日までの準備

1　当事者双方の準備

迅速な審理を実現し、労働審判手続の審理を3回以内で終わらせるためには、第1回期日において、労働審判委員会が事件の争点と証拠の整理を終え、証拠調べに入り、第2回期日までに証拠調べを終わらせなければなりません。そのためには、第1回期日までに、当事者がお互いの主張と証拠について十分検討した上で期日に臨まなければなりません。

そこで、当事者双方は、特に争点となることが予想される事項について、それが争点となる理由、自己の主張とその根拠、証拠、また、相手方の主張に対する反論・反証の準備をしておかなければなりません。相手方の主張が不明のときや、証拠が不足しているとき、相手方が証拠を持っているのに提出していないときなどは、それを指摘して釈明を求めることもしなければなりません。労働審判委員会を通じて相手方に釈明を求めることもできます。

2　労働者側の準備

第１回期日の７～10日前に相手側から答弁書と証拠（乙号証）が提出されます。これを速やかに検討しなければなりません。事実関係で否認された部分に対する証拠はないか、相手方の反論に対し再反論が必要な点はないか、当初予想した争点が動いたり、追加が必要になっていないか、などです。

検討の結果、第１回期日でイニシアチブを握るために必要だと考えられる場合は、簡潔にまとめた補充書面を第１回期日の前日までに提出すべきでしょう。

また、後述のように（53頁）、現在の運用は第１回期日が勝負であり、期日の冒頭から委員会から（代理人ではなく）当事者に、核心的な質問がなされます。第１回期日（本人出席が大原則）がどのように進むかのアウトラインをキチンとイメージし、予想される質問に対する答えや答え方を準備することが必要です。また、相手方に対し、反論・反証として強力に主張すべき点も検討・確認しておきましょう。

さらに、第１回期日でも調停の意向について尋ねられますので、調停（和解）に臨む基本姿勢――どんな条件・内容であれば話合いで解決するつもりがあるのか――についての検討も必須です。

3　労働審判委員会の準備

３回以内の期日で審理を終結させるためには、迅速で効率的に審理を進めなければならず、その責任は労働審判委員会が負っています。そこで、労働審判委員会は速やかに当事者の陳述を聞いて争点及び証拠の整理をしなければなりません（法15条1項）。

そのためには、労働審判委員会も、第1回期日までに、どのように審理を進めるのか十分に準備をして期日に臨まないと、迅速で的確な審理はできません。提出された申立書、答弁書は労働審判員にも送付されることになっていますので（他方、証拠書類の写しを送付すべきとする規定はない）、労働審判官と労働審判員は事前にそれを読んで、第1回期日を迎える前に、申立書や答弁書の不十分な点や証拠の有無、提出など審理に必要な事項について検討し、必要な場合には、当事者双方に対して適切な釈明や証拠提出を求めるべきです。第1回期日を充実させるために、労働審判委員会は事前に合議（打合せ）をやってもらいたいと思います（現実には、第1回の期日の当日、開始時刻の30分程度前に合議をしているようです）。

裁判所は、3回の期日以外に労働審判員に裁判所に来てもらって合議を行う予定はないといっていますが、労働審判員の負担が大きくなるという点が理由であれば、電話、ＦＡＸ、メールなどで事前の合議をしておくべきです。かかる努力をしてこそ、第1回期日に争点整理と証拠整理を終わらせ、第2回期日には証拠調べを終えられるのです。

当事者、特に相手方の準備が重要ですが、同等に、審理を指揮する労働審判委員会の審理に臨む姿勢と積極性が重要であり、この両輪が新しい紛争解決システムが成功するか否かの最大のキーポイントです。

5　各審判期日の審理内容

1　3回の期日の典型的なイメージ

現在東京地裁で行われている労働審判手続の実際は、第1回期日に集中して可能な限りの証拠調べ（書証の取り調べや当事者、関係人の審尋など）を行い、これを基に労働審判委員会が評議を行い、その結果得られた心証により争点についての司法判断をなし、調停による事件の解決を試みるという運用がなされています。第１回目に十分な証拠調べが尽くせなかった場合には第２回期日にさらに証拠調べを行うこともありますが、補充的なものが多いと思われます。

したがって、第１回期日が勝負であり、全力で主張、立証を尽くさなければなりません。あとから補充して主張したり、証拠を出したりしていては手遅れになり、挽回がきかないこともあります。

2　第１回期日の充実と不誠実な応訴への対応（則21条）

第１回期日には争点と証拠の整理を終了させ、可能な証拠調べも行います（則21条１項）。当事者と事件関係者が期日に出席して、相互に質問や釈明を求めたり、争点について意見を述べるなどしなければ、争点と証拠の整理は終わらないと思われます。

当事者の充実審理への協力が必要不可欠ですから、当事者に対しては、早期に主張及び証拠の提出をし、労働審判手続の計画的かつ迅速な進行に努める義務が課せられているのです（則２条）。

それにもかかわらず、相手方が、正当な理由もなく答弁書の提出期限を守らなかったり、必要とされている記載事項について十分記述していないとか、あるいは、証拠を提出しないなど非協力的な態度で、充実した審理を阻害したり手続を遅延させる場合には、労働審判委員会は申立書と提出されている証拠で審判を出し得る場合には第１回期日にも審判を出すという強い姿勢と運用をすべきです（則21条２項。そのためにも申立書の充実に留意すべきです）。非協力的な相手方に対しては、労働審判委員会が強い態度で臨まないと、労働審判制度は成功しないと思われます。

次回期日を定める場合には、次回に行う手続と次回までに準備すべきこと（提出期限の設定を含む）を確認します（則21条２項）。

3　手続の非公開（法16条）と傍聴

労働審判手続は非公開が原則です。ただし、労働審判委員会は、「相当と認める者の傍聴を許すことができる」ことになっています（法16条）。

傍聴が許される場合とは、事件ごとに、傍聴の目的や必要性とか、手続の進行や紛争解決への影響などの事情を考慮して判断されます。例えば、当事者の加入する労働組合の役員とか、当該事件に関与して事情を知っている人事担当者など（参考人）が考えられます（『労働審判手続に関する執務資料』法曹界、58頁）。場合によっては、労働審判員候補者の研修のための傍聴も許されるでしょう。ただ、この判断は同じ裁判所においても裁判官（審判官）によって異なることがあります。適正な審理のために不可欠な者の傍聴が許可されない場合は、裁判官と強く交渉することも必要です。

6　調停の進め方

労働審判手続においては、労働審判委員会が事件を審理し、いつでも調停を試みることができ、調停による解決ができない場合に、審判がなされます（法1条）。3回の期日のうちいつでも調停案（解決案）を出して解決を目指すことができることになっているのです。

民事調停や労働局のあっせんなどと違って、労働審判手続における調停は、証拠に基づく事実認定を踏まえた上で、労働審判委員会の心証を開示してなされるものを想定しているといえます。そうでなければ、短い期日で当事者の納得は得られないと思われるからです。第1回期日（事件によっては第2回期日）までに証拠調べを終了し、労働審判委員会が争点についての判断を示して、当事者双方に対して話合いによる解決を促し、調停条件に関する双方の考え方を聞いた上で、労働審判委員会の調停案を提示するという進め方が通常です。

当事者としては、調停案が出されたからといって、すぐにそれに応じるか否かを決断しなければならないわけはありませんが、３回しか期日が予定されていませんので、１回目や２回目の期日に提案された場合は遅くとも次の期日までには返事をしなければなりません。３回目の期日に提案された調停案はその場で考えて答えなければならなくなります。調停が成立しなければ、審判ということになります。当事者としては、各期日とも調停（和解）の準備もして、いわば和戦両用の準備を整えて、臨まなければなりません。

7　証拠調べ等

労働審判委員会は、職権で事実の調査をし、かつ、当事者の申立により又は職権で、必要と認める証拠調べを行うことができます（法17条１項）。

1　事実の調査

事実の調査とは、特別の方式によらず、労働審判委員会が適当と認める種々の方法により資料を収集することです。例えば、当事者や参考人から事情を聴取したり、書類を調べたり、物の状況を見分したりすることなどです。

３回以内と限られた期日の中で、迅速かつ効率的に事件の解決を行うためには、労働審判官や労働審判員が積極的に事案を解明しようと努める必要があり、その意味である程度、職権主義的な手続の進め方にならざるを得ないと思われます。

2　証拠調べ（法17条）

証拠調べについては、「民事訴訟の例による」と定められていて（法17条２項）、証拠調べの方法に制限はありません。証人尋問（民事訴訟法190条）や当事者尋問（同法207条）、書証の取調べ（同法219条）、審尋（同法

187条）等適宜、労働審判委員会が選択することになります。

実際の労働審判実務では、ほとんどの手続において労働審判官が当事者や関係者に審尋形式で争点について質問をしていくという方式が取られています。各争点ごとにまず労働審判官が質問し、その後に労働審判員が補充して質問をすることが多いと思います。直接質問に答えるのは当事者及び参考人であり、代理人はその後に補充して答えたり質問をするということになります。

前述したように、実際の労働審判手続においては、第１回期日の審理が勝負ですから、申立人本人や証人が第１回期日で労働審判委員会からなされる質問に対して的確に答えることができるように準備して臨まなければなりません。申立人本人がその場で質問に的確に答えることができないと、申立人の証言内容や態度によって労働審判委員会の心証は決まってしまいます。多くの事件は第１回期日で争点に関する審理は終わってしまいますので、後日補充書面を提出して第１回期日と異なる事実関係を主張しても、挽回は非常に困難です。そういう意味で、第１回期日での失敗は許されません。

したがって、第１回期日前に、申立人や証人・参考人と必ず打合せをして、相手方の答弁書と書証をよく検討して、争点ごとに相手方の主張と証拠に対する反論とそれを裏付けるこちらの証拠がないかどうか、労働審判委員会の質問にどのように答え、どのように対応するかを十分に準備しておかなければなりません。

事前に検討できる余裕を持って相手方の答弁書と証拠が提出されていればよいのですが、相手方によっては第１回期日の直前や当日に主張や証拠を出すという極めて不誠実な対応をする場合もあります。このような手続を遅延させる相手方の態度に対しては強く抗議すべきですが、それでも、できる限り検討して第１回期日での審理に対応しなければなりません。

ただ、十分に検討できず、反論・反証の準備をする時間もなく不十分な答えしかできない場合や的確な反論・反証がどうしてもできない場合には、労働審判委員会に対して、相手方の主張と証拠提出の遅延によって十分な主張・立証ができないので、第２回期日にきちんと時間を取って審理をするように申入れをし、こちらの主張・立証の機会を確保するよう努力すべきです。

例えば、筆者の経験では、整理解雇事件で、第１回期日当日に会社が過去５年分の財務関係の資料（しかも客観的な裏付けがないもの）を提出してきたことがあり、人員削減（整理解雇）の必要性（第１要件）についての審理は行われましたが、これだけで労働審判委員会が判断せずに、次回期日に申立人側が検討の上反論の書面を出すということにしたことがあります。

3　労働審判手続におけるウェブ会議や電話会議の利用については慎重に

2023年１月20日、法務省法制審議会民事執行・民事保全・倒産及び家事事件等に関する手続（ＩＴ化関係）部会が、「民事執行・民事保全・倒産及び家事事件等に関する手続の見直しに関する要綱案」をとりまとめ、同年３月14日、「民事関係手続等における情報通信技術の活用等の推進を図るための関係法律の整備に関する法律案要綱」が、第211国会に提出されています。

上記要綱案の説明によれば、第７「労働審判」の４項「期日におけるウェブ会議又は電話会議の利用」では、「労働審判委員会は、相当と認めるときは、当事者の意見を聴いて、最高裁判所規則で定めるところにより、ウェブ会議又は電話会議によって、労働審判手続の期日における手続（証拠調べを除く。）を行うことができる」としています。また、参考人又は当事者本人の審尋について、裁判所が相当と認めれば、ウェブ会議を用いて行うことができ、当事者双方に異議がないときは電話会議を用いて行うことができるとされています（改正民事訴訟法187条３項４項参照）。

しかしながら、ＩＴ技術の著しい進展をもってしても、労働審判手続は安易にウェブ会議又は電話会議によって行われるようなことになってはならないと思います。労働審判手続は直接口頭により手続及び審尋が行われることが原則であり、ウェブ会議や電話会議を利用できるのは、以下のように証人尋問の場合と同様の相当性が認められる例外的場合に限られるべきです。労働審判制度が短期間で約８割という高い解決率を維持しているのは、労働審判手続の期日において、争点や証拠の整理に関する事情聴取や証拠調べとしての審尋の際に、労働審判委員会が直接・口頭で、当事者本人及び参考人に対して適宜質疑応答し事情聴取が行われるコミュニケーションによって、早期の心証形成や調停成立への説得につながっており、これらがひいては個別労働紛争の迅速かつ適正な解決に資するものとなっているとの評価は争いがないところといえます。当該労働審判事件の主要な争点についての事実の審理と解明については、労働審判委員会が紛争当事者である労働者本人や使用者側の人事担当者、上司、管理職や代表者などに争点に関する重要な事実について直接口頭で質問をぶつけて、それに対する回答の言葉だけではなく、その人の表情や口調、声の大きさや音色、体の動きや目の動きなど証言の態度全般を直接五感で感じ取ることによって心証を形成していくことができるものです。

民事訴訟におけるウェブ会議等を利用した証人尋問については、証人尋問を行う受訴裁判所は、証言内容のみならず、証言を行う証人の表情や声、動作や態度等を総合的に考慮した上で心証形成するものであるため、近年のＩＴの発展を踏まえても、ウェブ会議等による証人尋問を行う場合に、現実に相対して証人尋問を行う場合と同様の心証形成が可能であるとまでいえるかどうかについては、慎重な検討が必要であるとされており(民事訴訟法（ＩＴ化関係）等の改正に関する中間試案の補足説明78頁、令和３年２月法務省民事局参事官室)、改正民事訴訟法204条においても、ウェブ会議の方法により証人尋問ができる場合を、①証人の住所、年齢又は心身の状態その他の事情により、証人が受訴裁判所に出頭することが困難であると認める場合、②事案の性質、証人の年齢又は心身の状態、証人と当事者本人又はその法定代理人との関係その他の事情により、証人が裁判長及び当事者が証人を尋問するために在席する場所において陳述するときは圧迫を受け精神の平穏を著しく害されるおそれがあると認める場合、

③当事者に異議がない場合、①～③のいずれかの場合であって、相当と認めるときに限っています。

そこで、労働審判手続の場合も、証拠調べや広義の審尋について民事訴訟と何ら区別すべきところはないので、ウェブ会議等での証拠調べ（審尋）や事実の調査で当事者や証人の話を聞くときは、上記①～③のいずれかの場合で相当な場合に限るものとして運用すべきです。

4　証拠調べの概要の記録（則25条）

「労働審判手続の調書には、次に掲げる事項を記載し、裁判所書記官が記名押印し、労働審判官が認印しなければならない」（則25条）と定められており、書記官は「証拠調べの概要」（同条６号）を記載すればよく、特に「労働審判官が記載を命じた事」（同条８号）を記載すれば足りることになっています。したがって、労働審判官が特に記載を命じない限り詳しい証拠調べの記録は残りません。労働審判手続の期日に書記官は立ち会いません。

したがって、労働審判期日における当事者や証人の証言は一切記録されません。また、現在の実務は、労働審判手続の審理をテープに録音することも行われておらず、当事者が録音することも禁止されています。制度上、証拠調べの結果を残す工夫が望まれますが、利用者（当事者）の対応としては、争点ごとの相手方の証言内容をできるだけメモして（代理人が２人いる場合には１人が記録担当など）、審尋の記録を残しておいて、後日、通常訴訟に移行した場合に備えることが必要です。

8　労働審判手続の終結

労働審判手続は、次のいずれかにより終結します。

①　調停の成立（則22条）、②　審判の言渡し（法20条）、③　法24条1項による終了（第3 1 4〈32頁参照〉）、④　取下

②の審判の言渡しは、審判書を作成して当事者に送達する方法か（法20条3項・4項）、主文と理由の要旨を口頭で告知する方法（同条6項）のどちらかの方法で行われます。

労働審判の実務では、時間のかかる審判書の作成は行われず、口頭で審判が言い渡される場合がほとんどです。

審判書の場合は、審判書が送達された時（法20条4項）、口頭の場合は告知された時（同条6項）に審判の効力が発生します。

審判の効力が生じてから、2週間以内に異議が出されなければ、審判が確定し、審判の内容は「裁判上の和解と同一の効力」を持ちます（法21条4項）。また、審判主文で負担を命じられた者は、訴訟費用を負担しなければなりません（法21条5項、同25条）。

③によって事件が「終了」した場合には、「当該労働審判手続の申立の時に、労働審判事件が終了した際に当該労働審判事件が係属していた地方裁判所に訴えの提起があったものとみな」されるので（法24条2項、同22条）、訴え提起の擬制がなされることになります。

④取下には相手方の同意は不要で、裁判所宛に書面で提出します。

9　審判の内容

1　内容（法20条）

審判とは、個別労働関係民事紛争について、「当事者間の権利関係を踏まえつつ事案の実情に即した解決をするために必要な審判」とされています（法1条）。労働審判委員会は、「審理の結果認められる当事者間の権利関係及び労働審判手続の経過を踏まえて、」審判を行います（法20条1項）。

審判の内容は、「当事者間の権利関係を確認し、金銭の支払、物の引渡しその他の財産上の給付を命」ずるほか、「紛争を解決するために相当と認める事項を定める」ことができます（同条２項）。

「紛争を解決するために相当と認める事項」とはどういう内容なのかを巡り活発な議論がなされています。

上記のような法の規定からすれば、民事訴訟の判決よりははるかに多様で柔軟な審判ができるが、「権利関係を踏まえて」いなければならず、権利関係を無視する審判は許されません。また、「労働審判手続の経過を踏まえ」る以上、当事者が予想しないような審判や当事者の意思に明確に反する審判も許されません。

2　解雇事件の場合、職場復帰命令は出せるか

解雇が無効の場合、労働契約上の地位の確認にとどまらず、原職復帰命令までできるのでしょうか。この点は「申立の趣旨」の内容にも関係してきます（**第２編第２❶７**〈85頁参照〉）。

3　解雇事件の場合、金銭解決の審判はできるか

①解雇有効の認定の場合、②解雇無効の認定で労働者が金銭解決を望んでいる場合、③解雇無効の認定で労働者が望んでいない場合それぞれについて、その当否が考えられます（**第２編第２❶４～６**〈80頁以下参照〉）。

10　異議等による訴訟係属

1　異議による訴訟への移行（法21条）

審判に対し、当事者は２週間以内に、裁判所に異議の申立をすることができます（法21条１項）。異議の申立があると、審判はその効力を失い（同条３項）、申立の時に遡って、事件が係属している地方裁判所に訴えの提起があったものとみなされます（法22条１項）（訴え提起の擬制）。つま

り、わざわざもう一度訴訟を提起する必要はないのです。

したがって、改めて訴状を提出する必要はありません。ただし、労働審判申立書は書留郵便による特別送達はされないところ、訴状は特別送達が義務付けられているという手続的理由もあり、訴状に代わる準備書面の提出を求められるのが通例です。

本訴移行に際して請求の趣旨の追加や変更をすべき場合はもちろん、同一の請求をなす場合にも、労働審判手続における相手方の主張、立証を踏まえ、これに対応した内容の訴状に代わる準備書面を提出すべきです（判例タイムズ1315号20頁参照）。

2　記録、証拠調べの結果の扱い（法26条）

労働審判手続の記録や取り調べられた証拠などは、訴訟に移行した場合自動的に第一審地方裁判所に引き継がれるわけではありません。

しかし、労働審判手続において、当事者同士が相当な議論を尽くし、労働審判委員会が証拠調べも行い、審判まで出したのに、この作業がまったく活かされず、裁判で一から審理のやり直しというのでは、あまりにも無駄であり、四審制を招くことにもなりかねません。

そこで、当事者及び利害関係を疎明した第三者は、労働審判事件の記録の謄本などの交付を請求することができます（法26条１項）。しかし、具体的な審理の内容（発言など）や労働審判の理由は書いていないので意味がありません。また、当事者は、労働審判手続で提出された証拠を所持しているので、これらの資料を訴訟において証拠として提出することができます。

3　担当裁判官

訴訟係属した事件を担当する地方裁判所の裁判官が、労働審判を担当した労働審判官と同じ人物であることはあり得るのかについては、法律で制限はないので許されることになります。特に、裁判官の少ない地方裁判所ではこのようなことがあり得るでしょう。実際に松本支部で経験しました。

4　訴訟費用

訴えの提起が擬制された場合、労働審判手続の申立人は、通常の訴訟提起の手数料から審判申立の時に納めた手数料の金額を引いた残額だけ訴訟提起の手数料として納めることで足ります。

第2編

労働審判制度の活用

第1　労働審判をどのように活用するのか
第2　典型的な活用例
第3　応用的な活用例
第4　労働審判に適さないケース

第１　労働審判をどのように活用するのか

1　労働審判制度の特性を活かした活用

1　判定機能と調停機能

(1)　判定機能

労働審判制度は、その手続の中で調停（話し合いによる解決）を試みるとともに、調停が成立しない場合には審判（通常訴訟における判決に相当する判断）を下すことで紛争解決を図るものです。すなわち、労働審判制度は、調停機能と判定機能の２つを兼ね備えた制度です。

このうち、判定機能は、通常訴訟における判決と同様、強制的に紛争解決を図るものですが、労働審判制度では原則として３回の期日で結論を出すものとされていますので、訴訟の場合に比べて迅速な紛争解決が図れるメリットを持ちます。また、労使問題について実務的な経験、知識を有する労使の労働審判員が審理、判断に関与することで、紛争の実情に即した適正な判断が下されることも期待されます。

なお、審判に対して異議が出されると、審判の効力は失われますが、その場合には当然に通常訴訟に移行することになっています。このような仕組みによって、審判に至らず調停によって事件が解決する比率が高くなっています（約７割）。また、審判に対して異議が出されずに確定することもあり、申立事件のうち、取り下げられた案件を除けば、8割以上が労働審判手続で解決しています。

(2) 調停機能

労働審判制度の持つ調停機能に着目すると、現行法の解釈としては通常訴訟による解決には馴染みにくいとされている紛争類型でも、労使の労働審判員が関与することによって、適正な解決が図られることが期待できます。

なお、労働審判における調停は、当事者の合意に基づき紛争を解決するものですから、従来からある裁判所の調停や、労働局が実施しているあっせんなどと本質的には変わらないことになります（これら裁判外紛争処理システムについては、**第3編**を参照のこと）。

しかし、労働審判における調停では、労使問題について実務的な経験、知識を持った労使双方の労働審判員が関与し、かつまた、調停が成立しない場合には審判が下される点で、これら裁判外紛争処理手続と異なる大きな特徴を持っています。

2　紛争の実情に沿った柔軟な解決

労働審判における調停は、当事者間の合意に基づくものですので、調停において、紛争の実情を踏まえた柔軟な解決ができることはいうまでもありません。

また、判定として出される審判についても、通常訴訟の判決の場合に比べて柔軟な判断を示せるところに特徴があります。すなわち、労働審判法は、その20条1項で「当事者間の権利関係」を踏まえて審判を行うと規定する一方、審判を行うに際しては、「労働審判手続の経過」を踏まえるものとしています。この「労働審判手続の経過を踏まえる」という文言に基づき、例えば、解雇無効を理由に地位確認、賃金支払いを請求している事案において、労働者が退職を前提に一定のまとまった金銭の支払いを受けることで紛争を解決してもよいという意向を明らかにした場合には、退職を前提とした金銭解決を内容とする審判を出すことができるものと解されています。

法20条２項は、審判においては、「当事者間の権利関係を確認し、金銭の支払、物の引渡しその他の財産上の給付を命じ」ることのほか、「その他個別労働関係民事紛争の解決をするために相当と認める事項を定めることができる」としています。この条項に基づき、例えば、配転命令の無効確認を求める事案において、単に配転の有効性を判断するだけでなく、配転命令が有効である場合にも、配転の期間を限定したり、配転に伴う経済的不利益を緩和する措置（単身赴任となる場合に、家族の居住地との往復のための一定額の旅費の支払いを命じるなどといった措置）を講じるよう命じたりすることが考えられます。

このように、労働審判においては、単に当事者間の権利関係についての判断を示すだけでなく、当事者間の利益状況を勘案して、紛争の実情に見合った柔軟な解決方法を示せることになります。

３　労働審判の積極的活用を

以上のように、労働審判制度においては、その調停機能をも視野に入れれば、通常訴訟による解決には馴染まないとされている類型の紛争も申立、審理対象になると考えられます。また、通常訴訟によって解決できる紛争類型についても、迅速な解決が図られるとともに、労使の労働審判員の関与により、紛争の実情に沿った適正にして、柔軟な解決が期待できます。このような労働審判制度の特性を最大限に活かす工夫、関係者の努力を前提として、労働審判制度は大いに活用されるべきでしょう。

なお、実際の労使紛争の解決に際して、労働審判制度と他の裁判制度（通常訴訟、仮処分）もしくは裁判外紛争処理手続のいずれを選択するのかについては、**第３編**の「**第４　労働審判制度との選択**」〈189頁以下〉で触れていますので、こちらを参照してください。

2 典型的なケース（権利義務の確定型）

1　典型的なケース

労働審判の典型的な活用例は、通常訴訟の場合におけるのと同様、当事者間の権利義務関係の確定によって解決が図られる紛争類型です。解雇、賃金・退職金の未払い、労働条件の不利益変更、配転・出向、懲戒・降格などがこれに該当します。

2　労働審判の活用

このような紛争類型は、通常の訴訟によっても解決可能ですが、労働審判では早期に審理がされることや、労使の労働審判員が審理に加わることで、紛争の実情に見合った適正な解決が図られることにメリットを持ちます。

また、調停が調わず、審判になった場合にも、「当事者間の権利関係」を踏まえることを前提としつつも、「労働審判手続の経過を踏まえ」、「個別労働関係民事紛争の解決をするために相当と認める事項を定める」（法20条１項・２項）ことで、柔軟な紛争解決が図れるというメリットがあります（例として、解雇事件における退職を前提とした金銭解決などが挙げられます）。

3 応用的な活用（利益調整的、形成途上の権利についての紛争での活用）

1　利益調整的な紛争

労働現場では、労働者と使用者の関係をとりまく様々な問題、紛争がありますが、これらの問題、紛争のすべてが法の適用を通して解決可能というわけではありません。

例えば、賃上げについて労使間に何のルールもなく、賃上げの合意が形成できないとき、労働者側が自己の主張する賃上げ額に基づく賃金の支払いを求めて提訴しても、裁判所は訴えを退けます。なぜなら、現行法上、使用者には賃上げしなければならない義務はなく、賃上げについての合意が形成されていない場合、どの程度の賃上げが妥当であるかを判断する基準もないからです（ただし、賃上げについても、いったん使用者との間で合意が成立すれば、その額を請求する権利が発生しますから、使用者がその支払いを怠った場合には、当然に裁判所による救済を得ることができます）。もちろん、労働者や労働組合が賃上げを要求するのは当然のことですが、それはあくまで使用者との話し合いに基づく合意形成によって解決されるべきものとされるわけです（なお、このような交渉権を実質化するために、憲法28条やそれを受けた労働組合法は、労働者に団結権、団体交渉権、団体行動権（スト権）を保障しています）。

したがって、労使間に何のルール、基準、合意もない場合に、賃上げをめぐる紛争は、法の適用を通しては解決できないことになります。

2　利益調整型、形成途上の権利に関する紛争

しかし、同じく賃上げ請求をするといっても、人事査定により賃金額が決められる賃金システムのもと、人事査定が不公正であるとして、公正な査定に基づく本来あるべき賃金額の支払いを求める請求は、裁判所によっても十分に判断可能です。もっとも、どのような査定が適切であるかは、一義的かつ明瞭に決められるわけではなく、一定の幅の中で様々な要素を勘案して決められる「価値判断」的側面を持ちます（プロ野球選手の年俸交渉で、ある選手が前年度に活躍をして年俸アップすること自体は球団側が認めていても、年俸のアップ幅は一義的には決まらず、一定の幅の中での妥当な線を探ることになるのと同じです）。この意味で、公正な査定に基づく賃上げ請求は、利益調整的な側面を持つことになります。

これまでの判例を見てみると、人事考課における使用者の裁量的判断を

尊重しつつも、人事考課制度の趣旨に反して裁量権を濫用する低査定をした場合に、低査定を違法として損害賠償を認めた例があります。しかし、裁量権濫用による低査定の是正を求めるのではなく、労働者主張の本来あるべき査定（実際にされた査定よりも高い査定）に基づく賃上げ請求を認めた判例は見当たりません（そのような訴訟が提起されること自体が稀といえます）。この問題は、「公正査定義務」を認めるのかとも関連します（これを認める立場からは、使用者側が評価が公正であることを主張立証すべきことになりますが、これを否定する立場からは、労働者側が評価が不公正であることを主張立証すべきことになります）が、問題解決の方向性は、今後の事例（判例）の集積や、それを踏まえた議論に委ねられているといえます。

また、裁判例の集積や立法により、使用者には、労働者との間で特別な合意をせずとも、労働者の生命、身体を危険から保護するよう配慮すべき義務（安全配慮義務　労契法５条）や、セクハラなどのハラスメントを防止し、労働者が良好な環境のもとに就労できるよう配慮すべき義務（就業環境整備義務）があるものとされています（ハラスメントについての就業環境整備義務は、男女雇用機会均等法11条がセクハラについて定めるほか、マタハラ、イクハラ（育児ハラスメント）、パワハラについても、各法令で定められています。詳しくは、**第３❷**〈103頁以下〉を参照ください）。そして、これを怠ったことにより労働者に経済的、精神的損害を与えた場合には、使用者は、損害賠償義務を負います。しかし、使用者が安全配慮義務等を怠っているとして、労働者が使用者に対して具体的な措置を講じるよう求める場合、具体的な措置としては様々なものが考えられ、数多く考えられる措置の中でどれを選択すべきかは、一義的かつ明瞭に決められるわけではありません。

したがって、労働者が配慮義務の具体化を求める紛争は、利益調整的な側面を持つことになります。また、このような具体的措置を講ずることを裁判で請求ができるかについては、これを認める法令がないこともあり、労働者にそこまでの権利は認められないとする見解が有力です。

3　労働審判制度の活用（調停機能）

このような「利益調整型」、「形成途上の権利」に関する紛争類型は、現段階では、通常訴訟での解決に馴染まないものとされています。

しかし、前述のとおり、労働審判には通常訴訟の判決に相当する審判による紛争解決機能のほかに、当事者間の話し合いにより問題解決をする調停機能があります。このような調停機能に着目するとき、これら紛争類型について、労働審判手続の利用を排除しなければならない理由はありません。労働審判制度の大きな特徴のひとつに、労使問題について実務的な経験、知識を持った労使の労働審判員が手続に関与することで、労働現場の実情に即した合理的な紛争解決が図られることがありますが、労働審判員の経験、知識は、このような類型の紛争の解決についても、大いに発揮されるべきです。

また、労働審判における柔軟な紛争解決の集積が、新たな法創造機能を営むことになり、そのような機能を否定すべきでないという指摘もあります（宮里邦雄「労働事件の現実と紛争解決システム」季刊労働法205号45頁、毛塚勝利「労働審判制度創設の意義と課題」ジュリスト1275号63頁）。

したがって、これら類型の紛争についても、労働審判の申立を不適法として却下（法６条）すべきではないでしょう。それどころか、通常訴訟の俎上にのりにくい紛争類型の解決にも役立つものとして労働審判制度を位置づける必要があります。

4　審判の内容

「利益調整型」、「形成途上の権利」に関する紛争類型について、労働審判手続の中で行われる調停で合意が形成できなかった場合、審判が出されることになります。

審判の内容としてまず考えられるのは、申立人（労働者）の請求が法律上の根拠を欠くとして、申立を退ける審判です。これは、労働審判に対して異議が出され、通常訴訟に移行した場合（法22条）に予想される判決について、現在の裁判実務に忠実な立場であり、法20条1項の「当事者間の権利関係……を踏まえて」という文言を重視する立場といえます。

しかし、労使の労働審判員が関与し、紛争の実情に見合った適正かつ柔軟な解決を図ることを目的とする労働審判制度において、通常訴訟と同じ判断しか下せないというのでは、労働審判制度の「うま味」が活かされないと考えられます。また、労働審判の法創造機能を否定すべきでないとする指摘があることも、上述のとおりです。

さらに、法20条2項は、「労働審判においては、当事者間の権利関係を確認し、金銭の支払、物の引渡しその他の財産上の給付を命じ、その他個別労働関係民事紛争を解決するために相当と認める事項を定めることができる」と規定していますが、権利（地位）確認、金銭等の財産給付以外の「相当と認める事項を定める」というのは、このような紛争類型の解決にこそ力を発揮する条項であると考えられます。さらに、労働審判委員会が単なる調停案としてではなく、審判というかたちで判断を示せば、使用者がこれを尊重して紛争を解決するといったことも十分考えられます（労働審判に対する異議申立率は、2019年が64.1％、2020年が57.1％、2021年が52.1％になっています）。

このようにして見ると、「利益調整型」、「形成途上の権利」に関する紛争類型について、申立人（労働者）の請求を何らかのかたちで認める審判を出すことも可能であると解する余地があると思われます。このような類型の紛争は、労使間の話し合いが膠着状態に乗り上げてしまうと、いつまでたっても解決が図れないことになりますので、労働審判が何らかの解決の指針を示すことは、労使関係の安定の観点からも、意味のあることです。

なお、申立人の請求を退ける場合でも、審判の理由の中で、「申立人の請求は、法律上の根拠を欠くから申立は棄却するが、使用者は申立人の請求について、○○の措置を講じることが望ましい」といった労働審判委員会の判断が示されれば、使用者がこの見解を尊重して、結果的に紛争が解決に至ることも考えられます。また、仮に結論として申立人の請求を退ける場合でも、理由中で申立人の請求に対する判断を示すことも考えられます。

5　申立に際しての留意点

法5条は、「当事者は、個別労働関係民事紛争の解決を図るため、裁判所に対し、労働審判手続の申立てをすることができる」（1項)、「前項の申立ては、申立書を裁判所に提出してしなければならない」（2項）とし、申立書には、「申立ての趣旨及び理由」を記載しなければならない（3項2号）としています。そして、法6条は、「裁判所は、労働審判手続の申立てが不適法であると認めるときは、決定で、その申立てを却下しなければならない」と規定しています。

この法6条にいう「不適法却下」（門前払い）とは、法5条3項が定める申立書の記載事項（労働審判規則9条では申立書に記載すべき事項をさらに細かく定めています。**第1編第4❶2**〈44頁〉参照）を記載していないような場合が考えられますが、法1条や、5条1項の「個別労働関係民事紛争」に該当しないとして申立が却下されることも考えられます。

労働審判法は20条1項で、「労働審判委員会は、審理の結果認められる当事者間の権利関係及び労働審判手続の経過を踏まえて、労働審判を行う」と定めていますので、労働審判も司法作用（法の適用を通じて当事者間の権利義務関係を確定することで紛争解決を図る機能）の一部と考えられています。したがって、権利義務関係の確定によって解決を図れない紛争（賃上げについて労使間に何のルールもない場合における賃上げ請求などの利益紛争）については、「民事紛争」に該当しないとして、申立が却下される可能性があります。

そこで、「利益調整型」、「形成途上の権利」に関する紛争類型について労働審判の申立をする場合には、申立内容が法律上、もしくは契約上の根拠に基づき、申立人の権利として存在する旨を記載しておくことが必要でしょう。契約上の根拠としては、個別労働契約、就業規則、労働協約の定めや、配慮義務（安全配慮義務、就業環境整備義務）などが考えられますが、契約等の定めがなく、かつまた判例上確立されている配慮義務の類型に該当しないような場合には、労契法3条4項の信義誠実の原則、同法3条2項の均衡待遇、同法3条3項のライフ・ワーク・バランスを根拠とすることも考えられます。

4　労働審判に適さないケース

1　法1条の要件を満たさない紛争

労働審判に適さない紛争としては、まず第一に、法1条が労働審判の対象として規定する「個々の労働者と事業主との間に生じた民事の紛争」に該当しない類型の紛争が考えられます。これを具体的に見れば、以下のとおりとなります（**第4 1 1**〈119頁以下〉参照）。

⑴　集団的労使紛争

集団的労使紛争とは、典型的には一方当事者を労働組合とする紛争を意味しますが、これは、「個々の労働者」との紛争に該当しないので、労働審判の対象とはされません。

⑵　公務員関係の紛争

公務員の任用関係の紛争は、「民事の紛争」に該当しない（公法上の関係と解されている）ため、労働審判の対象とはされません。ただし、公務員であってもセクハラ等の損害賠償請求や、現業公務員の残業代請求などは、民事の紛争に該当するものとして利用可能と考えられます。

⑶　労働者間の紛争

労働者間の紛争の典型例は、セクハラをした加害労働者（上司、同僚）と被害労働者との紛争ですが、これは「事業主との間」の紛争に該当しないため、労働審判の対象とはされません。ただし、この類型については、事業主（会社）を相手に労働審判を申し立て、その中で加害労働者との紛争をも併せて解決できる可能性があります。

⑷　行政訴訟

労災保険の申請が退けられた場合、労働者（もしくはその遺族）がこれを不服として審査請求をしたり、取消訴訟を提起することがありますが、このような紛争は労働基準監督署長の処分を争う行政関係の紛争であり、「民事の紛争」に該当しないので、労働審判の対象にはなりません。

2　法24条１項に該当する紛争

法24条１項は、「労働審判委員会は、事案の性質に照らし、労働審判手続を行うことが紛争の迅速かつ適正な解決のために適当でないと認めるときは、労働審判事件を終了させることができる」と規定しています（この規定による手続終了を「24条終了」といいます）。したがって、これに該当する類型の紛争は労働審判には適さないことになります。具体的には、以下のようなものが該当すると指摘されています（**第４❸**〈123頁以下〉参照）。

⑴　思想、組合所属、性などを理由とする賃金差別事案
⑵　整理解雇（経営上の理由に基づく解雇）事案
⑶　労働条件の不利益変更を争う事案
⑷　過労死などの損害賠償事案

以上のうち、⑴については、労働審判での審理に馴染まないことは争いがないと思われますが、⑵、⑶については、労働審判での審理に馴染むケースも数多くあり、労働審判に馴染まないのはむしろ例外的なケースと考えられます。また、⑷についても、労働審判で十分解決可能な案件もあります。

したがって、労働審判を利用するか否かを決めるに際しては、個々の紛争の事案、争点を吟味する必要があります。単に整理解雇事案だからというだけで労働審判の利用を控える必要はありません。また、労働審判委員会においても、事件名や当事者の数だけを見て、複雑な案件として扱うような運用をしていません（全既済件数のうち24条終了になった事案の割合は、2020年が4.6％、2021年が5.1％、2021年が5.9％です）。

第2　典型的な活用例

1　解雇、雇止め

1　解雇の類型と解雇制限

解雇とは、使用者の一方的意思表示により労働契約を終了させるものですが、これを類型化すると、以下のようになります。

⑴　労働者の非違行為（職務懈怠、無断欠勤・遅刻等、業務命令違反、職場規律違反等）を理由とするもの
⑵　労働者の能力不足、適性欠如を理由とするもの
⑶　労働者の傷病による能力欠如を理由とするもの
⑷　経営状況の悪化など経営上の理由に基づく整理解雇

解雇については、労災による休業期間中、産前産後休業中及びその後の30日の間の解雇禁止（労基法19条）など個別的な解雇制限規定が定められているほか、解雇全般に対して、「解雇は、客観的に合理的な理由を欠き、社会通念上相当であると認められない場合には、その権利を濫用したものとして、無効とする」（労契法16条）と規定されています。この労契法16条は、判例法理として確立していた解雇権濫用法理を法文化したものです。

なお、解雇の中には、企業秩序違反行為（労働者の非違行為）に対する制裁罰として行われる懲戒解雇があります（懲戒解雇以外の解雇は、すべて普通解雇と呼ばれます）。懲戒解雇の場合、退職金の一部もしくは全部が不支給とされ、解雇予告もなされず即座に解雇が言い渡されるのが通常です（なお、所定期間内に退職届を提出するよう勧告し、これに従わない場合には懲戒解雇にするという諭旨解雇、諭旨退職と呼ばれるものもあります）。懲戒解雇や諭旨解雇が有効になるには、就業規則に懲戒事由が定められているなど、普通解雇に比べて厳しい要件が課されるというのが判例の立場です（なお、懲戒処分の有効要件については、97頁を参照のこと）。

また、雇用期間が定められた労働者について、雇用期間満了をもって労働契約を終了させる「雇止め」に関しても、過去に契約が反復更新されているなどの一定の要件を満たす場合には、労契法19条により、解雇権濫用法理（同法16条）と同様の規制が及びます。

2　労働審判の活用

ところで、上記のいずれの類型であるかを問わず、解雇（雇止め）通告を受けた労働者は職を失い、生計の糧を奪われることになりますから、解雇は特に迅速な解決が求められる紛争類型ということができます。労働審判制度は、原則として3回以内の期日で、調停を行うとともに、調停が成立しない場合には、審判を下す制度ですので、解雇事件に関しては大いに活用されるべきでしょう。

また、金銭解決など柔軟な解決が可能であることからも、解雇事件については活用のしがいがあるといえます。

3　労働審判申立に際しての留意点

申立に際しては、①労働者が使用者に対して、労働契約上の地位にあることの確認と、②解雇時以降、将来分を含めた賃金の支払いを求めることになります（**第4編**掲載の申立書の書式〈197頁以下〉参照）。

(1) 賞与

請求する賃金の中に賞与を含めることも当然に可能です。ただし、賞与の額は企業の業績によってその時々で変動するのが一般的ですし、査定制度が導入されている企業では労働者のパフォーマンスによっても額が変動することになります。このような理由から、賞与の請求を認めない裁判例も多く見られますが、我が国では賞与込みの年収ベースで生活設計を立てるのが通常ですから、金額が厳密に確定できないことを理由に賞与請求を認めない立場には疑問があります。そして、賞与込みで労働者が生計を立てていることについては、労使の労働審判員が理解を示してくれるものと考えられます。

したがって、申立に際しては、過去の賞与水準が明らかにできる賞与（給与）明細書などを証拠として提出して、「最低でも、これだけの金額の請求はできる」旨を明らかにしておくとよいでしょう。なお、労働協約や賃金規定で賞与額やその支払基準が明確にされている場合には、それに基づく請求は認められることになります。

(2) 解雇理由に対する反論

解雇が有効であるかは、解雇に合理的な理由があるか、相当であるか（仮に労働者に対して何らかの措置を講ずる必要があったとしても、解雇という重い措置を選択することが相当であるか）によって判断されます。したがって、解雇に際して使用者が述べていた解雇理由をめぐって審理が進められることになります。ですから、申立書には、使用者が述べた解雇理由とそれに対する反論を記載することが必要となります。

ただし、使用者によっては、「クビだ」、「明日から来なくてよい」などとだけ通告して、解雇時に解雇理由を告げないこともあります。このような場合を想定して、労基法22条は、労働者からの求めがあった場合、使用者は退職（解雇）の事由を記載した証明書（巻末資料316頁参照）を交付しなければならない旨を定めています。したがって、労働審判の申立に先立ち、この労基法22条を活用して解雇理由を明らかにさせるのもひとつの手です。

なお、証明書に就業規則の条文だけを掲げて、具体的な理由を記載しないケースがまま見られますので、証明書の交付を求める場合には、できるだけ具体的に解雇理由を記載するよう求めることが重要です（行政通達である1999.1.29基発第45号も「就業規則の当該条項の内容及び当該条項に該当するに至った事実関係」を具体的に記載しなければならないとしています〈巻末資料「退職証明書」316頁〉参照)。

4　金銭支払いを命じる審判（労働者側の請求に基づく場合)

(1)　審判の内容と根拠

労働審判手続での審理の結果、解雇が無効という結論に達した場合には、審判においては、①労働契約上の地位の確認と、②賃金の支払いが認められることになります。

ただし、最近では、職場に戻っても嫌がらせを受けるのではないかといった不安などから、職場に戻ることなく（すなわち、退職を前提として)、一定の金銭補償を受けることで解雇紛争を解決したいと考える労働者も多くなっています。このような場合には、審判手続の中で行われる調停（話し合いによる紛争解決）の中でその旨を明らかにします。そこで、話し合いがまとまれば、事件は解決することになります。

また、そこでの話し合いがまとまらない場合にも、労働者が退職を前提として、一定の金銭補償を受けることで紛争を解決してもよいという意向を明らかにしているときは、審判の内容（主文）を、

「１　会社は労働者に対して、金○○○万円を支払え。
２　会社と労働者との労働契約は、○○年○○月○○日をもって終了したことを確認する。」あるいは、
「１⑴労働者が会社に対して労働契約上の権利を有する地位を有することを確認する。⑵会社は労働者に対して、○○年○月以降、毎月○○日限り金○○万円及びこれに対する各支払日から支払い済みまで年３分の割合による金員を支払え。
２　ただし、会社が労働者に対して△△年△△月△△日までに金△△△

万円を支払った場合には、会社と労働者との労働契約は、□□年□□月□□日をもって終了したことを確認する。」

などと、金銭支払いを命じるものにすることができます。

我が国では、ドイツなどのように、解雇が無効な場合に、労働者が地位確認にかえて金銭補償を求める権利を認める法律は存在しません（なお、2022年4月12日、厚生労働省内に設置された「解雇無効時の金銭救済制度に係る法技術的論点に関する検討会」が議論をとりまとめ、「報告書」を作成し公表しており、今後の動向に注意する必要があります）。したがって、通常訴訟の場合、仮に労働者が金銭補償を求めたいと考えていても、地位確認にかえて金銭の支払いを求めることは困難です。職場に戻らないことを前提として、損害賠償（逸失利益、慰謝料）の請求をすることは可能ですが、残念ながら、それほど高額な賠償金は認められないのが実情です（この点、セクハラにより退職を余儀なくされた女性労働者が提訴した損害賠償事案等で、慰謝料のほかに6カ月ないし1年程度の給与相当額の支払いを命じた判例があり、解雇事件でも、6カ月ないし1年程度の給与相当額を認める判例も見られるようになっています。しかし、このような判断が定着しているとは言い難く、低額の損害賠償しか認めない判例も少なくありません）。

そこで、通常訴訟の場合、地位確認と賃金支払いの請求をたて、訴訟の過程で行われる和解の中で金銭解決の話をするのが一般です。金銭解決の話がまとまらず、労働者が勝訴すれば、地位確認と賃金支払いの判決が下されることになりますが、労働審判においては前述のような判断を下すことができます。

これは法20条1項が「労働審判委員会は、審理の結果認められる当事者間の権利関係及び労働審判手続の経過を踏まえて、労働審判を行う」と規定し、法20条2項が「労働審判においては、当事者間の権利関係を確認し、金銭の支払、物の引渡しその他の財産上の給付を命じ、その他個別労働関係民事紛争の解決をするために相当と認める事項を定めることができる」によるものです。本来解雇事件においては、地位確認（「当事者間の権利関係を確認」）と賃金支払い（「金銭の支払」）を命じることで紛争解決が図られるはずですが、労働者がこれに代えて退職を前提に一定のまとまった金銭の支払いによって紛争を解決してもよいとの意向を明らかにしている場合、退職を前提とする一定の金銭支払い（「その他個別労働関係民事紛争の解決をするために相当と認める事項」）を定めることもできるとされているのです。

⑵　留意点

労働審判でこのような判断が示されるのであれば、申立段階から、地位確認、賃金支払いに代えて一定の金銭支払いを求めるという方法もあり得ます。労働者がそのような解決を求める意向を固めているときは、そのような請求をたてることもあり得ます。また、申立時点では、そのような意向が固まっていない場合には、主位的には、地位確認、賃金支払いを請求し、予備的に退職を前提として金銭支払いの請求をするという方法も考えられます。

しかし、労働審判に対して異議が出された場合、審判の効力は失効し、自動的に訴訟に移行することになります。労働審判の申立段階で、地位確認、賃金支払いを求めず、一定の金銭の支払いのみを求めた場合には、訴訟において、請求の趣旨を地位確認、賃金支払いに変更することで対処することを検討する必要があります。なぜなら、前述のとおり、我が国においては、解雇事案において、地位確認に代えて金銭補償を求める権利を認める法律は存在せず、損害賠償として請求をたてても、それほど高額な損害賠償が認められないのが実情だからです。

5　金銭支払いを命じる審判（使用者側の請求に基づく場合）

労働審判委員会が解雇無効の結論に至った場合、労働者が金銭による解決を望まないときにも、労働契約関係を終了させ、一定額の金銭の支払いを命じる旨の審判を下すことができるかについては問題があります。

この問題は、法20条１項にかかわる問題だといわれています。法20条１項は、「労働審判委員会は、審理の結果認められる当事者間の権利関係及び労働審判手続の経過を踏まえて、労働審判を行う」と規定しています。解雇無効の判断に至った場合には、地位確認と賃金支払いが命じられるのが原則ですから、労働者が金銭解決を受け入れる可能性がまったくないにもかかわらず、金銭解決の審判を出すのは、「労働審判手続の経過を踏まえて」いないことになります。したがって、このような場合に、退職を前提に金銭支払いを命ずる審判を下すことはできないと考えるべきでしょう。

ただし、労働者が金銭による解決を100パーセント拒否する旨を明らかにしているわけでなく、それなりの金額の支払いが命じられれば審判を受け入れる可能性がある場合には、そのような審判を出してもよいのだという考えもあります（座談会「労働審判制度の創設と運用上の課題」ジュリスト1275号51～52頁、定塚裁判官発言）。

6　解雇有効の場合に金銭支払いを命じる審判

他方、労働審判においては、解雇有効の判断を前提としつつ（すなわち、労働者の地位確認、賃金支払いを棄却しつつ）、使用者に一定の金銭の支払い等を命じることもあり得ます。

通常の訴訟においては、解雇の有効、無効が争われ、解雇が無効と判断されれば、地位確認と賃金支払いが命じられ、解雇が有効と判断されれば、労働者の請求が棄却されることになります。要するに、「100か、0か」の判断がされるわけです。

しかし、例えば、整理解雇（経営上の理由による解雇）のケースでは、経営状況の悪化は労働者側の責任に基づくものではありませんから、仮に会社の経営状況から解雇がやむを得ないとの判断に至った場合でも、労働者に対して何の救済も与えないことは妥当とは思われません。退職金の上積みや再就職支援をすることを条件とする希望退職募集が行われたけれども、応募者が募集人数に達しないため整理解雇されたような事案では、解雇が有効と判断された場合でも、希望退職の条件とされた上積み退職金等の支払いを命じることが考えられます。

また、遠隔地への配転を拒否した労働者が（懲戒）解雇されたような場合、配転に応じられないとする労働者に汲むべき事情があるようなときには、解雇を有効としつつ、労働者に対して何らかの補償を与えるということも考えられます。

さらに、労働審判手続の中で行われる調停で、使用者が一定の金銭支払いをすることで紛争解決する意向を示したが、合意が成立せず、審判が出されるに至った場合、単に解雇を有効として申立を退けるのでなく、使用者が支払ってもよいと表明した金額の支払いを命じれば、労働者がこれを受け入れて紛争が解決することも考えられます。

このように、解雇は有効と判断（労働者の求めた地位確認、賃金請求は棄却）しつつ、一定の金銭の支払いを命じることに合理性が認められることがあります。したがって、そのような内容の審判を出すことは、「労働審判手続の経過を踏まえ」（法20条１項）て審判を出すという労働審判制度の趣旨にかなうとも考えられます。

解雇の場合、「100対０」という心証により判断が下されることはほとんどなく、結論として解雇が有効と判断されるにせよ、無効と判断されるにせよ、「60対40」とか「70対30」といった心証による場合が多く、このような場合、解雇が有効と判断されても、一定の金銭支払いを命じる審判が出されても良いのだとする指摘もあります（座談会「労働審判制度の創設と運用上の課題」ジュリスト1275号52～53頁、定塚裁判官、石嵜弁護士発言）。

なお、解雇有効の判断を前提としつつ金銭の支払いを命じても、使用者が必ず異議を出すとは限りません。なぜなら、異議を出せば、自動的に訴訟に移行することになりますが、使用者としては、訴訟に移行した場合の経済的負担（弁護士費用）や、訴訟の準備活動に要する労力等を考慮に入れ、金銭支払いによって紛争を終局的に解決する決断を下すことも十分に考えられるからです。

7　職場復帰を命じる審判

現在の労働法の理解としては、解雇無効の場合の地位確認判決は、労働者を職場復帰させる効力を持つものとは解されていません。地位確認判決によって、労働者は社会保険（健康保険や厚生年金保険）の被保険者としての地位を回復できますが、職場復帰を強制するには、地位確認判決では足りず、使用者に労働者を就労させるよう命じる判決が必要と解されています。

ところで、使用者に就労を命じる判決を出せるかどうかは、労働者に「就労請求権」があるか否かをめぐって議論されますが、調理師のように就労せずにいると、その労働者が持っている技能が陳腐化してしまうような場合を除いては、就労請求権は認められないとするのが裁判実務の趨勢です（このような趨勢を反映してか、就労を求める訴訟を提起すること自体が見られなくなっています）。したがって、このような立場を強調すれば、労働審判手続においても就労を命じる審判は出せないことになります（もちろん、労働審判手続の中で行われる調停で、職場復帰させる調停を成立させることには何の問題もありません）。

しかし、就労請求権を認めない裁判例に対しては、強い批判も見られます。現代社会における労働は、単に賃金を得るためだけのものでなく、職場内外の様々な人々との接触等を通じて、あるいは自らのスキルアップを図ることで、自己の社会生活上、職業生活上の人格を発展させる契機を持つものです。また、解雇が無効であれば、職場に戻れるというのは、普通の人々の常識にも合致するところです。したがって、就労請求権を認めるという考えにも合理性が認められます。このように、就労請求権を認める立場に立てば、審判で使用者に職場復帰を命じることは可能となります。

また、就労請求権の有無とは別に、審判が出された場合、使用者がこれを受け入れて紛争が解決するということも考えられます。さらに、地位確認判決が出されたのちも使用者が労働者を復職させない場合、使用者は賃金を支払い続けなければなりませんので、判決が確定した場合には、労働者を復職させるケースが大半です。このことも考えると、審判で職場復帰を命じることが紛争の早期解決に資すると考えることもできます。条文上も、労働審判においては、「その他個別労働関係民事紛争の解決をするために相当と認める事項を定めることができる」と定められており（法20条２項)、職場復帰を命じる審判を出すこともできるというべきでしょう。

なお、職場復帰を命じる審判を出してほしいと考える場合には、申立書でその旨を明らかにしておくべきでしょう。

8　整理解雇の複雑性

整理解雇については、案件によっては審理が複雑化することも考えられます。法24条１項は、複雑な事案については労働審判手続を終了させることができる旨を定めており、整理解雇事件は労働審判に馴染まないのではないかとの指摘もありますが、この点については、**第４❸３**〈125頁以下〉を参照してください。

2　賃金、残業代、退職金の支払請求

1　労働基準監督署の監督行政と賃金等の支払請求

未払いの賃金、賞与、残業代、退職金などの請求も、労働審判手続で解決するのに適した紛争類型です。これら広い意味での賃金未払いは、労基法24条に違反する行為です。したがって、賃金等の未払いは、労基署の監督行政（指導、是正勧告）によって支払われることが期待されるものです。

しかし、労基法は、これに違反した使用者に刑罰を科すことでこれを遵守させる体系をとっており、労基署が労働者に代わって未払賃金の取り立て等を行ってくれるわけではありません。なお、現実に刑罰権が発動されることは稀で、大半の事例は指導や是正勧告によって処理されています

（これら労基署の監督権限の発動については、**第3編第2❶3**〈138頁〉を参照してください）。

したがって、使用者が労基署の指導、是正勧告にも従わず未払賃金等の支払いをしない場合には、訴訟を提起して、強制執行するなど民事的な手続を通じて取り立てる以外なくなります。

なお、いうまでもないことですが、賃金未払い等の労基法違反があった場合、必ず労基署に労基法違反の申告をしなければならないわけではなく、はじめから民事的な手続（訴訟や仮差押え、先取特権に基づく差押え）をしても構いません。

2　労働審判の活用

使用者が賃金等の支払いをしない場合としては、①支払原資の不足を理由とする場合と、②法律上の支払義務の不存在を理由とする場合があります。

①の場合は、請求権の存在そのものが争われているわけではなく、どうやって支払いを確保するかの問題ですので、仮差押え、先取特権に基づく差押え、債務名義（判決書、和解調書等）に基づく差押えなどの手続をとる必要があります（これらの手続については、**第3編第3❹**〈185頁〉を参照してください）。ただし、先取特権の存在を証明する資料が不足しているような場合には、債務名義をとる必要がありますので、その場合には、裁判手続をとる必要があります。この場合に、労働審判の申立をすることも考えられますが、債権の存在にまったく争いがないような場合には、支払督促手続や少額訴訟、一般の訴訟を提起して、債務名義を取得すればよいでしょう（時間と費用のかね合いで、選択します。**第3編**参照）。

その一方、②法律上の支払義務そのものが争われるケースとしては、残業代請求において、残業の事実自体が争われたり、当該労働者が労基法41条2号の管理監督者に該当するので残業代請求権が発生しないという抗弁が出される場合や、退職金請求において、退職金規程が定める不支給・減額事由（懲戒解雇や諭旨解雇の場合が典型ですが、これ以外にも不支給・

減額事由が定められていることもあります）に該当するなどとして支払義務が争われる場合が考えられます。

3　未払賃金等の請求に際しての留意点

未払いの賃金、残業代、退職金請求などの申立に際しては、端的に未払いとなっている金額の支払いを求めることになります（**第４編**掲載の書式〈243頁〉以下参照）。その際、留意すべきは、既に退職している労働者が未払賃金、残業代の支払いを請求する場合の遅延損害金が退職日の翌日から年14.6％となることです（賃金の支払の確保等に関する法律６条１項、同法施行令１条。ただし、退職金には適用されません）。それ以外の場合の遅延損害金は、その支払日が2020年４月１日以降である場合は年３％（2020年４月１日を起点として３年ごとに変動することが予定されています。民法404条）、2020年４月１日より前の場合は、使用者が会社であるなど商人である場合は年６％（商法旧514条）、商人以外の場合（公益法人、生活協同組合等）には年５％（民法旧404条）となります。

また、未払残業代のうち、労基法所定の割増賃金部分（原則として１日８時間、１週40時間を超える部分）については、未払額と同額の付加金を請求することができます（労基法114条、37条）。なお、労基法114条は、「裁判所は……付加金の支払を命ずることができる」と規定しており、付加金は裁判上の請求がなされた場合にのみ、支払いを命じることができるものとされています。

そこで、労働審判でも付加金の支払いを命じることができるかという問題点があります。労働審判も、裁判所（労働審判委員会）が行う判断作用（「裁判」）であることや、労働審判に対して異議が出された場合には当然に通常訴訟に移行する（通常訴訟に移行した場合には、当然に付加金についての判断も下される）ことからすれば、労働審判においても付加金の請求はできると考えるべきでしょう（しかし、裁判所はそのようには考えておらず、付加金についての審判はできないとするのが通例です）。なお、付加金は請求すれば当然に認められるわけではなく、裁判所の裁量によるものとされています。最近の裁判例では、不払いに対する使用者の姿勢の悪質さなどを勘案して、請求が認められたり、認められなかったりしていますので、その点には留意する必要があります。

付加金請求は、法違反（残業代不払い）のあった時から３年間の除斥期間に服します（労基法114条ただし書では、除斥期間は５年とされていますが、同法附則143条２項で、「当分の間」３年とするとされています）ので、労働審判の申立段階で付加金を請求せず、通常訴訟に移行した段階で付加金を追加的に請求した場合、労働審判申立時から通常訴訟での請求時までの付加金の一部が除斥期間により消滅してしまうことがあり得ます。したがって、労働審判で認められるかどうかにかかわらず、労働審判の申立段階でも付加金の請求はしておくべきでしょう（判例タイムズ1315号21、28頁参照）。

4　残業代請求の立証上の留意点と労働審判

残業代に関して、残業の事実そのものが争われる場合には、残業の事実を立証する必要があります。タイムカードの写しなどが手元にあれば、その立証は容易ですが、そのような立証手段が手元にない場合でも、改正労働安全衛生法66条の８の３（2019年４月１日施行。労働時間の把握義務を定めています）、労働安全衛生規則52条の７の３（具体的な時間把握の方法として、「タイムカードによる記録、パーソナルコンピュータ等の電子計算機の使用時間の記録等の客観的な方法その他の適切な方法とする」とし（同条１項）、「前項に規定する方法により把握した労働時間の状況の記録を作成し、３年間保存するための必要な措置を講じなければならない」（同条２項）としています）、平成30年12月28日基発1228第16号（具体的な時間把握の方法を定めています）を活かすなどして、審理手続の中で使用者に提出させるべきでしょう。

⑴　証拠提出の工夫

これらの条文等は、労働審判委員会の労働審判官（裁判官）や、労使の労働審判員が熟知していると思われますが、労働審判手続では迅速な審理が行われますので、申立段階で、タイムカード等が手元にないこと（もしくはタイムカードによる時間管理が行われていないこと）、会社にはタイムカードが保管されていること（もしくは会社に保管された業務日報や残業の自己申告カードなどによって実労働時間が明らかになること）などを明らかにし、第１回期日までの間に、これらの資料を提出させるよう求めるなどの工夫が必要です。労働審判規則２条が定める当事者の信義誠実な手続進行義務が留意されるべきです（ただし、このような指摘をすると「証拠」が隠滅されるおそれが高いと思われる場合には、事前に証拠保全手続をとることを検討すべきでしょう）。

⑵　直接証拠がない場合

実労働時間がタイムカードなど客観性を持つ資料によって明らかにできない場合でも、職場の同僚などの証言などから残業の事実を認定することで、残業代の支払いを命じる審判を下すことも考えられます。

裁判例の中にも、当該職場の労働実態（平素の労働実態、残業が恒常化していた実態）をそれなりに立証できた場合、「正確な時間を把握できないという理由のみから全面的に割増賃金を否定することは不公平」として、労働者が主張する時間の２分の１を労働したものと推定し、それに見合う残業代の支払いを認めたものがあります（日本コンベンションサービス事件・大阪高判平12.6.30労判792号）。我が国で蔓延している残業の実態を踏まえた判決ですが、このような判断手法は労働審判でも用いることが可能と思われます。

5　分割払いを命じる審判

事案によっては、支払能力が乏しいことから、未払賃金、残業代、退職金などを分割払いで支払いたいと使用者が要望することがあります。当事者双方の合意に基づく調停において、このような分割払いの合意を成立させることには何の支障もありません。

また、分割払いの審判を出すことを労働者が了解している場合にも、分割払いの審判を出すことも可能でしょう。これは、労働審判では「紛争を解決するために相当と認める事項を定めることができる」（法20条２項）と定めていることによるものです。

しかし、労働者がこれを望まない場合にも、分割払いの審判を出せるかは問題です。実際問題としても、真に使用者の支払能力が乏しいかを確認することは簡単なことではありません。極論すれば、使用者が支払能力が乏しいと主張しさえすれば、分割払いが認められてしまうことにもなりかねません。したがって、分割払いであれば、確実に支払いが履行され、かつ、分割払いでなければ企業経営が破綻し、その後の支払いが不可能になってしまうような具体的な事情（入出金計画やこれを裏付ける資料等）を使用者が明らかにしない限り、分割払いの審判は出すべきでないでしょう。

3　労働条件の不利益変更

1　労働条件の不利益変更

最近では、いわゆるリストラの一環として、賃金、退職金の切下げなど労働条件の不利益変更が行われることが多くなっています。この労働条件の不利益変更としての賃金等の切下げは、賃金等の不払いとは異なる類型の紛争です。

賃金等の不払いは、支払わなければならないことが確定している（争いがない）賃金等の支払いを怠るものですが、不利益変更としての賃金切下げは、支払うべき賃金額自体を切り下げてしまうものです。したがって、そこでは、切下げが有効であるか否かが争われることになります（なお、労働条件の不利益変更としては、賃金等の切下げのほか、労働時間の延長、休日数の削減などが考えられます）。

このような切下げは、就業規則、賃金規程で賃金体系が整備されている企業では、これらの規程を変更する方法で行われます。また、賃金規程等が整備されていない場合には、新たに規程を制定したり、労働者の個別的な同意を得て行われることになります。ただし、現実には賃金規程そのものを変更することなく、個々の労働者の同意を得て切下げを行ったり、あるいは、個々の労働者の同意を得ることなく、使用者が一方的に切下げを通告して、実際に切り下げてしまうケースも少なくありません。

2　就業規則の不利益変更

このような労働条件の不利益変更のうち、就業規則の不利益変更による場合については、最高裁の判例が集積されており、不利益変更が有効とされるためには、「高度の必要性に基づく合理性」が必要とされています。これを受けて、労契法は就業規則による不利益変更は原則として認められない（9条）とした上、例外として10条で不利益変更が有効となるための要件を定めています。これによれば、変更後の就業規則を労働者に周知していることを前提として、労働者の受ける不利益の程度、労働条件変更の必要性等の事情に照らして、就業規則の変更が合理的であると判断された場合にのみ、就業規則の変更による労働条件の不利益変更が認められることになります（なお、合理性の有無の具体的判断基準については、**第4❸4**〈127頁〉参照）。また、労基法は常時10人以上の労働者を使用する使用者に対して、就業規則の作成、労働基準監督署への届出義務を課し（89条）、就業規則の作成、変更に際しては過半数労働組合もしくは過半数代表者の意見を聴取すべき義務を定めています（90条）ので、就業規則の不利益変更が有効になるためには、当然にこれらの手続を履践すべきものと考えられます（労契法11条）。もっとも、労働基準監督署への届出や従業員代表の意見聴取義務を怠っていることで、当然に就業規則の不利益変更が無効になるわけではないとする考え方も有力です。この考え方によれば、労働基準監督署への届出等を怠っていることは、不利益変更の有効要件を定めた労契法10条の中の「その他の就業規則の変更に係る事情」として考慮されることになります。

労働条件の不利益変更が、労基法所定の就業規則の変更手続を経て行われた場合は、複雑な事案（法24条1項）として、労働審判の審理に馴染まないとの指摘があります（この点については、**第4❸4**〈127頁〉を参照）。しかし、労働条件の不利益変更の中には、前述のとおり、就業規則があるにもかかわらず、その変更手続を経ないで行われるものもあります（このような場合、仮に労働者の個別同意を得ていても、就業規則の最低基準効を定めた労基法93条及び労契法12条により当然に就業規則の基準が適用されます）。労働者の同意を得ることなく一方的に労働条件を切り下げてしまう事案も少なくありません。これらの事案については、就業規則の変更の有無や有効な同意の有無が争点となるだけですから、労働審判で審理するのに適しているといえるでしょう。

また、就業規則の変更手続を経ている場合でも、労働者の手持ち資料から、不利益変更の必要性が認められないことが明らかであるような場合も、労働審判で判断することは可能でしょう。

3　労働者の同意がある場合

労働者の同意を得て不利益変更を行った事案では、そのような同意が労働者の真意に基づくものであるかが争いとなります。この問題については、山梨県民信用組合事件・最判平28.2.19労判1136号が、労働条件の変更に対する労働者の同意の有無については、①当該変更を受け入れる旨の労働者の行為の有無だけでなく、②(ア)当該変更により労働者にもたらされる不利益の内容及び程度、(イ)労働者により当該行為がされるに至った経緯及びその態様、(ウ)当該行為に先立つ労働者への情報提供又は説明の内容等に照らして、当該行為が労働者の自由な意思に基づいてされたものと認めるに足りる合理的な理由が客観的に存在するか否かの観点から検討すべきとしています。したがって、労働条件の不利益変更に労働者が同意している場合には、上記②(ア)〜(ウ)の観点から、同意が自由な意思に基づくものでないことを主張すべきことになります。また、労働条件の一方的な切下げについて、労働者が明確な異議を述べていなかったことが、「黙示の同意」にあたるなどと主張されることもありますが、上述した山梨県民信用組合事件の①の判示内容からすると、黙示の同意が認められる余地は、相当に狭まったと考えられます。

これらのケースも労働審判で審理するのに適しているといえます。

なお、査定制度を設けていて、査定の結果に基づき、賃金を引き下げる場合もありますが、これについては**第3 4**〈112頁以下〉を参照してください。

4　配転、出向

1　配転、出向の有効要件

人事異動のうち、配置の変更で、職務内容や勤務地を変更するものを配置転換（配転）と呼び、従来勤務していた企業の従業員としての地位を保持したまま、他企業の労務に従事させるものを出向と呼びます。

これら配転や出向が有効とされるためには、現在の判例上、以下のような要件を満たすことが必要とされています（労契法は、出向命令についてのみ、「使用者が労働者に出向を命じることができる場合」（下記の(1)を満たす場合）において、出向の「必要性、対象労働者の選定に係る事情その他の事情に照らして、その権利を濫用したと認められる場合」には、出向命令は無効とする旨を定めています（14条）が、具体的には下記(2)のことを意味します）。

(1)　配転、出向命令権の根拠となる労働契約や就業規則の定めがあること（職種や勤務地の限定がないこと）

(2)　権利濫用に該当しない（以下の①～④に該当しない）こと

①　業務上の必要性がない場合

②　配転・出向命令が不当な動機・目的（例えば嫌がらせによる退職強要など）をもってなされた場合

③　当該配転が労働者に通常甘受すべき程度を著しく超える不利益を負わせ

る場合

④　諸事情を総合して権利濫用と評価すべき特段の事情がある場合（ノース・ウエスト航空FA配転事件、東京高判平20.3.27労判959号、最高裁決平21.9.8労判993号）

ただし、労務提供先が変更される出向の場合には、使用者は労働者の承諾がなければその権利を第三者に譲渡することができないとする民法625条との関係から、(1)の根拠規定は配転の場合に比べて厳格に解されています。具体的には、就業規則、労働協約、個別の労働契約等で、出向を命じ得ること自体が明確にされていること、出向先での基本的労働条件等が明確になっていること等が必要であると解されています（新日本製鐵事件・最判平15.4.18労判847号）。

配転、出向の有効性を争う方法としては、①配転、出向を拒否した上でその有効性を争う方法（この場合には、業務命令違反として懲戒解雇されるのが通常で、懲戒解雇された場合には、配転命令が無効であることを理由に懲戒解雇の有効性を争うことになります）と、②異議を留めつつ配転、出向に応じた上で、配転、出向の有効性を争う方法とがありますが、そのいずれの場合も、通常訴訟による解決が可能です。

2　労働審判の活用

上記の①、②のいずれの方法によるにしても、配転、出向の有効性を争う労働者には少なからぬ負担が生じます。①の場合は懲戒解雇を覚悟しなければならず、懲戒解雇されれば当面の生計の糧を失うことになります。②の場合も、当面は、単身赴任になるなどの状況を甘受しなければならないことになります。

これに対し、労働審判制度は、原則として３回以内の期日で手続を終了し、早期の紛争解決を図りますので、労働者に少なからぬ不利益を及ぼす配転、出向の有効性をめぐる紛争の解決に適しているといえます。もちろん、審判は、異議が出されるとその効力は失われますので、その限りでは紛争を終局的に解決するものではありませんが、労働審判委員会が使用者に対して、労働審判手続が終わる（審判が出される）までの間は、配転、出向を強行しないよう要請し、使用者がこれを受け入れるような運用がなされれば、当面労働者の不利益は解消されることになります（なお、法29条２項が準用する民事調停法12条１項は、調停のために特に必要があると認めるときに、当事者の申立により、相手方その他の事件の関係人に対して、現状の変更又は物の処分の禁止その他の調停の内容たる事項の実現を不能にし、又は著しく困難にする行為の排除を命じることができる旨を定めています。そして、法32条は、当事者が正当な理由なくこの措置に従わないときは、10万円以下の過料に処すと定めていますので、民事調停ではあまり活用されていないこの規定を労働審判では大いに活用して、暫定的に配転や出向を強行しないよう命じることも考えられます。この条文に基づき、現状変更禁止命令が出された例につき、上田絵里「労働審判前の措置命令」（日本労働弁護団「季刊・労働者の権利」328号84頁）を参照のこと）。そして、審判が出された場合には、労使双方がその判断を尊重し、紛争が解決するということも考えられます。

なお、前述のとおり、配転、出向を拒否した場合、業務命令違反として懲戒解雇されるのが一般ですが、企業の側でも、懲戒解雇などせずに何とか労働者に配転や出向を受け入れてほしいと考えている場合もあるでしょう。このような場合には、使用者が労働審判を申し立てるということも考えられます。

3　審判の内容

通常の訴訟で配転、出向の有効性が争われた場合、裁判所はその有効、無効についての判断しか下しません。したがって、配転命令が有効であるとの判断に至れば、「原告（労働者）の請求を棄却する」という判決を出し、配転期間を限定するような判決は出しません。これは労働者がそのような請求をしないことにもよります（裁判所は請求がされていない事項について判断を下すことができません）が、仮に労働者がそのような請求をしても、労働契約や就業規則、労働協約などにそのような請求の根拠が定められていない場合には、やはり請求棄却の判決を下すことになると思われます。

しかし、配転や出向の事案では、前述した有効要件に照らし、配転、出向は有効だけれども、これを実施するに際して、企業がそれなりの配慮をすべきと考えられるケースがあります。例えば、遠隔地配転で単身赴任になるような場合に、配転の期間を限定したり、一定期間（例えば２週間）ごとに家族の居住地との往復のためにかかる交通費を負担させたり、いわゆるローテーション人事に基づく定期異動において、労働者の負担が軽減される場所に配転する（例えば、東京在住の労働者に北海道への配転が命じられたときに、関東圏内への配転とする）ことなどが考えられます。このようなケースでは、配転、出向が有効であることを前提としつつ、配転の期間や場所を限定したり、配転に伴う経済的負担を緩和させる措置を命じることが考えられます。「紛争の解決をするために相当と認める事項を定めることできる」という労働審判法の定め（法20条２項）は、このような場合に、大きな力を発揮することになります。

5　懲戒処分

1　懲戒処分の種類と有効要件

懲戒処分とは、労働者の非違行為が企業秩序に違反する場合に制裁罰として科される不利益処分のことをいいます。懲戒処分の種類としては、①けん責、戒告、②減給（なお、減給の場合の減給額は労基法91条の範囲内に限られます）、③出勤停止、懲戒停職、④諭旨解雇、⑤懲戒解雇などがあります。

懲戒処分は、労働者に対する制裁罰として労働者に不利益を課すものであることから、これが有効であるためには以下の要件を満たす必要があります（なお、労契法15条は、「使用者が労働者を懲戒することができる場合」（下記の⑴～⑶、⑷①②を満たす場合）において、「当該懲戒に係る労働者の行為の性質及び態様その他の事情に照らして、客観的に合理的な理由を欠き、社会通念上相当であると認められない場合」には、懲戒処分は無効となる旨を定めていますが、具体的には下記⑷③～⑤のことを意味します）。

⑴　懲戒事由及び懲戒の種類が就業規則に明定され、周知されていること

⑵　就業規則中の懲戒規定の内容が合理的であること

⑶　懲戒規定に該当する懲戒事由があること

⑷　その他の要件

①　不遡及の原則（当該非違行為が行われた後に制定、追加された就業規則の懲戒事由に基づき、懲戒処分をすることは許されない）

②　一事不再理（二重処罰禁止）の原則（過去に既に懲戒処分の対象とされた事由に関して、重ねて懲戒処分することは許されない）

③　平等取扱いの原則（同じ規定に同じ程度に違反した場合は、これに対する懲戒処分も同種・同程度であることを要する）

④　相当性の原則（懲戒処分の重さは、秩序違反の種類・程度その他の事情に照らして相当なものでなければならない）

⑤　適正手続の履践（就業規則や労働協約上、労働組合との協議や懲戒委員会の審議を経るべきことが定められているときは、この手続を遵守する必要がある。また、このような規定がない場合でも、本人に弁明の機会を与えることが最小限必要である）

懲戒処分の有効性は、通常訴訟での判決による解決に馴染むものとされています。

2　審判の内容

通常の訴訟で懲戒処分の有効性が争われた場合、裁判所はその有効、無効についての判断しか下しません。例えば、ある労働者に対して停職処分がなされた場合、懲戒処分として懲戒停職は行き過ぎで、減給が妥当であると考えられる場合でも、「懲戒停職が無効であることを確認する」とと

もに、停職期間中の賃金支払いを命じるだけで、「減給として処分せよ」などという判決を下すことはありません（判決理由中で減給が相当である旨の判断が示されることはあっても、判決主文で示されることはありません）。

しかし、単に懲戒停職の無効が確認されるだけでは、懲戒処分をめぐる紛争は抜本的には解決されません。なぜなら、懲戒停職を無効と判断された使用者が、改めて懲戒停職より軽い処分を下し、その処分の有効性をめぐって紛争が再燃することが考えられるからです（なお、判決で懲戒処分が無効とされた場合、処分は無効としてなかったことになるので、使用者が判決を確定させた上で改めて軽い処分を課しても、ひとつの懲戒事由に対して２つの処分を課したことにはならず、「二重処罰の禁止」には該当しないとも考えられます。ただし、「二重処罰の禁止」に触れるという考え方もあり、このような考え方によればこの項で述べる議論は起こらないことになります）。

すなわち、減給処分とするのが妥当であるならば、単に懲戒停職の無効を確認するだけでなく、減給処分に変更する旨の判断を示すことが、紛争の抜本的な解決に資することになります（公務員の懲戒処分を審理する人事院、人事委員会には処分の変更権が与えられています）。

労働審判法では、「紛争の解決をするために相当と認める事項を定めることできる」としています（法20条２項）ので、上述のような場合、審判では、懲戒停職が無効であることの確認、懲戒停職期間中の賃金支払いとともに、「減給処分として取り扱え」という判断を示すことが考えられます。ただし、ある処分（懲戒停職）が無効とされた場合、企業がさらに重ねて処分を下さないこともありますので、審判でそこまでの判断を下すべきではないという考え方もありますし、審判の理由中で、処分として適切なのがどの程度であるかを明らかにすれば、使用者がこれを尊重するということも考えられます。したがって、審判においても、「減給処分として取り扱え」と断言するのは適切でなく、「減給処分より重い処分を課してはならない」といった形の判断を出すのが限度と考えるべきでしょう。

6　退職強要行為の禁止、強要された退職の無効

1　退職強要とは

バブル崩壊後、人員削減を図ることを目的として、主として中高年労働者をターゲットに、退職を強要をする例が跡を絶ちません。人員削減の必要性に迫られた企業が条理を尽くして退職を「勧奨」することは違法といえませんが、それが度を超えて、労働者が退職する意思がないことを明らかにしているのに執拗に退職を迫ったり、多人数で取り囲んだり、懲戒解雇をちらつかせるなどの心理的な圧迫を加えて退職を迫る行為は、「退職強要」として違法になります。退職強要は、セクハラを告発した女性労働者に対する逆恨みや、気に入らないといった理由から行われることもあります。

このような退職強要は、違法行為ですので、損害賠償請求の対象になります。そして、損害賠償は、通常訴訟で解決することが可能ですし、労働審判によって解決することも可能です。

2　退職強要の禁止を求める審判

ところで、退職強要により労働者は相当な精神的苦痛を受けますので、単に損害賠償として問題を処理するのでなく、退職強要行為そのものを禁止する（差し止める）必要があります。労働審判法では、「紛争の解決をするために相当と認める事項を定めることができる」と定めています（法20条２項）ので、退職強要の禁止を命じる審判を下すことができます。なお、このような差止めを求める法律上の根拠は、労働者の人格権もしくは、労働者の意に反して退職させるような行為をしてはならないという労働契約上の配慮義務となります。

従来の裁判制度の枠組みの中で、退職強要を禁止させようとする場合、退職強要をやめさせることには緊急の必要性があるので、通常訴訟（本

訴）ではなく、退職強要禁止の仮処分を申し立てることが考えられます。仮処分申請が認められるためには、「被保全権利」と「保全の必要性」があることが必要です。被保全権利とは、要するに申立人が申立内容について請求権（権利）を有していることを意味しますが、退職強要の禁止を求める場合の被保全権利とは、労働者の人格権もしくは、労働者の意に反して退職させるような行為をしてはならないという労働契約上の配慮義務ということになります。また、保全の必要性とは、仮処分による救済を相当とする緊急の必要性を意味します。

ところが、裁判例の中には、これらの要件を厳格に解して、単に労働者に対して脅迫的な言葉を発しただけでは行為の差止めを必要とするほどに労働者の人格権が侵害されたとはいえず、これが反復継続し、労働者の身体や精神に何らかの障害が発症することが予想される場合にはじめて罵倒行為等を禁止する仮処分命令が出せるのであり、これに至らない場合は、仮処分決定を出せないとするものがあります。

このような判断は、余りに硬直的といわざるを得ませんが、労働審判制度においては、労働現場の実情についての経験、知識を有する労働審判員が手続や判断に関与しますので、退職強要の実態に応じた適正な判断が下されることが期待できます。

なお、審判申立にあたっては、法29条２項の措置（96頁参照）を求めることも検討すべきでしょう。

３　退職強要により意思に反して退職した場合

退職強要を受け、退職の意思表示をした労働者が、退職の意思表示を錯誤（民法95条）、詐欺、強迫（民法96条）を理由に取り消し、労働契約上の地位確認（退職の意思表示の無効）を求めて提訴する紛争類型も見られます。

このようなケースにおいて、退職の意思表示が無効と判断されるか否かは、退職強要の度合いによることになります。複数人で取り囲んで退職の意思表示をさせたような場合は、労働者の意思の自由が制圧された状況で退職の意思表示がされたと考えられますので、退職の意思表示は取消しが認められるでしょう。また、裁判例では、（懲戒）解雇事由がないにもかかわらず、自ら退職しなければ（懲戒）解雇にするなどと申し向けて退職の意思表示をさせたような場合にも、退職の意思表示は無効と判断されています。また、前述の93頁で論じた山梨県民信用組合事件の最高裁判決の法理に従い、退職の意思表示には、労働者の自由な意思に基づいてされたものと認めるに足りる合理的な理由が客観的に存在しないとして、退職の意思表示の効力が生じないと主張することも考えられます。

このようなケースは、通常訴訟によっても判断可能なものですが、労働審判においても解決可能な紛争類型ということができます。

第3　応用的な活用例

1　利益調整型、形成途上の権利に関するケース

労使間の紛争には、訴訟による解決に馴染まないとされる「利益調整型」の紛争や、「形成途上の権利」に関する紛争があること、これらの紛争類型についても労働審判制度が活用可能であることなどについては、**第1 3**〈69頁〉で述べたとおりです。ここでは、その具体的な例として、使用者の配慮義務や法律が抽象的に定めている権利を具体化する措置（義務の履行、権利の実現）を求める申立について触れることにします。

2　配慮義務の具体的履行を求めるケース

1　労働契約上の配慮義務

労働契約は、労働者の労務提供に対して、使用者がその対価たる賃金を支払うことを本質としますが、これに付随するものとして（労使間の特段の合意がなくても）、使用者には労働者の生命、身体の安全などを確保すべき義務があるとされています。その代表的なものは、安全配慮義務と就業環境整備義務です。

2　安全配慮義務と就業環境整備義務

安全配慮義務は、裁判所の判例で確立されたもので、「労働者が労務提供のため設置する場所、設備もしくは器具等を使用し又は使用者の指示のもとに労務を提供する過程において、労働者の生命及び身体等を危険から保護するよう配慮すべき義務」と定義されます（川義事件・最高裁昭59.４.10民集38巻６号557頁）。労働契約法５条では、「使用者は、労働契約に伴い、労働者がその生命、身体等の安全を確保しつつ労働することができるよう、必要な配慮をするものとする」と定められています。なお、労働安全衛生法では、労働者の安全衛生を確保するための使用者の公法上の義務が定められています。

就業環境整備義務は、セクハラ訴訟の判決の中で形成、確立された義務で、1997年の法改正により、男女雇用機会均等法に規定されるに至り、現在では同法11条１項で「事業主は、職場において行われる性的な言動に対するその雇用する労働者の対応により当該労働者がその労働条件につき不利益を受け、又は当該性的な言動により当該労働者の就業環境が害されることのないよう、当該労働者からの相談に応じ、適切に対応するために必要な体制の整備その他の雇用管理上必要な措置を講じなければならない」と定められています。また、同法11条４項は、事業主（使用者）が講ずべき措置等について指針を定めるものとし、「セクハラ指針」（平成18年10月11日厚生労働省告示第615号「事業主が職場における性的な言動に起因する問題に関して雇用管理上講ずべき措置等についての指針」。最終改正：令和２年１月15日告示第６号）が定められています。

同様に、男女雇用機会均等法は、妊娠、出産に関する就業環境を害する言動（マタニティハラスメント）について、事業主が講ずべき措置等についての指針を定めるものとし（11条の３第３項）、「マタハラ指針」（平成28年８月２日厚生労働省告示第312号「事業主が職場における妊娠、出産等に関する言動に起因する問題に関して雇用管理上講ずべき措置等についての指針」。最終改正：令和２年１月15日告示第６号）が定められています。育児介護休業法も、育児介護休業等の制度の利用に関する就業環境を害する言動（育児介護ハラスメント）について、国や事業主が講ずべき措置等について定めており（25条の２第１項ないし第３項）、「育介休法指針」（平成21年12月28日厚生労働省告示第509号「子の養育又は家族の介護を行い、または行うこととなる労働者の職業生活と家庭生活との両立が図られるようにするために事業主が講ずべき措置等に関する指針」。最終改正：令和３年９月30日告示第366号）の中に育児介護ハラスメントについての定めが置かれています。

さらに、労働施策総合推進法は、職場における優越的な関係を背景とした言動で、業務上必要かつ相当な範囲を超えた言動（パワーハラスメント）について、事業主が講ずべき措置等についての指針を定めるものとし（30条の２）、「パワハラ指針」（令和２年１月15日厚生労働省告示第５号「事業主が職場における優越的な関係を背景とした言動に起因する問題に関して雇用管理上講ずべき措置等についての指針」）が定められています。

最近のハラスメント訴訟では、これらの指針が定める内容が使用者の義務として認められ、その義務違反を理由に損害賠償が認められるケースも増えてきています（なお、パワハラに関しては、「職場いじめ防止義務」、「パワーハラスメント防止義務」と表現する判決も見られます。誠昇会北本共済病院事件（さいたま地判平16.9.24労判883号）、日本土建事件（津地判平21.2.19労判982号））。

ところで、使用者が安全配慮義務や就業環境整備義務を怠り、労働者に損害（精神的な損害も含みます）を与えた場合、使用者には損害賠償義務が生じます（なお、これらの損害賠償に関しては、セクハラ等について**第4❷**〈121頁〉、安全配慮義務に基づく損害賠償について**第4❸5**〈129頁〉を参照してください）。

3　具体的な措置の請求

問題は、使用者が労働安全衛生法やセクハラ等に関する指針が定める義務（努力義務）に違反している場合、労働者がこれら法規に定められた具体的な措置をとるよう請求できるかです。同様に、安全配慮義務として当然とるべき措置がとられていない場合、労働者がとるべき措置を特定して、当該措置をとるよう使用者に請求できるかが問題となります。もちろん、法令が定める義務を怠っている以上、労働者が使用者に対して措置をとるよう要求できるのは当然ですが、使用者がこれを怠り続けているとき、裁判に訴えて、これを実現できるかが問題となるわけです。

例えば、労働安全衛生法23条は、「事業者は、労働者を就業させる建設物その他の作業場について、通路、床面、階段等の保全並びに換気、採光、照明、保温、防湿、休養、避難及び清潔に必要な措置その他労働者の健康、風紀及び生命の保持のため必要な措置を講じなければならない」と規定し、これを受けた労働安全衛生規則は、例えば、「事業者は、常時50人以上又は常時女性30人以上の労働者を使用するときは、労働者がが床することのできる休養室又は休養所を、男性用と女性用に区別して設けなければならない」と規定しています（労働安全衛生規則618条）。そこで、労働安全衛生規則618条の要件を満たす事業場において、休養室等が設置されていない場合、労働者がこの条文を根拠に、休養室等の設置を求めることができるかが問題となります。しかし、現行法の解釈としては、労働安全衛生法及び労働安全衛生規則は、使用者に一定の公法上の義務を課してはいるものの、措置を講ずるよう求める私法（契約）上の具体的権利を労働者に付与したものとは解されていません。

同様に、セクハラ等に関する指針の中には「事業主の方針等の明確化及びその周知・啓発」として「セクハラ等の内容等や、セクハラ等を行ってはならない旨の方針を労働者に対して周知・啓発するための研修、講習等を実施すること」などが定められていますが、そのような措置を講ずべきことを請求する私法上の権利を労働者に与えるものだとは解されていません。

これは、労働安全衛生規則やセクハラ等の指針が定める措置は、相当程度に具体的ではあるものの、どの程度のスペースの休養室をどのような場所に設置するのか、誰を対象としてどのような内容の研修を実施するのかまでは、特定されていないことにも起因します。これらの措置を実際に講じるには、多様な選択肢があるわけです。このような観点からすると、具体的にどのような措置を講じるかは、利益調整的要素を含むと考えられます（労働者にしてみれば、できるだけゆったりとしたスペースの休養室を設置してほしいと考えるでしょうが、使用者にしてみれば、そのためのコストを抑えるために小さなスペースで我慢してほしいと考えるなど）。

4　労働審判の活用

このように、労働者には、配慮義務を具体化すべき措置を請求する私法（契約）上の権利があるとは解されていません。しかし、法律が労働者を保護すべく使用者に具体的な措置を講じるよう義務づけているのに、それを使用者が怠っているとき、当該職場で勤務する労働者が具体的な措置を講じるよう請求する権利を持たないというのは、余りに硬直的な解釈と考えられます。また、労働審判手続には調停機能もありますので、通常の訴訟での問題解決に馴染まないとされるこのような類型の紛争についても、労働審判制度の枠組みで問題解決を図ることには合理性が認められます。したがって、これらの申立を排除（却下）すべき理由はまったくないと思われます。

さらに、労働審判では、「紛争の解決をするために相当と認める事項を定めることができる」（法20条２項）のですから、このような紛争類型についてこそ、労働審判は大きな力を発揮すると考えられます。また、このような類型の紛争においては、使用者は法によって命じられた義務を怠っているわけですから、使用者はあえて異議を出さずに、審判を尊重して、自ら配慮義務を具体化する措置をとることが十分考えられます。

このような観点から、労働審判委員会は、調停での話し合いがまとまらなかった場合、積極的に審判を出すべきでしょう。

3　法律の規定の具体化を求めるケース

1　法律上の規定の不備

労働法規の中には、使用者に対して一定の措置を講ずべき義務を課しているものの、義務の内容を一義的に定めず、具体的な措置の内容を使用者の選択に委ねているものがあります。具体的には、育児介護休業法の時短等措置や、高年齢者雇用安定法における雇用確保措置などがこれに該当します。

このように、具体的な措置を使用者の選択に委ねている場合、使用者がそのいずれの措置も選択しない場合、措置を講じないことで現実の育児や介護に支障をきたしていれば、損害賠償請求をすることが可能です。しかし、使用者が具体的な措置を講じない以上、労働者は法律で定められている時短等措置などを利用することができません。したがって、これらに関する紛争も、利益調整的な要素を含むことになります。

そこで、このような問題について労働審判を活用することが考えられます。以下、育児介護休業法の時短等措置と、高年齢者雇用安定法における定年延長等の措置について解説します。

2　育児介護休業法の時短等措置

育児介護休業法は、労働者からの請求があった場合の育児介護休業（育児介護休業法５条、11条）、子の看護・介護休暇（16条の２、16条の５）、所定外労働の制限（16条の８～16条の10）、時間外労働の制限（17条～18条の２）、深夜労働免除請求権（19条、20条）、休業せずに勤務を継続する労働者に対する所定労働時間の短縮（23条１項、３項）について定めるほか、育児休業に関して、小学校就学前の子を養育する労働者に対して、以下の措置を講ずるよう努めなければならないとしています（24条１項）。なお、家族を介護する労働者に対しても、同様の努力義務が定められています（24条２項）。

① １歳（一定の場合には、１歳６カ月もしくは２歳）未満の子を養育し、育児休業を取得しない労働者に対して
…始業時刻変更等の措置

② １歳（一定の場合には、１歳６カ月もしくは２歳）から３歳までの子を養育する労働者に対して
…育児休業に関する制度又は始業時刻変更等の措置

③ ３歳から小学校就学までの子を養育する労働者に対して
…育児休業に関する制度、所定外労働の免除、所定労働時間の短縮、始業時刻変更等の措置

また、３歳未満の子を養育する労働者の所定労働時間の短縮制度（23条１項）については、①勤続が１年未満、②１週の所定労働日数が２日以下、その他、③業務の性質や業務の実施体制に照らして短時間勤務の措置を講じることが困難と認められる労働者については、労使協定で適用対象外とすることができますが、①～③に該当する者を適用対象外とした場合には、育児休業に準ずる措置又はフレックスタイム制、時差出勤（始終業時刻の繰り上げ、繰り下げ）制度、保育施設の設置運営その他これに準ずる便宜の供与を行うことの措置（「始業時刻変更等の措置」）を講じなければならないとされています（23条２項、同法施行規則74条２項。なお、詳細は省略しますが、介護休業についても、同様の一定の措置を講ずべき旨が定められています。23条３項）。

使用者は、これらの何らかを講じなければなりませんが、仮に使用者がこれらのいずれの措置も講じない場合は、労働者はこれらの制度を利用できません。仮に、使用者がいずれの措置も講じない場合には、労働者がいずれかの措置を選択できると解しても、それぞれの措置の内容は一義的に定まりませんので、やはり制度を利用することは困難です（例えば、時差出勤制度を利用するにしても、一体どれだけの時間の時差が認められるのかは、具体的な定めがなければ、決められません）。

すなわち、これらの措置を具体的にどのようなものとするかについて

は、多分に労使間の利益調整的な要素があることになります。また、これらの措置を講ずることを裁判上請求する権利が労働者に与えられるとは解されていません。

3　高年齢者雇用安定法と60歳以降の雇用

高年齢者雇用安定法（高年齢者等の雇用の安定等に関する法律）は、事業主（使用者）は、60歳を下回る定年制を設けることができず（８条）、65歳までの雇用確保措置（以下の①～③のいずれか）を講じなければならない（９条）としています。

①　定年年齢の引上げ
②　継続雇用制度（現に雇用している高年齢者が希望するときは、定年後引き続いて雇用する制度）の導入
③　定年制の廃止

上記①～③のうち、多くの企業が②を採用していますが、最近では、労働力不足を背景に、①を採る企業も見られます。②の継続雇用制度については、以前は、労使協定により「対象となる高年齢者に係る基準」（継続雇用基準）を定めることができるとされていました（2012年改正前の９条２項）が、この規定は、2012年の改正法によって削除されたので、新たに継続雇用基準を定めて、継続雇用対象者を限定することはできなくなりました。これにより、希望者全員が定年後も65歳まで継続雇用されることになりました（ただし、老齢厚生年金の報酬比例部分の支給開始年齢（2022年４月１日～2025年３月31日は64歳）を上回る労働者に対しては、改正法施行日（2013年４月１日）時点で効力を有していた継続雇用基準が引き続き効力を有する（2025年３月31日まで。2012年改正法附則３項）ので注意する必要があります）。

上記のような高年齢者雇用安定法の定めにもかかわらず、60歳定年を定める企業が継続雇用制度を設けていない場合、定年後の継続雇用を請求できるかという問題があります。このような請求は、通常訴訟で行うことも可能ですが、多くの裁判例は、高年齢者雇用安定法９条は、公法上の義務を定めた規定であり、労働者に継続雇用を請求する権利を付与するものではない（同条には「私法的効力」はない）という解釈をとっています。この解釈によると、60歳定年後の地位確認請求は、棄却されてしまいますが、このような解釈は、余りに硬直的なものと考えられます（その一方、60歳以降の雇用継続についての労働者の期待権を侵害するものとして、損害賠償請求は認められます）。

継続雇用制度をめぐるもう１つの問題は、定年後の継続雇用における賃金等の労働条件についてです。この点、定年後の労働条件が就業規則や労働協約によって具体的に定められている場合には、それによることになります（高年齢者雇用安定法は、継続雇用後の労働条件を規制しておらず、定年後の労働条件が定年前よりも低くなることは、やむを得ないとされています）。問題は、就業規則等に労働条件の具体的な定めがなく、「諸事情を考慮して個別に決定する」などとされている場合です。この場合、企業が提示する条件が低すぎて労働者との間で合意が成立しないことがあります。賃金額についての合意が成立しない場合、定年後の雇用についての労働契約は成立していないとして、地位確認請求を棄却する裁判例が多く見られます。明確な基準がないなかで賃金をいくらにするかという判断には、多分に利益調整的な要素が含まれていますが、地位確認を棄却するのではなく、適正な賃金額を決めるのが本来のあり方です。

なお、使用者から提示された定年後の労働条件があまりにも低劣である場合に、再雇用を断念した労働者に損害賠償を認めた例があります（トヨタ自動車ほか事件・名古屋高判平28.９.28労判1146号。九州惣菜事件・福岡高判平29.９.７労判1167号）。ただし、どの程度の水準であれば、違法となるのかについての基準が形成されているとはいいがたい状況にあります。

4　労働審判の活用

配慮義務について論じた（前述の❷〈103頁以下〉参照）のとまったく同様に、法律が労働者を保護すべく使用者に具体的な措置を講じるよう義務付けているのに、それを使用者が怠っているとき、当該職場で勤務する労働者が具体的な措置を講じるよう請求する権利を持たないというのでは、法の実効性に欠けます。

そこで、このような法律の規定の具体化を求めて労働審判を活用することが考えられます。労働審判の中で行われる調停によって、紛争を解決することは十分に可能でしょう。また、労働審判委員会は、調停での話し合いがまとまらなかった場合、積極的に審判を出すべきでしょう。

4　人事査定をめぐる紛争

1　様々な人事査定の機能

現在、多くの企業で、人事査定が導入されています。その仕組みは、成果主義、年俸制など企業により様々であり、人事査定を労働者の処遇にどのように反映させるかも企業によって異なります。月例給与（固定給）には査定を反映させず賞与額の決定にのみ用いるもの、月例給与や年俸額の増額（昇給）の決定に用いる（減額は予定しない）もの、月例給や年俸額の決定に用いる（増額のみならず、減額を予定する）もの、資格等級制度と賃金額を連動させ、等級の上昇、下降の決定に用いるものなど実に多様です。

査定の方法に関しても、期初に目標を設定し、期末に目標が達成しているか否かに基づき査定するもの（目標管理制度）もあれば、特段の目標設定をせずに査定するものもあります。また、査定を決定するに際して、労働者との面談を経て決定するものもあれば、面談などは実施せずに使用者が一方的に決定して単に結果のみを通知するものや、査定結果すら通知しないものもあります。さらに、査定結果に対する不服申立の制度を整備しているものもあれば、そのような制度を整備していないものもあり、多種多様です。

2　査定結果により労働条件の切下げになる場合

このような査定により、従前の労働条件が切り下げられる（月例給や年俸が切り下げられる）場合は、労働条件の不利益変更の側面を持ちますから、これが労働審判の審理対象となることに争いはありません。申立の内容としては、従前の賃金額と切下げ後の賃金額の差額を請求することになります。

ただし、ここでの争点は、統一的に労働条件を切り下げる就業規則の不利益変更の場合（ここでは企業の経営状況等が問題となります。**第2**❸〈91頁〉、**第4**❸**4**〈127頁〉参照）とは異なり、あくまで個々の労働者に対する査定が適正なものであるかどうかということになります。審理の結果、従前の賃金を切り下げるほどに当該労働者のパフォーマンスは悪くない（低位のランクの査定をしたことが不合理である）との結論に達すれば、差額賃金の支払いを命じることになると思われます。

3　査定が賃金増額のランクに該当すると主張する場合

困難なのは、査定の結果、昇給（年俸額の増額）が据え置かれたり、昇給しても昇給幅が少ないので、より高い額の昇給の支払いを請求する申立ができるかです。例えば、査定幅が「－３、－２、－１、０、＋１、＋２、＋３」の７ランクで定められ、「－３、－２」査定は減給、「－１、０」査定の場合は昇給据え置き、「＋１」以上の査定の場合に、＋１→＋２→＋３の順で昇給幅が大きくなる方法で昇給幅が決定される制度のもとで、「０」査定で昇給を据え置かれたり、「＋１」査定を受けた労働者が、自分の査定はもっとよいはずであるとして、より高い査定に基づく昇給額を請求するような場合がこれにあたります（一定の減額がやむを得ないとしても減額幅が大き過ぎると主張する場合も、この類型にあたります）。

このような査定の当否をめぐる紛争についても、使用者には「公正査定義務」があると考えれば、不公正な査定は是正されるべきことになりますので、訴訟による解決も可能のように思われます。

しかし、仮に使用者による査定が不公正であるとの判断に至ったとしても、当該労働者の査定として、どのランクが適正であるかを判断することは極めて困難です。賃金切下げの不当性を争うだけの場合は、上述の例で、「－２」以下の査定が不当であるという判断を下せばよいだけですが、例えば、「０」査定を受けた労働者が自分の査定は「＋３」のはずだとして争ったとき、「０」が不公正であるとの判断には至ったとしても、それでは「＋１」が妥当なのか、「＋２」「＋３」が妥当なのかを決定することには、多分に利益調整的な要素を含みます。また、現実問題としても、他の労働者に対する査定がどのようになされているのかといったことも含め、当該企業の査定制度の運用に携わっていない第三者（裁判所）が判定するには困難が伴います。

このようにして考えると、このような紛争は、訴訟による解決に馴染まない類型ということになります（なお、「公正査定義務」そのものを否定する立場によれば、そもそも労働者には「公正査定に基づく賃上げ」を請求する権利はないことになります）。

その一方で、このような査定をめぐる紛争についてこそ、労働審判制度が活用されるべきであるとする考え方があります。すなわち、査定に基づく５％ないし10％程度の賃金増額もしくは減額が争われた場合、それを訴訟の場で争うとなると、争われる額に比べて労使ともに相当なコストがかかります。労働審判の中で判断が示されれば、双方がこれを受け入れて紛争が解決される可能性は高いのだから、このような査定結果をめぐる紛争についてこそ労働審判制度が活用されるべきであるという考え方です。現に、使用者側の弁護士からもこのような見解が示されています（座談会「労働審判制度の創設と運用上の課題」ジュリスト1275号34頁、石嵜信憲弁護士の発言）。このような見解は、労使間の問題についての実務経験を踏まえたもので、説得力があります。

また、労働審判制度における調停を通じて、適正な解決が図られることもあり得ますし、調停が調わない場合にも、調停において労使双方から示された幅の中で、審判を出すことも可能と考えられます。したがって、このような問題についても労働審判制度は活用されるべきだと思われます（ただし、前述のとおり、適正な査定をするには、他の労働者に対する査定との対比なども必要になりますから、事案によっては、複雑な事件（法24条1項）として手続を終了せざるを得ないことも考えられます）。

4　賃金額の確定ができない場合

年俸額が個々の労働者と企業との協議・交渉によって、毎年毎年決定される仕組みになっている年俸制（プロ野球選手と同様の年俸制）において、両者の協議が調わない場合の解決はさらに困難です。

協議が調わず、使用者がこれを一方的に切り下げたような場合には、従前の賃金額を切り下げる特別な事情があるか否かの観点から審理ができますので、このようなケースでは、労働審判制度による審理も十分に可能と思われます。

しかし、単に切下げの有効無効を争うのでなく、あるべき賃金額の決定を求めるケースも考えられます。このようなケースは、基本的に前述の**3**と同様に考えることができます。純粋な意味での年俸制の場合、査定制度の枠組みもなく、当事者間の交渉によって賃金額が決定される仕組みも考えられますが、その場合でも、労使双方から増減の根拠事実が主張されるはずです。

このような場合、適正な年俸額をはじき出すことには極めて大きな困難が伴うかもしれませんが、まずは双方の主張に従って増減の幅を確認し、その幅の開きがそれほど大きくない場合には、その幅の中で判断を下せばよいのですから、労働審判によっても十分に解決が可能ではないかと思われます。

5　使用者からの申立

労使紛争に関して、裁判を提起したり、裁判外紛争処理システムにあっせん等を申し立てるのは、労働者側が圧倒的であり、使用者側からの申立はごく少数に止まっています。これは、労使間の紛争により当面の不利益を受けるのが労働者であることに基づきます（例えば、解雇された労働者は、経済的にも精神的にも重大な打撃を受けますが、使用者が解雇した労働者に代わる労働力を確保することは容易であり、解雇により使用者が不利益を被ることはありません)。

しかし、労働者の処遇を査定に基づき決定する制度が広まり、かつまた、公正査定義務の考えが広まってくると、査定をめぐる紛争は増えてくると思われます。そして、使用者が紛争対象となった労働者の労働力を活用したいと考えていれば、査定をめぐる紛争を抱えることは使用者にとっても不利益な結果をもたらします。

このように考えると、人事査定をめぐる紛争については、使用者が積極的に労働審判制度を活用するということも考えられます（前掲の石嵜弁護士の発言参照)。通常訴訟に比べて柔軟な解決方法を示すことができ、かつまた、労使関係に精通している労働審判員が手続に参加する労働審判手続で下される判断（調停案や審判）は、使用者にとっても受け入れやすいものと思われます。

このような「使用者側の期待」に応えるためにも、人事査定問題について、労働審判の門戸は広く開かれている必要があると思われます。

5　労働者が損害賠償を求められるケース

1　仕事上のミスを理由とする損害賠償請求

労働者と使用者の紛争の中には、仕事中のミスで会社や第三者に損害を与えたとして、使用者が自ら被った損害や、第三者に支払った損害賠償金（例えば、交通事故の損害賠償金）に関して、労働者に損害賠償や求償請求するものもあります。

具体的なケースとしては、損害額を給料や退職金から差し引いたり、損害を与えたことを理由に退職を迫ったり、その逆に損害相当額を払い終えるまでは退職させないと脅迫するなどの例があります。また、退職金請求訴訟において、使用者が損害賠償の反訴を起こしてくる例も見られます。

2　どのような場合に労働者は損害賠償義務を負うのか

釣り銭を多く払い過ぎたり、飲食店で食器を割ってしまったり、自動車運転中にちょっとした不注意で軽微な物損事故を起こすことなどは、日常的に起こり得るものです。したがって、仮に労働者のミスにより、使用者に損害が生じた場合でも、その損害について、常に労働者が損害賠償義務を負うと考えるのは妥当ではありません。そこで、労働者が損害賠償義務を負うか否かは、以下のように考えるべきでしょう。

⑴　まず、労働過程において通常求められる注意義務を尽くしている場合には、損害賠償義務は生じません（損害賠償の基礎となる「過失」がないため）。

⑵　また、些細な不注意（軽過失）により損害が発生したとしても、そのような損害の発生が日常的に（一定確率で）発生するような性質のものである場合には、損害の発生はいわば労働過程に内在するものとして、損害賠償義務は発生しないと考えるべきでしょう。

⑶　その一方、労働者に重大な過失や故意がある場合には、損害賠償義務は免れないと考えられます。

しかし、労働者に損害賠償義務が課されるとしても、損害の全額を労働者に請求できることにはなりません（ただし、ミスとはいえないような窃盗や業務上横領等の犯罪的行為については、基本的に全額の賠償義務を免れません）。この点について、タンクローリー車の運転中に事故を起こした運転手に対する使用者の求償事案である茨城石炭商事事件（最判昭51.7.8判時827号）は、「使用者は、その事業の性格、規模、施設の状況、被用者の業務の内容、労働条件、勤務態度、加害行為の態様、加害行為の予防若しくは損失の分散についての使用者の配慮の程度その他諸般の事情に照らし、損害の公平な分担という見地から信義則上相当と認められる限度において、被用者に対し右損害の賠償又は求償の請求をすることができるものと解すべきである」という判断基準を示し、当該事案で認容される求償額を損害額の４分の１に制限しています。その後の判例も、諸般の事情を総合的に考慮し、損害の公平な分担という見地から、使用者の請求を一定限度においてのみ認める判断を示しており、全額賠償を認めることは稀です。

3　利益調整的な要素と労働審判

このような使用者による損害賠償請求は、通常訴訟によって解決されてきました。しかし、上記のような最高裁の判断基準によるとき、労働者が負うべき損害賠償額は、一義的に決められるわけではなく、様々な要素を勘案して決められることになります。また、上記最高裁判決は判示していませんが、具体的な賠償額やその支払方法を決めるに際しては、当該労働者の支払能力や生活状況も加味して考える必要があります。

このようにして考えると、労働者の損害賠償義務をめぐる紛争は、多分に利益調整的要素を含むことになります。前述のとおり、この類型の紛争は通常訴訟に馴染むものとされ、現に多くの案件が裁判所によって処理されてきていますが、労働審判制度では労使の労働審判員が手続、判断に関与します。損害賠償についての使用者と労働者の立場は異なりますが、労使の労働審判員が、職業裁判官である労働審判官を間に挟んで、それぞれの経験を出し合うことによって、自ずと適正な解決案が示されることになると思われます。

したがって、このような紛争も労働審判制度による解決に適していると考えられます（なお、この類型の紛争では、使用者が申立をすることも考えられます）。

第4　労働審判に適さないケース

1　労働審判に適さないケースとは

1　申立対象とならない紛争（法1条）

法1条は、労働審判手続の対象となる紛争を「労働契約の存否その他の労働関係に関する事項について個々の労働者と事業主との間に生じた民事に関する紛争」としています。この定義から、以下のような紛争類型は、そもそも労働審判の申立対象になりません。

(1)　集団的労使紛争

集団的労使紛争とは、労働組合を一方当事者とする紛争のことを意味します。典型的には、団体交渉拒否（不誠実団交）、支配介入、不利益取扱いの不当労働行為（労働組合法7条）の成否をめぐる紛争や、争議行為をめぐる損害賠償請求の紛争などがこれに該当します。これらは、「個々の労働者」と使用者の紛争に該当しないことから、労働審判手続の対象にはなりません（不当労働行為に対する救済機関としては、労働委員会制度があります）。

ただし、不当労働行為のうち、解雇などの不利益取扱いは、個々の労働者に対して行われるものです。したがって、不当労働行為意思に基づく解雇などは、「個々の労働者と事業主」の間の紛争として、労働審判手続の対象になり得ます。もっとも、一般に不当労働行為の成否には相当に膨大な主張、立証を要しますので、解雇無効の理由として不当労働行為であることのみを主張すると、複雑な事案として手続を終了させられる（法24条１項）ことがあり得ます。その一方、不当労働行為についての判断をするまでもなく、当該解雇等が無効であると判断できるような場合（解雇を正当化するだけの合理的理由や、相当性がない場合）には、一般の解雇事件として労働審判で審理することが可能です。

なお、整理解雇や就業規則の不利益変更による労働条件の切下げの場合、同一の理由で大量の労働者が解雇されたり、事業所全体の労働者の労働条件が切り下げられたりしますが、解雇や労働条件の切下げは、「個々の労働者」に対して行われるものですから、解雇される者や労働条件を切り下げられる者がいかに数多くいようとも、労働審判の対象から除外されることにはなりません（ただし、これらの事案では、法24条１項の複雑な事案として手続が終了させられる可能性があります。**3** ３、４〈125頁以下〉参照のこと）。

⑵　公務員関係

公務員と国家もしくは地方公共団体との関係は、私法上の労働契約関係に基づくものではなく、国もしくは地方公共団体の任用行為によって設定され、任用後の関係も公法上の法律関係に服するものと理解されています。したがって、公務員を一方当事者とする任用上の紛争（身分の得喪、懲戒処分、配置転換など）は、「民事に関する紛争」に該当しないものとして、労働審判手続の対象にはなりません（国家公務員法、地方公務員法の規定に基づき、人事院、人事委員会（公平委員会）に不服申立を行い、それに対しても不服がある場合に、行政訴訟を提起できる仕組みになっています）。

ただし、セクハラの被害者や、退職強要を受けた公務員が国もしくは地方公共団体を相手方として提起する損害賠償訴訟（国家賠償法に基づく損害賠償請求）や現業公務員の残業代請求などは、公法関係上の紛争でないと考えられていますので、これらの紛争については、労働審判制度を利用することができます。

(3) 労働者間の紛争

例えば、セクハラ・パワハラ等を行った上司（労働者）と被害者の間の紛争は、「労働者と事業主」の紛争に該当しませんので、労働審判手続の対象にはなりません。ただし、セクハラ等の場合、就業環境整備義務や民法715条の使用者責任を介して使用者にも責任が生じる場合が大半ですから、使用者を相手方として労働審判を申し立てたり、手続（調停）の中で直接の加害者も利害関係人として手続（調停）に参加させ（則24条）、調停の中で解決を図ることは可能です（**2**を参照のこと）。

2　法24条１項により手続終了が見込まれる事案

これについては、**3**で論じますが、複雑な事案として手続が終了されることが明らかな事案については、労働審判の申立をしても、時間を無駄にするだけですので、初めから通常訴訟の提起を検討すべきでしょう。

2　労働者間の紛争（セクハラ、パワハラなど）

1　労働者間の紛争は対象外

労働審判手続の対象となる事件は、「労働契約の存否その他の労働関係に関する事項について個々の労働者と事業主との間に生じた民事に関する紛争」とされています（法１条）。したがって、労働者と事業主（会社）との間の紛争ではない、労働者間の問題については申立対象となりません。

したがって、セクハラやパワハラ等の被害者となった労働者が、直接の加害者（上司、同僚である労働者）を相手方として、損害賠償等を求める申立はできないことになります。

2　使用者に対する労働審判の申立

しかし、セクハラやパワハラ等の場合、就業環境配慮義務（**第3❷2**〈104頁〉を参照のこと）や、民法715条の使用者責任に基づき、直接の加害労働者のほかに、使用者にも責任が生じる場合が大半ですので、使用者を相手方として労働審判を申し立てることは可能です。したがって、直接の加害労働者も相手方として紛争を抜本的に解決したいと考える場合には、使用者を相手方に労働審判を申し立て、審判手続の中で行われる調停に加害労働者の出席を求めるという方法があります（法29条２項が準用する民事調停法11条、則24条）。そして、話し合いがまとまったときには、加害労働者を利害関係人に加えて、調停を成立させることができます。このような方法は事案の適切な解決に資することになりますし、訴訟経済上も妥当だと思われます。

3　審判が出される場合

話し合いがまとまらずに、審判が下される場合には、加害労働者を審判の名宛人（相手方）とすることはできません。したがって、直接の加害者の責任追及をしたいときには、同人を被告として、通常訴訟を提起する以外ないことになります。審判に対する異議が出された場合（異議は、申立人の側から出されることもあれば、相手方である会社から出されることもあります）、事件は当然に訴訟に移行しますので、その場合には、直接の加害者に対する訴訟と労働審判から移行した会社を被告とする訴訟を併合し、もしくは同一期日における審理をするよう裁判所に求めるべきでしょう。

なお、審判に対する異議が出されない場合、会社との紛争は終局的に解決されることになりますが、審判の効力は加害労働者に対しては及びませんから、加害労働者に対してさらに訴訟を提起することも可能です（ただし、審判で、会社に対して、加害労働者が負担すべき損害賠償額と同額もしくはそれ以上の金額の支払いが命じられ、現実にその金額が支払われてしまうと、加害労働者を被告とする訴訟において、損害は補填済であるとして請求が棄却される可能性があります）。

4　ハラスメントの防止策を求める事案

単に賠償金を請求するのでなく、在職する労働者が、ハラスメントを防止し、良好な職場環境を実現するための具体的な対策を求める労働審判を申し立てることも可能ですが、これについては、**第3❷**〈103頁以下〉を参照ください。

3　複雑な事案の場合

1　複雑な事案の手続終了

法24条1項は、「労働審判委員会は、事案の性質に照らし、労働審判手続を行うことが紛争の迅速かつ適正な解決のために適当でないと認めるときは、労働審判事件を終了させることができる」と規定しています（この規定に基づき手続を終了させる場合を「24条終了」といいます）。

労働審判は、3回以内の期日で調停を成立させ、調停が成立しない場合には審判を出して手続を終えるのが原則ですので、3回の期日では手続を終えられないような複雑な事件は、労働審判に馴染まないとして手続を終了させるものです（なお、この条文に基づき手続が終了した場合、審判に異議が出された場合と同様、審判申立時に提訴があったものとされ、通常訴訟に移行します。法24条2項）。

確かに、事案によっては労働審判には馴染まない事件はあるのですが、この条文を無限定に適用すると、使用者側が複雑案件だと主張した事件はすべて労働審判手続では対処できないことになりかねません。このようなことになると、労働審判制度そのものが骨抜きになりかねませんので、この条文は、できるだけ限定的に解釈すべきであり、現にそのような運用がされています（全既済件数のうち24条終了になった事案の割合は、2020年が4.6％、2021年が5.1％、2021年が5.9％です）。

以下、問題となりそうなケースをいくつか取り上げます。

2　賃金差別事件

我が国でこれまで問題とされてきた賃金等の差別には、不当労働行為（労働組合員であるがゆえの差別）、思想信条に基づく差別（特定の政党支持者に対する差別）、男女差別などがあります。差別の態様としては、昇給や賞与の査定に際して低い査定をしたり、昇格を据え置くといったものがあります。

このような賃金等差別事件においては、「差別」の前提として、当該労働者の賃金が同期、同学歴者等との比較において低位に置かれているという「格差」の存在の立証が不可欠です。しかし、差別を受けている労働者が他の労働者の賃金を明らかにすることは困難です。仮に労働者側が一定の資料を提出できたとしても、使用者はその内容を争うのが通例です。

そこで、文書提出命令（民事訴訟法220条～225条）の手続を利用するなどして会社に賃金台帳等の資料を提出させることになりますが、文書提出命令に関しては、賃金台帳等が文書提出命令の対象となりうるのかが厳しく争われるのが一般です。また、仮に文書提出命令が出されても、これに対しては独立の不服申立ができるなど、手続そのものにかなりの時間がかかります。また、文書提出命令を通じて、もしくは使用者から任意に開示させた資料を分析するにもかなり時間がかかります。

さらに、「格差」の存在が明らかにされた場合でも、使用者は人事権の合理的な運用（裁量権）に基づきなされたものであるとして、当該労働者の勤務態度、成績の実態（不良さ）を明らかにする個々人ごとの個別立証をすることになります。このような訴訟構造からすると、賃金差別事件を労働審判で処理するのは、一般的には困難と思われます。

最近では、査定制度が整備され、査定結果が労働者に通知されるケースも増えてきています。このような査定制度を通じて、使用者の差別意思が実現されている場合には、個々の査定が不公正であるとして、あるべき賃金額の請求をすることが考えられます。この場合、労働者は、不公正な査定は使用者の差別（男女差別、思想差別）意思の表れだと主張することになると思われますが、「差別」であることは差別されていない者と対比しなければ明らかにできません。すなわち、長期間にわたる差別を問題にするのでなく、単年度ごとの査定における差別を問題とする場合にも、「格差」についての立証は欠くことができず、やはり労働審判には馴染まないと考えることができます。

ただし、差別であるかどうかは別にして、当該労働者の勤務成績等に照らして、当該査定が不合理なものであることが明らかにできる場合には、労働審判で審理することは可能と思われます（査定についての労働審判の活用については、**第3❹**〈112頁以下〉を参照のこと）。

3　整理解雇事案

(1)　整理解雇の有効性判断の基準

会社の経営悪化、部門閉鎖等の経営戦略など経営上の理由に基づく整理解雇については、判例で「整理解雇の４要件」の法理が確立されています。この４要件（①人員削減の必要性、②解雇回避の努力、③人選の合理性、④協議説明義務）については、そのうちの一つでも欠ければ解雇が無効とされるという意味での「要件」なのか、解雇が解雇権濫用（労契法16条）に該当するかどうかを判断する際の「要素」にすぎないのかという争いはありますが、実際の訴訟において整理解雇の有効性が、これら４つの要件（要素）によって判断されていることは間違いありません。なお、整理解雇の場合、大量（複数人）の労働者が解雇されることが少なくありません。

(2)　労働審判でも審理は可能

整理解雇事案は、法24条１項の複雑な事案に該当するので、労働審判手続に馴染まないのではないかとの指摘がありました。

確かに、整理解雇事案においては、(3)で述べるように、複雑な案件として労働審判で判断するのに適さないものがあるのは事実です。

しかし、現在の我が国で行われている整理解雇の中には、経営分析等を経るまでもなく、解雇が無効であることを明らかにできるものもあります。例えば、整理解雇をしつつ、他方で多数の（もしくは、被解雇者に代替する）労働者を雇い入れているなど、人員削減の必要性（①）がない場合、希望退職などの解雇回避努力（②）を一切行うことなく解雇をしている場合、解雇対象者として、産休を取得したり、育児休業を取得した労働者を人選（③）している場合（男女雇用機会均等法９条、育児介護休業法10条、16条参照）、解雇通告に際して、「赤字だからクビにする」としか述べず、説明協議（④）をまったくしていないような場合などがこれに該当します。

また、労働者が入手している経営資料によって、経営状況が極めて健全であることが明らかにできる場合（例えば、出社すらしていない名目的役員（代表者の親族ら）に対して、解雇対象とされた労働者の賃金総額を遙かに超える役員報酬を支払っている場合）も同様です。このような事案については、労働審判によっても、十分に解決可能ですから、手続を終了させる必要はなく、労働審判制度の利用を避ける必要もありません。実際の運用においても、整理解雇などの事件名や当事者の人数だけで複雑な事案に振り分けてしまうような扱いはしていません。

⑶　複雑な事案とされる場合

その一方、会社が一応の解雇回避努力をし、かつまた、一応の説明協議を経ているようなケースでは、法24条１項の複雑な事案に該当する場合があります。

このようなケースでは、①人員削減の必要性に関して、会社の経営状況が問題となり、その点を明らかにするためには会社の財務諸表などの経営資料の分析が必要になります。しかし、訴訟提起以前の段階で、会社が詳細な経営資料を労働者に開示することは稀で、訴訟に至って初めてこれを明らかにするのが一般ですので、事前に分析を試みるのは困難です（訴訟では、経営状況を明らかにしなければ、人員削減の必要性がないとして解雇が無効とされるので、会社も一定の資料を証拠として提出してきます)。また、②解雇回避の努力についても、役員報酬の削減が行われたかなど、経営資料の分析は不可欠となります。さらに、③人選の合理性についても、人選基準が合理的であることを前提としても、人選が恣意なく適正に行われたかを検証するには、会社側からそれなりの資料を提出させ、それを分析する必要が出てきます。

このようにして見ると、整理解雇事案では、3回の期日で手続を終える労働審判での審理に馴染まないものがあることになります。

⑷　集団的な審理

整理解雇では、一時に大量（複数人）の労働者が解雇されることが珍しくありません。労働審判法は、その対象を「個々の労働者と事業主との間に生じた民事に関する紛争」としており（法1条)、複数人に対する整理解雇を同一の手続で処理できるのかという疑問が生じないではありません。

しかし、則23条は、「労働審判委員会は、手続の併合を命ずるときは、あらかじめ当事者の意見を聴かなければならない」と規定していますので、複数人の請求を併合して審理することは可能です。また、整理解雇は、個々の労働者に固有の問題（非違行為、職務遂行能力）に着目して行われるのではなく、経営上の理由に基づき行われるものですので、基本的な争点は、どの労働者にも共通ということになります（個々の労働者に固有な問題は、人選基準へのあてはめだけです)。したがって、これを同一の審判手続で審理するのが訴訟経済に合致します。そこで、複数当事者による申立をすることも可能です。また、申立そのものは個々の労働者ごとに行うとしても、申立時点で、併合審理をしてもらいたい旨の申出をし、事件を併合して、同一の審判委員会での審理を求めることも考えられます。

4　労働条件の不利益変更をめぐる紛争

最近では、いわゆるリストラの一環として、賃金額、退職金の切下げなど労働条件の不利益変更が数多く行われていることや、その際の手法などについては、**第2❸**〈91頁以下〉で論じたとおりです。

このような労働条件の不利益変更のうち、就業規則の不利益変更による場合については、最高裁の判例が集積されており、不利益変更が有効とされるためには、「高度の必要性に基づく合理性」が必要とされています(なお、2008年3月施行の労契法10条は、以下のような判断要素を法文化したものです)。そして、合理性の有無は、①就業規則の変更によって労働者が被る不利益の程度、②使用者側の変更の必要性の内容・程度、③変更後の就業規則の内容自体の相当性、④代償措置その他関連する他の労働条件の改善状況、⑤労働組合等との交渉の経緯、⑥他の労働組合又は他の従業員の対応、⑦同種事項に関する我が国社会における一般的状況等を総合考慮して判断されるべきものとされています。

また、労基法は常時10人以上の労働者を使用する使用者に対して、就業規則の作成、労働基準監督署長への届出義務を課し（89条)、就業規則の作成、変更に際しては過半数組合もしくは労働者の過半数代表の意見を聴取すべき義務を定めています（90条）ので、就業規則の不利益変更が有効になるためには、当然にこれらの手続を履践すべきものと考えられます(労契法11条)。もっとも、労働基準監督署への届出や従業員代表の意見聴取義務を怠っていることで、当然に就業規則の不利益変更が無効になるわけではないとする考え方も有力です。この考え方によれば、労働基準監督署への届出等を怠っていることは、不利益変更の有効要件を定めた労契法10条の中の「その他の就業規則の変更に係る事情」として考慮されることになります。

最高裁が判示し、労契法が定めた上記のような合理性の判断基準に照らすと、労働条件の不利益変更事案を労働審判で審理することは無理ではないかとの指摘があります。この点、確かに、労働条件を変更しなければならない使用者側の必要性の内容・程度（上記②）等に関しては、会社の経営状況の分析などが不可欠であり、これを3回以内の期日で終わらせなければならない労働審判で判断ができるのかという問題はあります。したがって、労基法所定の就業規則の変更手続を経て労働条件が不利益に変更された事案の中には、労働審判での審理に馴染まないものがあることは否めません（その一方、労働審判によっても十分解決可能な不利益変更事案があることは**第2❸**で述べたとおりです）。

なお、就業規則の不利益変更の有効性は、個々の労働者との関係にとどまらず、企業の賃金・退職金制度や人事制度全体にかかわる問題であるから、簡易迅速な労働審判で審理するのは適切でなく、通常訴訟によって決着を図るべきだとする見解もありますが、そのように考える必要はないと思われます。なぜなら、通常訴訟において、仮に不利益変更が無効であるとの判決が下されても、判決の効力が及ぶのは訴訟の当事者（原告）となった労働者だけで、判決によって改定された就業規則や賃金規定が当然に無効とされるわけではないからです（原告となった労働者に対して、改訂後の就業規則は適用されず、改訂前の就業規則が適用されるだけで、他の労働者との関係では、改訂後の就業規則が適用され続けます）。前述のとおり、案件によっては複雑な事案として、労働審判での判断には適さない場合があると考えれば足りると思われます。

5　過労死などの損害賠償事件

我が国では、働き過ぎにより死亡したり、心身機能を喪失する「過労死」等が跡を絶たないのはご承知のとおりです。このような労働災害に関しては、労働者災害補償保険法に基づく補償を得るために、労災申請がなされるのが一般ですが、これとは別に使用者に対して安全配慮義務違反を理由として、損害賠償請求をすることも可能です（なお、安全配慮義務については、**第3❷**〈103頁以下〉を参照してください）。ちなみに、労災保険の適用について労働基準監督署長、労働者災害補償保険審査官、労働保険審査会が労災の申請を退けた場合、その取消しを求めて提訴することも可能ですが、このような取消訴訟は行政訴訟であり、「民事に関する紛争」（法１条）に該当しませんので、これを労働審判で争うことはできません。

過労死のようなケースでは、当該労働者の労働時間、労働実態（働き過ぎ）を明らかにするとともに、働き過ぎが原因で当該疾病（死亡）が発症したことを医学的に裏付ける立証が不可欠です。しかし、当該労働者が死亡したり、高度の後遺障害を負っている場合、労働実態を明らかにすることは困難で、会社から一定の資料を提出させることが必要になります。また、医学的な知見については、論争点を明らかにした上で、医師の鑑定書を求め、その証人尋問等を行うことが必要となりますが、これを短時間で行うことは困難です。したがって、過労死に対する使用者の責任の有無自体が争いとなるケースで、労働審判を利用することは困難と思われます。

ただし、既に労災認定がなされている場合などでは、会社も労災の責任そのものは認め、損害賠償の金額だけが争いとなることもあります。このようなケースでは、労働審判でも十分に審理が可能でしょう。

なお、一般の災害性の労災事故の場合は、業務と災害との因果関係が明瞭な場合が多いので、使用者の安全配慮義務違反が成立するか否かの判断が相当に困難な場合を除き、労働審判で審理することも十分に可能です。

第3編

他の労働紛争解決システムと
労働審判制度の選択

第１　他の労働紛争解決システムの概観

バブル崩壊後、個別的労働紛争が頻発していることは第１編第１で論じたとおりですが、このような紛争の頻発に対応して、多様な裁判外の紛争解決システムが誕生してきています。これを概観すると以下のようになります。なお、(4)〜(6)は、一般の民事紛争を対象とし、労働紛争のみを扱うものではありませんが、労働紛争もその対象となります。

(1)　厚生労働省関係

①　情報提供、相談（総合労働相談コーナー）

②　法違反に対する監督行政（労基署、雇用環境・均等部（室）、公共職業安定所）

③　民事紛争に関する労働局長による助言、指導

④　民事紛争に関する紛争調整委員会によるあっせん（男女雇用機会均等法、育児介護休業法、パートタイム・有期雇用労働法、労働施策総合推進法（パワハラ関係）違反については、紛争調整委員会の委員で構成される機会均等調停会議、両立支援調停会議、均衡待遇調停会議、優越的言動問題調停会議による調停）

(2)　都道府県労働委員会による個別労使紛争のあっせん

(3)　労政主管事務所（地方自治体）によるあっせん

(4)　弁護士会の紛争解決センター

(5)　裁判所による調停

(6)　認証ＡＤＲによる和解の仲介

以上のような裁判外紛争解決システムは、あくまで任意の話し合いにより紛争の解決を図るものです（⑴②を除く）。すなわち、紛争を強制的に解決する機能は持ちません。話し合いにより紛争を解決することができない場合には、訴訟によって解決を図らざるを得ないことになります（ただし、仲裁〈161頁参照〉は、仲裁人の判断に基づき紛争を終局的に解決するもので、後に訴訟を起こすことはできません）。

本編では、個々の裁判外紛争解決システム及び最近の労働訴訟（本訴、仮処分）の実情について紹介します（なお、賃金未払い等の場合に活用できる仮差押え、先取特権に基づく差押えについても触れます）。その上で、実際の労働紛争に対処する場合に、これらの裁判上、裁判外の紛争解決システムと労働審判制度のいずれを選択すべきかについて解説を加えることにします。

第２　様々な裁判外紛争解決システム

1　厚生労働省の紛争解決システム

1　厚生労働省の紛争解決システム

労働関係にかかわる公的機関としてまず思い浮かぶのが、労働基準監督署（労基署）です。労基署は、労基法違反行為をした使用者に対して、指導や是正勧告などの行政指導をすることで、労基法違反を是正させる機関です（したがって、民事紛争解決を目的とする機関ではありません）。そして、労基法は、労使間に発生する紛争類型のすべてについて規定しているわけではなく、労基署の監督権限の発動によっては解決できない紛争（これを「民事紛争」と呼んでいます）も数多くあります（例えば、解雇、退職、配転などがこれに該当します）。バブル崩壊後には、多様な労使紛争が頻発したため、1998年の労基法改正により、都道府県労働基準局に紛争解決援助機能を持たせることになり（労基法・旧105条の３）、2001年には「個別労働関係紛争の解決の促進に関する法律」（個別労働紛争解決促進法）が成立し、都道府県労働局長による助言・指導の制度や紛争調整委員会によるあっせん制度などが導入されるに至っています。

したがって、現在の厚生労働省における紛争解決システムは、労基法などの法違反についての労基署等による監督行政（公共職業安定所や、雇用環境・均等部（室）がこれを行うこともあります）としての指導・是正勧告と、労基法等の違反以外の民事紛争についてのいわばサービス行政としての労働局長の助言・指導もしくは紛争調整委員会によるあっせんという二本建てになっています。

なお、個別労働紛争解決促進法は、「個別労働関係紛争」の「実情に即した迅速かつ適正な解決を図ることを目的とする」ものですが、「個別労働関係紛争」とは、「労働条件その他労働関係に関する事項についての個々の労働者と事業主との間の紛争（労働者の募集及び採用に関する事項についての個々の求職者と事業主との間の紛争を含む）」と定義されています。すなわち、「個々の労働者と事業主との間」の紛争の解決を目指すものですので、①労働組合を一方当事者とする集団的労使紛争、②セクハラの加害当事者に関する労働者同士の紛争などは、対象になりません（これらの点は、労働審判制度にも共通する問題ですので、**第2編第4**〈119頁以下〉を参照してください）。また、個別労働紛争解決促進法は、公務員には適用がありません（同法22条）。

個別労働紛争解決制度（労働相談、助言・指導、あっせん）

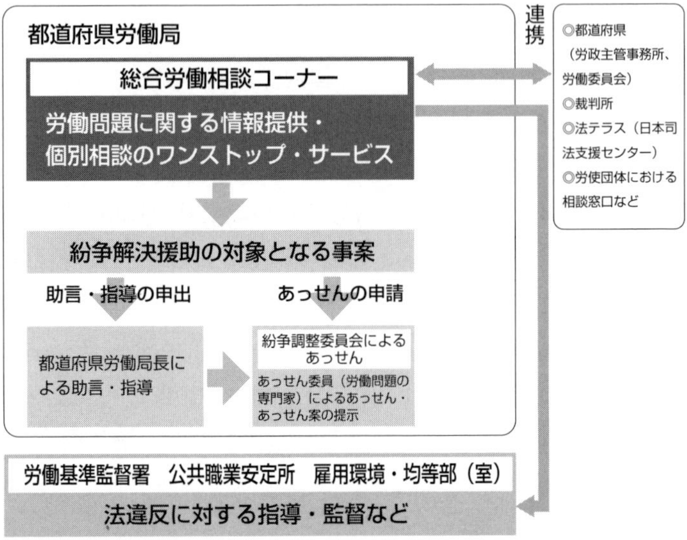

（厚生労働省ホームページより）

2　総合労働相談コーナーにおける対処

(1)　情報提供、相談

個別労働紛争解決促進法は、その３条で「都道府県労働局長は、個別労働関係紛争を未然に防止し、及び個別労働関係紛争の自主的な解決を促進するため、……労働関係に関する事項並びに労働者の募集及び採用に関する事項についての情報の提供、相談その他の援助を行うものとする」と定めています。

個別労働関係における紛争が法令、判例の不知や誤解に基づくものも少なくないことから、まずは、労働者や使用者からの相談にのるとともに、適切な情報を提供することで、紛争解決の糸口を与えようとするものです。

(2)　総合労働相談コーナー

このような趣旨に基づき、各都道府県の労働局及び主要な労基署に「総合労働相談コーナー」が設けられています。労働者や使用者は、まず、この総合労働相談コーナーで相談することになります（なお、総合労働相談コーナーが設けられていない労基署に相談が持ち込まれたときにも、概ね、以下と同様の処理をされることになります）。

総合労働相談コーナーは、個別労働関係紛争の解決を求める相談のほか、法令や各種制度、行政手続に関する問い合わせなど、あらゆる分野の相談に応じ、情報提供を行う機関として位置づけられています。なお、2021年の総合労働相談件数は、対前年度比3.7％減の124万2,579件となっています。

相談件数の推移

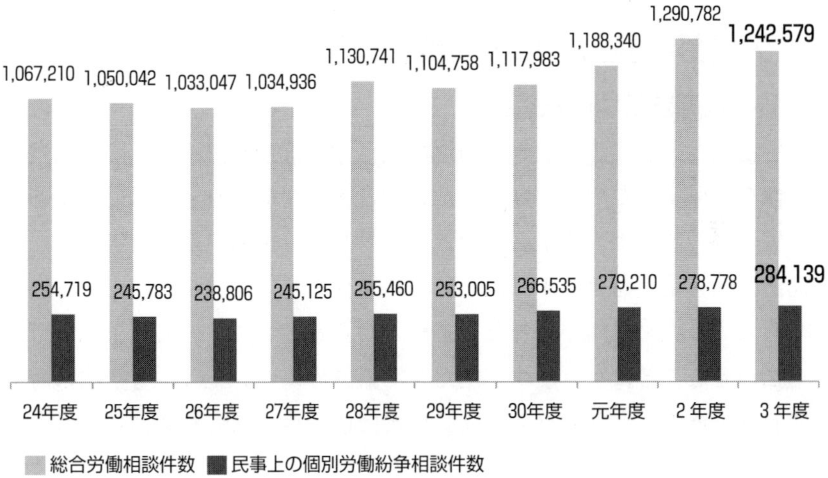

（厚生労働省ホームページより）

(3)　総合労働相談コーナーの役割

総合労働相談コーナーにおいては、相談内容に応じて、法令、判例等についての情報提供を行い、自主的な紛争解決を促すほか、事案が複雑困難なものでない場合には、相手方に電話連絡を入れ、紛争解決の助言を行うことも行われます（これは、後述〈145頁〉する「助言」の一環です）。また、相談者が労働局長による助言・指導や、紛争調整委員会によるあっせんを希望する場合には、これらの申出を受け付けるものとされています。労基法違反の申告をするときには、その旨を明確に伝えないと、単なる相談と扱われてしまうことがあります。

ただし、相談内容が労基法、男女雇用機会均等法、職業安定法などの法律違反を含むものであり、労基署、雇用環境・均等部（室）、公共職業安定所の監督指導等によって解決を図るべきものは、相談コーナーにおける処理は行わず、これら担当部署への取次ぎを行うものとされています（なお、解雇に関する紛争については、その多くが労基署の監督行政には馴染まないものとして扱われます。後述3(4)〈140頁〉を参照のこと）。この場合は、3の監督行政の手続となります。

3　労働基準監督署による監督行政

(1)　労働基準監督署の監督行政

労基署は、労基法及びその関連法規（労働安全衛生法等）の規制の実効性を確保するために設けられた行政監督機関です。労基法違反があった場合、労基署は、使用者（会社）に対して、指導や是正勧告を出して違法状態を是正させます（例えば、残業代不払いが恒常化している場合であれば、将来に向かいこれを是正させるとともに、過去の未払い分を支払わせることになります。ただし、過去分については、労基法の時効期間（後述の(5)を参照）分の支払いまでは指導・勧告せず、数カ月分程度の支払いで終わらせている例も少なくないようです）。

労基署が実際に監督権限を行使するのは、労働者からの申告に基づく場合がほとんどです（労働者は、労基法違反の事実を労基署に申告することができることになっており、申告をしたことを理由に不利益な取扱いをすることは禁じられています。労基法104条）。前述のとおり、総合労働相談コーナーでは、労基法違反の事案は、労基署に取り次ぐものとされていますが、労基署による監督権限の発動を求めたいと考えている場合には、相談に際してその旨（「申告」であること）を明確に伝える必要があります。

⑵　刑罰体系としての労基法

ところで、労基法24条１項は、賃金支払いの諸原則（通貨払い、直接払い、全額支払い等）を定め、その違反に対しては30万円以下の罰金が科せられることになっています（労基法120条）。したがって、賃金不払いは、労基法24条１項（全額払い原則）に反するものとして刑罰の対象となります。同様に、労基法は、原則として「１日８時間、１週40時間」の法定労働時間を超えて労働させてはならないと定め（労基法32条）、法定時間外労働を合法化する事由（例えば、労基法36条が定める「36協定」の締結とその労基署への届出）がないにもかかわらず、法定労働時間を超えて労働させた場合や、法定労働時間を超えて労働させた場合の割増賃金の支払い（労基法37条）を怠った場合にも、６カ月以下の懲役もしくは30万円以下の罰金を科すものとしています（労基法119条）。

そして、第一線で労基法違反を取り締まる労働基準監督官には、臨検、書類提出要求、尋問の権限が与えられ（労基法101条）、労基法違反の罪については、刑事訴訟法に規定する司法警察官（警察官）の職務を行うものとされています（102条）。具体的には、逮捕、差押え、捜査などの権限がこれにあたります。

このように労基法は、刑罰の威嚇により同法が定める最低労働条件基準を遵守させることとしています。ただし、現実に、労基法違反をした使用者が逮捕されたり、事件が送検されて起訴されることは極めて稀です。皆無ではないのですが、実際には指導や是正勧告を出すことによって違法状態を是正させているのが実情です（2020年の監督状況でみると、労基法32条（労働時間）違反19,493件、同37条（割増賃金）違反16,701件に対して、労基法32条違反での送検は58件、同37条違反での送検は26件にすぎません）。

(3)　賃金、残業代不払いでの活用

このような労基署（労働基準監督官）の監督行政が有効に機能するのは、賃金や残業代の不払いです。最近では、大企業の残業代不払いが労基署によって摘発されて、その是正勧告によって億単位の残業代が支払われた例がマスコミでも報じられていますが、このような問題について、労基署は本腰を入れて取り組んでいます。また、対応もかなり迅速化しており、労働者から労基法違反の申告があった場合、２週間程度で調査を開始するといった扱いになっているようです（なお、申告した労働者の氏名を明らかにされると、その労働者が企業内で不利益を受けることを勘案し、労働者が企業に対する関係では氏名を明らかにしないでほしいと要望すれば、そのような匿名性は厳守する扱いになっているとのことです）。

なお、残業代不払いの事案では、タイムカードによる時間管理が行われていなかったり、タイムカードによる時間管理が行われていても、労働者がそのコピーを入手することが困難な場合が少なくありません。しかし、そのような資料がないからといって、労基法違反の申告を躊躇する必要はありません。労基法違反の申告を受けた労働基準監督官は、企業に赴き、当該企業の時間管理のあり方等を調査しますので、タイムカードがどこに保管されているのか、あるいは、どのような資料（営業日報等）を見れば、実労働時間がわかるのかといった「勘どころ」を伝えておけば、監督官において相応の調査をして残業代不払いの実態を明らかにできる場合が少なくないからです。

(4)　解雇事案における監督行政

解雇については、労基法19条で、業務上の傷病（労災・職業病）による休業期間及びその後30日間の解雇や、産前産後休業（労基法65条）及びその後の30日間の解雇が禁止されています。また、労基法20条は、解雇の30日以上前に予告するか、平均賃金の30日分以上の解雇予告手当（ただし、予告日数が30日に満たない場合には、満たない日数以上の予告手当）を支払うことを使用者に義務付けています。これらについて

は、労基署の監督行政の対象になるものとされています。

その一方、解雇の有効性の一般法理である「解雇権濫用法理」(2004年１月１日施行の改正労基法で18条の２として立法化され、2008年３月１日施行の労契法の16条に条文が移されたもの）については、労基署の監督権限の発動には馴染まないものと解釈されています。したがって、労基法19条、20条違反以外の解雇問題（大半の解雇はこれに該当します）については、労基署の監督行政ではなくて、民事紛争として助言・指導やあっせんの対象として扱われます（なお、男女雇用機会均等法、育児介護休業法、パートタイム・有期雇用労働法、労働施策総合推進法（パワハラ関係）違反については、**4**で述べます)。

(5)　監督行政の限界

以上のように、労基署の監督行政は、民事紛争の解決を目的とするものではありませんが、使用者が指導・是正勧告に従うことによって民事紛争が解決される効果はあります。その意味で、賃金や残業代不払いについては、それなりに有効に機能しているといえます。

しかし、これにも限界があります。前述のとおり、労基法は、刑罰によって労基法が定める労働基準を強制する体系をとっており、民事上の強制はできません。例えば、残業代（賃金）については、支払い時期が2020年４月１日以降のものの消滅時効は３年と定められています（労基法115条では、時効期間は５年とされていますが、同法附則143条３項で、「当分の間」３年とするとされています。なお、2020年４月１日より前に支払い時期が到来している賃金の時効期間は２年です）ので、民事上は、支払い時期が2020年４月１日以降の残業代は過去３年分を請求できることになります。しかし、労基署の是正勧告にもかかわらず、使用者が２～３カ月分しか払わないといった対応をとると、あとは刑罰を科すかどうかという話になっていくわけです。残りの分を労基署が労働者に代わって取り立てることはできません。このような場合には、労働者の方で、訴訟なり、強制執行手続を採るなりして取立てをする以外なくなります。

また、管理監督者に関しては、深夜労働（労基法37条）と年次有給休暇（同法39条）の規制を除き、労基法が定める労働時間規制や残業代（割増賃金）支払いの規定は適用されません（労基法41条２号）。この労基法41条２号が定める管理監督者に該当するには、①職務内容や職務遂行上、使用者と一体的な地位にあるといえるだけの権限と責任を有していること、②出退勤についての裁量があること、③給与面などでその地位に相応しい処遇を受けていること、という要件を満たすことが必要とされています（企業組織上の「管理職」のほとんどはこれには該当しないのが実情です）。しかし、企業から「労基法41条の管理監督者だから残業代を支払わなくても労基法には違反していない」と主張された場合、上記①〜③の要件に該当するか否かは一義的に明確に判断できないことから、労基署（労働基準監督官）は、監督権限を発動しないことがあります。

このような場合には、民事紛争としての解決を図っていくしかないことになります。

4　雇用環境・均等部（室）、公共職業安定所による相談と監督行政

(1)　雇用環境・均等部（室）

法違反行為のうち、男女雇用機会均等法や育児介護休業法、パートタイム・有期雇用労働法、労働施策総合推進法（旧・雇用対策法）に違反する行為については、都道府県労働局の中に設置された雇用環境・均等部（室）が相談を受け付けるとともに、指導、是正勧告などの監督権限を行使します。

例えば、男女雇用機会均等法は、募集、採用（５条）、配置、昇進、降格及び教育訓練、福利厚生、職種及び雇用形態の変更、退職の勧奨、定年、解雇、労働契約の更新（６条）における男女差別や、女性労働者が婚姻、妊娠、出産、産前産後休業を取得したことを理由とする解雇（９条２項、３項）などを禁止するとともに、職場における性的な言動

（セクシャルハラスメント）や、妊娠、出産等に関する言動（マタニティハラスメント）について、就業環境の整備等の措置を講ずることを使用者に義務付けています（11条、11条の３）。

また、育児介護休業法は、労働者からの請求があった場合の育児休業（５条以下）、介護休業（11条以下）、子の看護休暇（16条の２～16条の４）・介護休暇（16条の５）、所定外労働の制限（16条の８～16条の10）、時間外労働の制限（17条～18条の２）、深夜労働免除請求権（19条、20条）、所定労働時間の短縮措置（23条）について定めるほか、使用者に対して小学校就学前の子を養育する労働者、家族を介護する労働者のために一定の措置を講ずべき努力義務（24条）を定めています（なお、このうち、24条の措置については、**第２編第３❸２**〈108頁以下〉を参照ください）。また、職場における育児休業等に関係する言動（育児ハラスメント）について、就業環境の整備等の措置を講ずることを義務付けています（25条、25条の２）。

労働施策総合推進法は、職場における優越的な関係を背景とした言動で、業務上必要かつ相当な範囲を超えた言動（パワハラ）について、適切に対応するために必要な体制の整備その他の雇用管理上必要な措置を講じるべき義務を定めています（30条の２、30条の３）。

さらに、パートタイム・有期雇用労働法は、雇用の際の労働条件明示義務（６条）、不合理な待遇の禁止（８条）、通常の労働者と同視すべき短時間・有期雇用労働者に対する差別的取扱いの禁止（９条）、教育訓練の義務・努力義務（11条）、福利厚生施設の利用に関する義務（12条）、通常の労働者への転換措置の義務（13条）、雇用管理改善措置等についての説明義務（14条）などを定めています。

これらの法違反行為についての監督指導は、雇用環境・均等部（室）を通じて行われることになります。なお、これらの法違反行為について、労基署や都道府県労働局に設置された総合労働相談コーナーで相談することも可能です。相談コーナーでは、法違反行為として雇用環境・均等部（室）による指導、勧告がなさるべき事案については、これを雇用環境・均等部（室）に取り次ぐことになっています。

(2)　公共職業安定所（ハローワーク）

同様に、職業安定法や、雇用保険法、労働者派遣法に違反する行為に関しては、公共職業安定所（ハローワーク）が相談を受け付けるとともに、監督権限を行使します。

例えば、職業安定法は、職業紹介事業者等に対して、求職者に労働条件を明示すること（５条の３）、求職者等の個人情報の収集、保管、使用は、その業務の目的の達成に必要な範囲で行うべきこと（５条の５）、業務に関して知り得た人の秘密を漏洩してはならないこと（51条）、求人・求職の申し込みをすべて受理すべきこと（５条の６、５条の７）、手数料又は報酬は法の定める範囲内でのみ徴収できること（32条の３）を義務付け、これら職業安定法の定めに反する事実がある場合には、求職者等に、厚生労働大臣に対して、その事実を申告し、適当な措置をとるべきことを求めることができるとしています（48条の４）。さらに、原則として労働者供給事業を行うことは禁止されています（44条）。

また、労働者派遣法は、派遣元企業（派遣会社）に対して、派遣先が派遣労働者を直接雇用することを制限する契約の締結禁止（33条）、派遣労働者に対する就業条件の明示（34条１項）、臨時的・一時的派遣についての期間制限（最長で３年）に抵触することになる最初の日の明示（34条２項）、派遣労働者の個人情報の収集、保管、使用は、その業務の目的の達成に必要な範囲で行うべきこと（24条の３）、業務に関して知り得た人の秘密を漏洩してはならないこと（24条の４）などの義務を課すとともに、派遣先企業に対しては、派遣労働者を特定することを目的とする行為（事前面談）の禁止（26条６項）、派遣労働者からの苦情を受けた場合の適切かつ迅速な処理（40条１項）、派遣期間満了後の雇入れ努力義務、派遣期間制限を超えた場合等の雇用契約申し込み義務（40条の４～40条の６）などを課しています。

また、派遣元企業もしくは派遣先企業がこれら労働者派遣法の規定に違反した場合、派遣労働者は、その事実を厚生労働大臣に申告することができ、この申告を理由に派遣元、派遣先企業は、派遣労働者に対して不利益な取扱いをしてはならないと定めています（49条の３）。

そして、公共職業安定所は、派遣就業に関する事項について、労働者の相談に応じ、及び必要な助言その他の援助を行うことができるとしています（52条）。

上記のような法違反行為についての監督指導は、公共職業安定所を通じて行われることになります。なお、これらの法違反行為について、労基署や都道府県労働局に設置された総合労働相談コーナーで相談された場合、これを公共職業安定所に取り次ぐことになっていることは、雇用環境・均等部（室）の場合と同様です。

5　都道府県労働局長による助言・指導

以上のような法律違反に対する労基署、公共職業安定所、雇用環境・均等部（室）による監督行政に馴染まない個別的労働関係紛争は、すべて民事紛争として扱われます。

このような民事紛争のうち、「個別労働関係紛争」に関する解決システムの第一は、都道府県労働局長による助言・指導です（個別労働紛争解決促進法４条）。これは申出人（通常は労働者）、被申出人（使用者）双方から事情調査を行った上で、被申出人に対して行われるものですが、要は、当該紛争における問題点を指摘し、解決の方向性を示すものです。なお、助言は、当事者の話し合いを促進するよう口頭又は文書で行うもので、指導は、当事者のいずれか（通常は使用者）に問題がある場合に、問題点を指摘し、解決の方向性を文書で示すものです。

これら助言、指導はあくまで当事者間の紛争解決の方向性を示すだけのものであり、仮に使用者がこれに従わなくても、制裁を加えることはできませんし、紛争を強制的に解決する効力を持つものでもありません。この限りで助言と指導は本質的に異ならないことになりますが、指導の方が労働局長のより強い姿勢が示されているといえます。

助言、指導によっても紛争が解決しない場合には、紛争調整委員会のあっせん等他の紛争解決システムについての教示が行われることになっています（なお、助言、指導は、紛争調整委員会のあっせんを行うための前提とはされていませんので、助言、指導を経ることなく、はじめから紛争調整委員会のあっせんを利用することも可能です）。

なお、個別労働紛争解決促進法１条は、「個別労働関係紛争」を「労働条件その他労働関係に関する事項についての個々の労働者と事業主との間の紛争（労働者の募集及び採用に関する事項についての個々の求職者と事業主との間の紛争を含む）」と定義していますので、「個々の労働者と事業主との間」の紛争に該当しない、①労働組合を一方当事者とする集団的労使紛争、②セクハラの加害当事者に関する労働者同士の紛争などは、対象になりません（これらの点は、労働審判制度にも共通する問題ですので、**第２編第１４**〈75頁〉及び**第４１２**〈119頁以下〉を参照してください）。また、個々の労働者に関する紛争の領域を超えて、事業所全体にわたる賃上げや制度の創設を求めるような利益紛争的な問題も対象となりません。

また、男女雇用機会均等法16条は、差別禁止（同法５条～７条）、妊娠等を理由とする不利益取扱い（９条）、セクハラ（11条１項）及びマタハラ（11条の３第１項）の雇用管理上の措置、相談をしたこと等に対する不利益取扱い（11条２項等）、妊娠中及び出産後の健康管理に関する措置（12条、13条１項）に関する労使間の紛争については、都道府県労働局長が助言、指導に加え、勧告することもできると定めています（個別労働紛争解決促進法４条は適用されません）。育児介護休業法（52条の４）、パートタイム・有期雇用労働法（24条）、労働施策総合推進法（30条の５）も同様に、助言、指導、勧告について定めています。

6　紛争調整委員会によるあっせん

(1)　紛争調整委員会によるあっせんとその対象

個別労働紛争解決促進法は、紛争調整委員会のあっせんについて定めています（５条～19条）。この紛争調整委員会は、各都道府県労働局に設置されており、大学教授、弁護士等の学識経験者の中から任命されたあっせん委員によって構成されています。そして、事案ごとに担当あっせん委員を選任し、双方の主張の要点を確かめ、実情に即した解決がなされるように、紛争解決のあっせん（話し合いにより形成される合意に基づく紛争解決）を行うものです。

その対象となるのは「個別労働関係紛争」であり、その内容は都道府県労働局長による助言、指導の項（前述の**５**）で述べたのとほぼ同様ですが、助言、指導とは異なり、労働者の募集及び採用に関する事項についての紛争は含まないものとされています（個別労働紛争解決促進法５条１項）。なお、男女雇用機会均等法、育児介護休業法、パートタイム・有期雇用労働法、労働施策総合推進法（パワハラ関係）違反の紛争については、個別労働紛争解決促進法が定める紛争調整委員会のあっせんではなく、各法律が定める調停手続が行われることになっていますが、これについては**７**〈151頁以下〉を参照してください（これらのあっせん、調停については、2005年の法改正により特定社会保険労務士が申立事務代理だけではなく、手続全般について代理人になることができるようになっています。社会保険労務士法２条１項第１号の４、２項、３項）。

⑵　あっせんの開始

あっせんは、紛争当事者の申請（通常は労働者ですが、使用者からの申請も可能です）に基づき行われますが、既に裁判で係争中であるなどあっせんをすることが不適切である事由がない限り、あっせん手続が開始されることになります。そして、相手方にあっせん開始の通知がされることになります。あっせん開始の通知では、あっせん手続に応じるか否かの照会がされ、相手方がこれに応じる場合には、その後期日を調整し、あっせんが実施されることになります。

ただし、相手方にはあっせん手続に応じる義務はありませんので、相手方がこれに応じない旨の回答をした場合には、あっせん手続は打ち切られます。

(3)　あっせんの実施

あっせんは、個々の事件ごとに指名された３名のあっせん委員によって行われます（個別労働紛争解決促進法12条１項）が、必要があると認められるときは、あっせん手続の一部を特定のあっせん委員に行わせることができるとされており（同法施行規則７条１項）、実際のあっせんは１名のあっせん委員によって行われることが多いようです。

あっせん期日においては、紛争当事者双方の言い分を聴取した上で、紛争解決の合意が形成できるように、当事者双方に対する説得が試みられます。なお、個別労働紛争解決促進法13条は、あっせん案の作成について規定しており、あっせん案の作成はあっせん委員全員の一致をもって行うものとされています。ここにいうあっせん案は、書面によるものを意味すると解されていますが、実際のあっせんでは、当該事案を担当しているあっせん委員が当事者双方の言い分を聴取した上で、その場で口頭で歩み寄りを求めて、解決合意を形成する場合が多いようです。なお、あっせん委員は、紛争当事者からの申立に基づき必要があると認めるときは、主要な労働団体、事業主団体が指名する各団体を代表する者から当該事件につき意見を聴く旨を定めています（個別労働紛争解決促進法14条。なお、同法施行規則10条では、紛争当事者の双方からの申立があったときには、常に意見を聴くものとしています）が、通常の紛争ではこの意見聴取が行われることはほとんどないようです。

なお、あっせん手続は、簡易迅速を旨としていることから、あっせん申請の受理後概ね１カ月以内に処理するものとされ、あっせん期日は原則として１回で行うものとされています。

(4)　紛争の解決とあっせんの打ち切り

このようなあっせんの結果、紛争解決について双方の合意が成立すれば、紛争は解決します（この場合、あっせん委員の立会いもしくは関与のもとに、合意書等の確認文書などが作成されるのが一般です）。一方、当事者間の主張の対立が激しいなど、あっせんによる紛争解決の見込みがない場合には、あっせん手続は打ち切られます（個別労働紛争解決促進法15条）。

なお、あっせんによる紛争解決の見込みがないとして、あっせんが打ち切られた場合、あっせん申請をした者が打ち切りの通知を受けた日から30日以内に、あっせんの目的となった請求について訴えを提起した場合には、時効の完成猶予に関しては、あっせんの申請の時に、訴えの提起があったものとされ、あっせん申請に時効の完成猶予効が認められています（個別労働紛争解決促進法16条）。

⑸　利用状況

ここのあっせんの利用状況、解決状況を見ると、2021年（令和３年）度のあっせん申請件数は、全国で3,760件で、同年度に処理が終了した件数が3,819件となっています。この3,819件の内訳ですが、合意が成立して紛争が解決したものが1,263件（33.1％）、あっせんが打ち切られたものが2,360件（61.8％）、申請が取り下げられたものが173件（4.5％）、その他が23件（0.6％）となっています。2012年（平成24年）度から2021年（令和３年）度の10年間で見ると、合意が成立して紛争が解決した比率は、最も低い年が32.4％（2020年度）、最も高い年が39.4％（2016

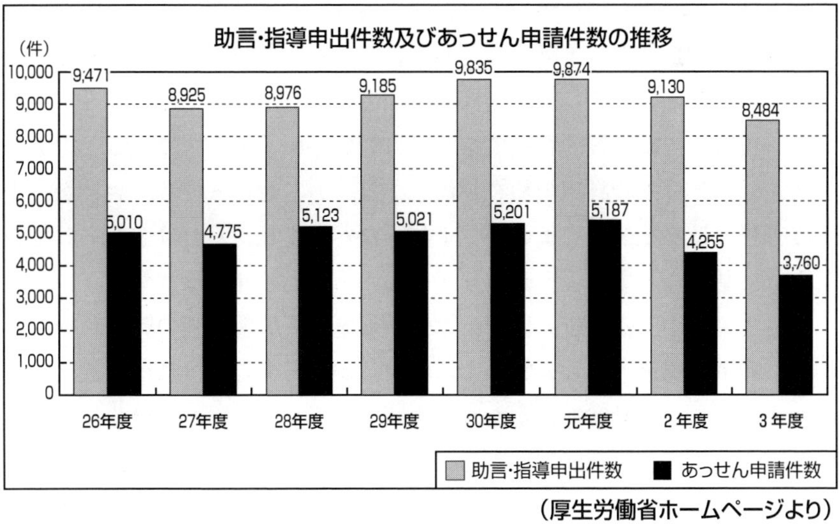

（厚生労働省ホームページより）

年度）でした。

このように合意が成立して紛争が解決した割合は、30%台で推移していますが、あっせんが打ち切られた件数の中には、相手方があっせん手続に参加しないことを表明したため、あっせん期日が開かれることなく、手続が打ち切りとなったものが含まれています。そこで、相手方があっせん手続に参加した割合を2012年度から2021年度の10年間で見ると、概ね55%前後で推移しています（最も低い年が48.4%（2020年度）、最も高い年が57.0%（2015年度））。要するに、あっせん申請がされたものの、実質的なあっせんがされずに手続が終了する案件が40%以上あることになります。

その一方、相手方があっせん手続に参加し、あっせん期日が行われたケースの中で、合意が成立して紛争が解決した比率を2012年度から2021年度の10年間で見てみると、概ね65%前後で推移しています（最も高い年が67.8%（2012年度）、最も低い年が60.7%（2021年度））。

⑹　解決水準

問題は、解決の水準がどうなのかということです。これは、裁判外紛争解決システムに共通することですが、労働局の紛争調整委員会のあっせんは、あっせん委員が当事者の間に入り、当事者間の話し合いを促進することによって紛争解決を図るもので、紛争を強制的に解決する機能は持たされていません。例えば、解雇され不当解雇であると思うけれども、復職せずに金銭的な補償をしてほしいというケースで見ると、労働者が「1年分の給料相当額を補償してほしい」といっても、会社が「1カ月程度は支払ってもよいが、1年分などは支払えるわけがない」といえば、話はまとまりようがありませんから、あっせんは打ち切りになってしまいます。裁判所の場合、本訴、仮処分、労働審判のいずれを問わず、和解、調停（話し合いによる解決）がまとまらなければ、裁判所が判決、決定、労働審判のかたちで判断を示し、その判断には強制力がありますから、和解、調停に際して、裁判官や労働審判委員会はそれなりに強いイニシアティブをとって、当事者を説得することができます。上述の例でいえば、解雇が無効であるという心証をとっていれば、会社に対して「１年分程度のものを支払うことで退職してもらい、紛争を円満に解決できるのであれば、会社にとってもメリットがあるのではないですか」といったかたちで説得することができます。

しかし、紛争を強制的に解決する権限を持たず、単に当事者間の話し合いを促進することによって紛争解決を図るあっせん制度では、そのようなことはできません。このことが、紛争の解決水準に影響を及ぼしてきます。実際にも、労働局の紛争調整委員会のあっせんでは、解雇の案件でも給料の１カ月分ないし３カ月分程度の支払いにより紛争を解決しているケースが多いようです。

ただし、このあっせん制度は、原則として１回のあっせん期日で紛争解決を図るものとされていますので、紛争解決に至る期間が短期であることは間違いありません。したがって、労働者側がそれほど高い解決水準を要求しないのであれば、利用価値があると思われます。

7　機会均等調停会議等による調停

(1)　機会均等調停会議による調停

男女雇用機会均等法16条は、差別禁止（同法５条～７条）、妊娠等を理由とする不利益取扱い（９条）、セクハラ（11条１項）及びマタハラ（11条の３第１項）の雇用管理上の措置、相談をしたこと等に対する不利益取扱い（11条２項等）、妊娠中及び出産後の健康管理に関する措置（12条、13条１項）に関する労使間の紛争については、個別労働紛争解決促進法が定めるあっせん手続（４条、５条、12条～19条）によらず、男女雇用機会均等法が定める調停（機会均等調停会議の調停。18条～27条）によるものとしています。

なお、かつては、調停は当事者の双方からの申請があった場合にのみ開始されるものとされ、企業側がこれを拒むと調停そのものが開始されませんでしたが、1997年の男女雇用機会均等法の改正により、当事者の一方からの申請に基づいても開始されることになっています（なお、この調停については、2005年の法改正により特定社会保険労務士が代理人となることができるようになりました。社会保険労務士法２条１項第１号の４、２項、３項)。

男女雇用機会均等法は、これらの紛争についての調停を個別労働紛争解決促進法に基づき設置された紛争調整委員会に行わせるものとしており（18条１項)、紛争調整委員会の委員の中から指名された調停委員によって構成される会議（これを「機会均等調停会議」といいます。同法施行規則３条１項）によって調停が行われます。調停は３人の調停委員によって行われるものとされ（19条１項)、会議は２人以上の調停委員が出席しなければ、開くことができないとされています（同法施行規則４条２項)。

また、紛争調整委員会は、調停のため必要があると認めるときは、関係当事者又は関係当事者と同一の事業場に雇用される労働者その他の参考人の出頭を求めることができます（20条。旧20条２項では、セクハラ、パワハラ紛争については、当事者双方の同意がある場合に、行為者（加害者）の出頭を求めることができるものとされていましたが、上記のとおり改正されています)。なお、出頭を求められた者は、主任調停委員の許可を得た上で、補佐人を伴って出頭することができます（同法施行規則８条)。また、紛争調整委員会は、当該事件の事実の調査のために必要があると認めるときは、関係当事者又は関係当事者と同一の事業場に雇用される労働者その他の参考人に対して、当該事件に関係のある文書又は物件の提出を求めることができ（同法施行規則９条)、関係当事者からの申立に基づき必要があると認めるときは、主要な労働団体、事業主団体が指名する各団体を代表する者から当該事件につき意見を聴く旨を定めています（同法21条)。

委員会は、調停委員全員一致をもって調停案を作成し、関係当事者に対して、受諾の期限を定めて、その受諾を勧告することができるものとされています（22条、同法施行規則12条)。当事者が調停案を受諾すれば紛争は解決しますし、当事者のいずれかがこれを拒否した場合には、調停は打ち切りになります。

なお、民事上の紛争について訴訟が係属している場合、受訴裁判所は、４カ月の期間の範囲内で、訴訟手続を中止する旨の決定をすることができます（25条）。調停による解決の見込みがないと認めるときは調停は打ち切られます（23条）が、その場合、打ち切りの通知を受けた日から30日以内に訴えを提起した時は、時効の完成猶予に関しては、調停の申請の時に、訴えの提起があったものとみなされます（24条）。

調停申請受理件数は、2019年度、2020年度がともに68件で、2021年度が59件となっています。2021年度の申請内容を見てみると、セクシャルハラスメント措置義務（男女雇用機会均等法11条関係）が最も多く42件（71.2％）、次いで、婚姻、妊娠・出産等を理由とする不利益取扱い（男女雇用機会均等法９条関係）が15件（25.4％）となっています。

2021年度に調停が開始された52件（前年度申請受理した案件を含む）のうち、調停案受諾勧告を行ったものは10件で、うち９件につき当事者双方が調停案を受諾し、解決に至っています。

⑵　優越的言動問題調停会議による調停

労働施策総合推進法は、職場における優越的な関係を背景とした言動で、業務上必要かつ相当な範囲を超えた言動（パワーハラスメント。30条の２）に関する労使間の紛争については、個別労働紛争解決促進法が定めるあっせん手続（４条、５条、12条～19条）によらず、労働施策総合推進法が定める調停（優越的言動問題調停会議の調停）によるものとしています（30条の５～30条の８）。なお、労働施策総合推進法のパワーハラスメントに関する条文は、大企業について2020年６月１日に施行され、中小企業についても2022年４月１日から適用されています。

優越的言動問題調停会議の調停の仕組みは、男女雇用機会均等法が定める機会均等調停会議の調停とほぼ同様で、男女雇用機会均等法や同法の施行規則の条文が準用されています（労働施策総合推進法30条の７、同法施行規則12条の２）。

調停申請受理件数は、2020年度が115件、2021年度が199件となっています。2021年度の申請内容を見てみると、パワーハラスメント防止措置（労働施策総合推進法30条の２第１項関係）が190件（97.4％）、パワーハラスメント相談を理由とした不利益取扱い（同法30条の２第２項関係）が５件（2.6％）となっています。

2021年度に調停が開始された180件（前年度申請受理した案件を含む）のうち、調停案受諾勧告を行ったものは８件で、うち７件につき当事者双方が調停案を受諾し、解決に至っています。また、残りの173件のうち50件は、受諾勧告前に和解に至っています。

⑶　両立支援調停会議による調停

育児介護休業法は、育児休業（第２章)、介護休業（第３章)、子の看護休暇（第４章)、介護休暇（第５章)、所定外労働の制限（第６章)、時間外労働の制限（第７章)、深夜業の制限（第８章)、所定労働時間の短縮措置等（23条、23条の２)、配置に関する配慮（26条）に関する紛争、職場における育児休業等の制度、措置の利用に関係し、当該労働者の就業環境が害される言動（育児ハラスメント）に関する紛争について、個別労働紛争解決促進法が定めるあっせん手続（４条、５条、12条～19条）によらず、育児介護休業法が定める調停（両立支援調停会議の調停）によるものとしています（52条の３)。

両立支援調停会議の調停の仕組みは、男女雇用機会均等法が定める機会均等調停会議の調停とほぼ同様で、男女雇用機会均等法や同法の施行規則の条文が準用されています（育児介護休業法52条の６、同法施行規則78条)。

調停申請受理件数は、2019年度、2020年度がともに15件、2021年度が16件となっています。2021年度に調停が開始された14件のうち、調停案受諾勧告を行ったものは４件で、４件すべてにつき当事者双方が調停案を受諾し、解決に至っています。

⑷　均衡待遇調停会議による調停

パートタイム・有期雇用労働法は、雇用の際の労働条件明示義務（６条１項)、不合理な待遇の禁止（８条)、通常の労働者と同視すべき短時間・有期雇用労働者に対する差別的取扱いの禁止（９条）、職務内容同一短時間・有期雇用労働者に対する教育訓練の実施義務（11条１項）、福利厚生施設の利用に関する義務（12条）、通常の労働者への転換措置の義務（13条）、雇用管理改善措置等についての説明義務（14条）に関する労使間の紛争については、個別労働紛争解決促進法が定めるあっせん手続（４条、５条、12条〜19条）によらず、パートタイム・有期雇用労働法が定める調停（均衡待遇調停会議の調停）によるものとしています（23条〜27条）。なお、パートタイム・有期雇用労働法は、従前パート労働者のみを対象としてきたパートタイム労働法に、有期雇用労働者も対象として組み込んだもので、大企業について2020年４月１日に施行され、中小企業についても2021年４月１日から適用されています。

均衡待遇調停会議の調停の仕組みは、男女雇用機会均等法が定める機会均等調停会議の調停とほぼ同様で、男女雇用機会均等法や同法の施行規則の条文が準用されています（パートタイム・有期雇用労働法26条、同法施行規則９条）。

調停申請受理件数は、2020年度が16件（2020年３月末まで中小企業に適用されていたパートタイム労働法の件数は含まれていません）、2020年度が30件となっています。2021年度に調停が開始された23件及び前年度から繰り越した６件のうち、受諾勧告前に和解に至ったものが４件、調停案の受諾勧告に至ったものが２件、打ち切ったものが23件となっています。

2　都道府県労働委員会のあっせん

1　労働委員会とは

労働委員会は、集団的労使紛争を解決することを主たる任務とする機関です。集団的労使紛争とは、労働組合を一方当事者とする労使紛争を意味します。集団的労使紛争の具体例として、最も典型的なものは不当労働行為（労働組合法７条）です。労働組合に加入したり、組合活動をしたこと等を理由とする不利益取扱い（同条１号）、団体交渉の拒否、不誠実団交（同条２号）、労働組合の結成、運営に対する支配介入（同条３号）などは、不当労働行為として禁止され、使用者によるこれらの行為に対して、労働組合は、労働委員会に不当労働行為の救済申立（労働組合法27条～27条の18）をすることができます。

また、労働委員会は、不当労働行為救済申立の審査のほか、集団的労使紛争の解決のために、あっせん、調停、仲裁を行う権限を有しています（労働組合法20条。なお、この労働組合法20条が定めるあっせんは、あくまで集団的労使紛争を解決するためのものであり、後述する個別労働関係紛争についてのあっせんとは異なります）。

なお、労働委員会には、各都道府県におかれる都道府県労働委員会（旧地方労働委員会）と、その上部機関として、不当労働行為事件の再審査請求の審理等を行う中央労働委員会があります。

2　個別労使紛争に関する都道府県労働委員会のあっせん

以上のように、労働委員会は、集団的な労使紛争を解決する機関ですが、労働組合の組織率の低下や、労使協調路線をとる組合が増えてきたことなどから、集団的労使紛争は減少の傾向にあります。これに伴い、労働委員会に対する不当労働行為救済申立件数も減少してきています。2020年の実績で見ると、新規の不当労働行為の救済申立は、全国で280件ですが、新規申立がゼロであった都道府県労働委員会が15、１件であったのが17にも及ぶ状況にあります。

その一方、個別的な労使紛争が飛躍的に増えていることは**第１編第１**で論じたとおりです。そこで、都道府県労働委員会を、集団的労使紛争の解決のためだけでなく、個別的労使紛争解決のために活用しようという発想が生まれ、現在、東京都、兵庫県、福岡県を除く44の道府県の労働委員会で個別労使紛争のあっせん等が行われています。

あっせんの流れ

簡単に図示すると、以下のとおりです。
※　各都道府県労働委員会で名称・制度内容・処理方法は異なります。

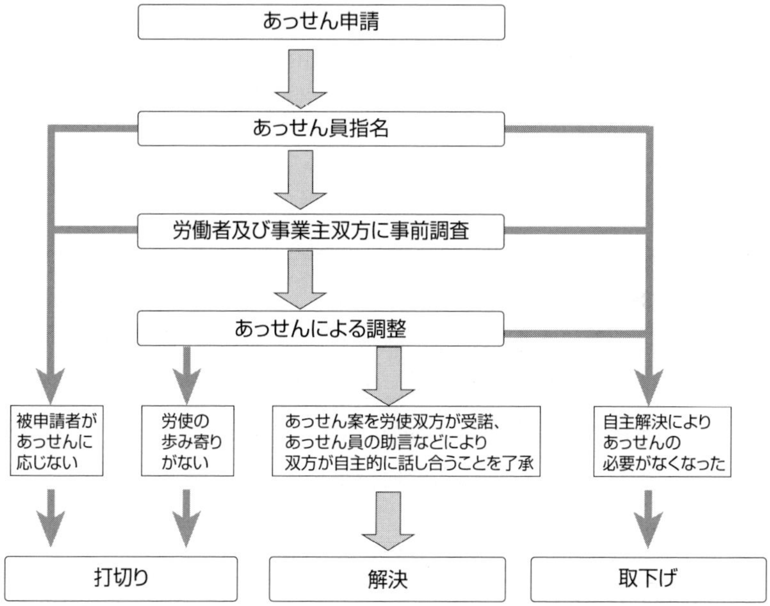

（中央労働委員会ホームページより）

この労働委員会による個別労使紛争の解決は、個別労働紛争解決促進法20条に根拠をおくものです。20条１項は、「地方公共団体は、国の施策と相まって、当該地域の実情に応じ、個別労働関係紛争を未然に防止し、及び個別労働関係紛争の自主的な解決を促進するため、労働者、求職者又は事業主に対する情報の提供、相談、あっせんその他の必要な施策を推進するように努めるものとする」とし、同条３項は、「第１項の施策として……都道府県知事の委任を受けて都道府県労働委員会が行う場合には、中央労働委員会は、当該都道府県労働委員会に対し、必要な助言又は指導をすることができる」と定め、労働委員会が個別労働関係紛争に対して、相談、あっせん等を行うことの根拠を与えています。

なお、このあっせんについては2005年の法改正により特定社会保険労務士が代理人となることができるようになっています（社会保険労務士法2条1項第1号の5、2項、3項）。

3　労働委員会の活用

ところで、個別労働関係紛争について、労働委員会がどのようなかたちで対処するかについては、統一的な基準はなく、各道府県の労働委員会に委ねられています。

しかし、個別労働関係紛争に関して、労働委員会に紛争を強制的に解決する権限を付与する法令はありませんので、労働委員会が行う個別労働関係紛争の解決は、紛争当事者の間に立って、話し合いによる解決を促進することが基本となります。要するに、労働局の紛争調整委員会が行っているあっせんと同様のことが行われるわけです。実際にも、各道府県労働委員会は「あっせん」の名称で個別労使紛争の解決システムをつくっています。

ただし、労働委員会には労使団体の推薦を受けて選出される労使の参与委員がいます。参与委員は、不当労働行為救済申立事件の審理に立ち会うなど大きな役割を果たしますが、この参与委員が個別労使紛争の解決手続（あっせん）に関与すれば、その実務的な経験、知識に基づき、適正な紛争解決が図られる可能性があります（使用者側の参与委員が使用者に対して説得を試み、適正な解決が図られることもあります）。

なお、2021年度の資料で見ますと、労働委員会の個別労使紛争解決システムに新規に係属した事件は、全国で241件です。

4　個人加盟組合による労働委員会の活用

実質的には個別労働関係紛争であるものが、労働委員会の集団的紛争解決システムを通じて解決されることもあります。最近では、労働組合の組織率が低下したこともあって、解雇、賃金切下げなどの不利益取扱いを受けた労働者が紛争解決のために企業内の労働組合の支援、協力を得ることが困難な場合が少なくありません（そもそも、企業に労働組合がなければ、支援を得ることは不可能です）。そこで、不利益取扱いを受けた労働者は、個人でも加盟できる企業外の労働組合に相談に行き、組合加入して、その労働組合の支援のもとに紛争を解決しようとします。最近では、このような相談を受け付ける「○○ユニオン」、「○○合同労組」などの個人加盟の労働組合が活発に活動しています。

このような個人加盟組合は、企業に団体交渉を申し入れ、団体交渉を通じて問題解決を図ります。しかし、企業によっては、団体交渉を拒否したり、形式的には団体交渉に応じても、単に結論を繰り返すなどして問題解決に向けた実質的な話し合いをしない場合もあります。このような団交拒否や、不誠実団交は不当労働行為になります（労働組合法7条2号）ので、集団的労使紛争として、不当労働行為の救済申立や、集団的労使紛争解決法のひとつであるあっせん（労働組合法20条）の対象となるわけです。

ただ、団交拒否、不誠実団交についての救済方法は、「（誠実に）団体交渉を行わなければならない」というだけですので、団交拒否や不誠実団交についての救済を得るだけでは紛争そのものは解決しません。そこで、団交拒否に対する救済を求めるかたちをとりつつ、労働委員会に間に入ってもらい、紛争の実体について解決を図ることを試みるわけです。このようなかたちで、実質的には個別労働関係紛争である紛争を労働委員会で解決するやり方は、東京都ではかなり頻繁に用いられています（ちなみに、前述のとおり、東京都労働委員会には個別労使紛争に関するあっせん手続は設けられていません）。

3　労政主管事務所のあっせん

1　自治体による紛争解決の援助

労働紛争の解決については、自治体が実施する相談、あっせんという紛争解決システムもあります。労政主管事務所などという言い方をされますが、東京都の「労働相談情報センター」（旧「労政事務所」）や、神奈川の「かながわ労働センター」などは、相当活発にこれを行っています。

これらの相談、あっせんは、個別労働紛争解決促進法が制定される以前から行われていましたが、同法によって、その位置づけが明確にされました。個別労働紛争解決促進法20条１項は、「地方公共団体は、国の施策と相まって、当該地域の実情に応じ、個別労働関係紛争を未然に防止し、及び個別労働関係紛争の自主的な解決を促進するため、労働者、求職者又は事業主に対する情報の提供、相談、あっせんその他の必要な施策を推進するように努めるものとする」とし、このような相談、あっせん活動を推進することを奨励するに至っています。

2　実際の援助内容

この自治体が行う相談やあっせんは、各自治体が独自に行うものですので、これをどのように運営するかについて統一的な基準はなく、各自治体の制度設計に委ねられることになります。また、自治体が行うあっせんについて、紛争を強制的に解決する権限を付与する法令はありませんので、紛争当事者の間に立って、話し合いによる解決を促進することが基本となります。

自治体によって制度設計は様々ですので、一概にはいえませんが、東京都の場合では、労働者から相談を受けた担当者が直接企業に連絡を入れた後、面談の機会を持ち、双方の互譲のもとに紛争を解決しているようです。また、労働局の紛争調整委員会や労働委員会によるあっせんの場合は、あっせん期日を定め、双方の出頭を求めて、そこであっせんが実施されますが、東京都の場合には、そのようなかたちでの期日設定はされず、相談担当者が随時、労働者、使用者に連絡をとった上で面談を実施して、解決策を模索しているようです。

印象論でいえば、東京都の場合、担当者には熱心な方が多くて、労働者の話も親身になって聞いてくれるし、フットワークも軽いという感じがします。ただし、行政が行うことですので、担当者の立場は中立で、労働者のサイドに立ってあっせんをするということはありません。

東京都における2021年度の労働相談件数は４万5,504件で、この中からあっせんに進んだ件数は292件でした。また、解決に至ったのはその72.6％（212件）となっています。また、あっせんに要した日数は、10日未満が28.8％、10日から19日が17.1％、20日から29日が15.4％で、概ね４週間以内に約６割の案件が一定の決着をみています。

4　弁護士会のあっせん、仲裁

1　弁護士会の紛争解決センター

裁判外紛争解決システムとしては、弁護士会が行っている和解あっせん、仲裁というものもあります。2020年５月現在で、全国35の弁護士会に38の紛争解決センター（名称は様々です）が設けられています。なお、この弁護士会が行う仲裁、和解あっせんは、労働紛争に固有のものではなく、広く民事上の紛争一般を対象とするものです。

2　あっせんと仲裁

紛争解決センターが行うのは、和解あっせんと仲裁ですが、和解あっせんは、あっせん人が当事者の間に入り、当事者の合意に基づき紛争を解決するもので、労働局の紛争調整委員会や労働委員会が行っているあっせんと同様のものです。したがって、あっせん手続には、紛争を強制的に解決する機能はありません。

その一方、仲裁の場合は、仲裁人が下した判断に必ず従わなければならず、仲裁人の判断に不服があっても、これを訴訟で争うこともできません。要するに、仲裁人が下した仲裁判断は、紛争を強制的かつ、最終的に解決する機能を営むことになります。裁判の場合、三審制がとられていますので、一審裁判所が下した判断に対しては控訴、二審裁判所が下した判断に対しては上告ができますが、仲裁判断に対しては不服申立が一切できません（仲裁法14条は、仲裁の対象となる民事上の紛争について訴えが提起された場合、受訴裁判所は、仲裁合意が無効、取消しその他の事由により効力を有さないときなど一定の事由がない限り、被告の申立により訴えを却下（門前払い）しなければならないと定めています）。すなわち、仲裁判断は、確定判決と同じ効力を有することになります（仲裁法45条１項）。なお、仲裁については、仲裁法38条に基づく「38条決定」と呼ばれるものもあります。これは、当事者間に和解の合意が成立した場合に、当事者双方の申立に基づき行われる、和解合意を内容とする仲裁人の決定をいいます。この決定には仲裁判断と同一の効果が認められます。

このように仲裁には強力な効力がありますが、仲裁を行うためには、仲裁を受けることについて当事者双方の間での合意（仲裁合意）があることが前提となります。すなわち、仲裁を受けて、仲裁人の判断に服する旨の書面による合意がなければ、仲裁手続そのものが開始されません（仲裁法２条１項、13条）。また、仲裁判断がなされるためには、当事者間に仲裁合意があることのほかに、「当事者が和解によって解決できる民事上の紛争」であることが必要です（仲裁法13条１項。これを「仲裁適格」といいます）。労働紛争も、紛争当事者である労働者と使用者が和解によって解決できる民事上の紛争ですので、仲裁によって解決することが可能です。

なお、仲裁法附則４条は、「当分の間、この法律の施行後に成立した仲裁合意であって、将来において生ずる個別労働関係紛争（個別労働関係紛争の解決の促進に関する法律（平成13年法律第112号）第１条に規定する個別労働関係紛争をいう。）を対象とするものは、無効とする」と規定しています。例えば、入社（労働契約締結）に際して、「将来、労働契約に関する紛争が生じた場合には、これを仲裁人○○○が行う仲裁判断によって解決する」といった合意をしたり、就業規則にそのような旨の定めを設けていても、そのような合意や就業規則の定めは無効になるわけです。上記のような仲裁合意をすることを採用条件とされた場合、労働者（就職希望者）がこれを断ることは至難の技です。したがって、これを規制しなければ、実際に紛争が生じた場合に、労働者は裁判を受ける権利を放棄させられ、使用者にとって都合の良い仲裁人の下す仲裁判断に縛られるという不合理な結果になってしまいます。附則４条はこのような観点から設けられた条文です。したがって、実際に紛争が発生した後に、労働者が自由な意思に基づき仲裁合意をして、仲裁で紛争を解決することは可能ということになります。

3　実際の手続、運用（第２東京弁護士会の例）

この紛争解決センターでの手続、運用状況は、各弁護士会によって異なると思われますので、ここでは、全国にさきがけて「仲裁センター」を開設した第２東京弁護士会における手続、運用について簡単に紹介しておくことにします（ただし、センター全般に関するものであり、労働紛争に限っての話ではありません）。

まず、名称は「仲裁センター」とされていますが、大半のケースは、仲裁でなく和解あっせんにより解決されており、半数以上は３～４カ月程度で解決しています。

なお、仲裁センターを利用する場合には手数料がかかります。申立のときに申立人が11,000円（30万円以下の金銭を請求する少額事件では3,300円）、その後１回の期日を経るたびに双方から5,500円（少額事件では無料）、もし話し合いが成立した場合は、それに伴う成立手数料がかかることになっています。例えば、使用者が退職金の存在を争っている事案で、500万円退職金の支払いを受ける内容で解決した場合、33万円の成立手数料がかかります。なお、この成立手数料は、申立人と相手方の両者で負担することになりますが、負担の割合はあっせん人、仲裁人が決めることになっています（実際には、2分の1ずつ負担する例が多いようです）。

また、第2東京弁護士会の場合は、当事者があっせん人、仲裁人を選べるという点に特徴があります。具体的には、当事者に合意がある場合には、合意されたあっせん人、仲裁人が事件を担当しますし、合意がない場合でも、申立人に希望があればその希望を尊重する扱いがなされているようです（ただし、相手方が異議を述べた場合には、中立性の観点から、申立人が希望する人をあっせん人、仲裁人としない扱いがされています）。

4　労働紛争での活用

前述のとおり、仲裁の場合、紛争を終局的に解決する効力を有し、不服申立もできませんので、短期間のうちに一挙に紛争を解決したいと考える場合には、極めて有効な手段ということができます。しかし、仲裁判断を仰ぐためには、仲裁合意の存在が前提となります。使用者との間で仲裁合意が成立しなければ、そもそもにおいて仲裁手続を利用することはできません。

また、和解あっせんの場合には、紛争を強制的に解決することはできず、あくまで任意の話し合いをベースに紛争を解決するものでしかありません（他の裁判外紛争処理システムと同様です）。ただ、第2東京弁護士会のようにあっせん人を選べる可能性があれば、労働問題についての知識、経験が豊富なあっせん人を選ぶことにより、紛争の実情に即した良い解決が図られるかもしれません。

もっとも、第2東京弁護士会のように、成立手数料がかかる場合には、その利用に際しては、費用負担のことも考慮に入れる必要があることになります。

5 裁判所の調停

1 裁判所の調停とは

裁判所の調停は、民事調停法に基づいて行われます。同法１条が「この法律は、民事に関する紛争につき、当事者の互譲により、条理にかない実情に即した解決を図ることを目的とする」としているとおり、他の紛争処理システムと同様、原則として、当事者間の話し合いをベースに紛争解決を図るものです（ただし、裁判所が紛争の解決のために必要な決定を下す「17条決定」と呼ばれる制度があります）。

調停は、調停主任（裁判官）１人と民事調停委員２名（非常勤）とで構成される調停委員会（民事調停法６条）によって行われますが、実際の調停は調停委員のみによって行われ、裁判官は調停成立時などにしか立ち会わないこともあります（なお、裁判官に代わり裁判官が行う権限を行使する民事調停官（弁護士経験５年以上の者から任命されます）の制度が導入されています。民事調停法23条の２～23条の４）。

2 調停の手続等

民事調停は、相手方の住所地である簡易裁判所で行われます（ただし、当事者の合意があるときは、地方裁判所で行われることもあります。民事調停法３条）。

調停の申立に際しては、訴訟を提起する場合の２分の１の収入印紙を裁判所に納付する必要があります（その他にも、切手などの予納をしなければなりません）。例えば、解雇事件で、解雇無効を前提とする地位確認及び解雇後の賃金（バックペイ）の請求をする場合では、①160万円、もしくは、②提訴（調停申立）時点で既に発生している賃金額に１年分の賃金額を加算した額、のいずれか高い方を基準に印紙代を決めることになっています。年収500万円の人が未だバックペイの発生していない解雇直後に訴訟を起こすとき、３万円の印紙代を払う（訴状に貼付する）ことになりますが、調停の場合はその半額の１万5,000円で済みます。

調停の申立をすると、裁判所は、調停期日に出頭するよう相手方に呼出状を発送しますが、相手方には出頭義務が課されています（正当な理由なくして出頭しない場合には、５万円以下の過料に処されます。民事調停法34条）。なお、呼出を受けた当事者は自ら出頭するのが原則で、弁護士、司法書士（司法書士法によって司法書士が関与できる事件に限ります）以外の者を代理人として出頭させる場合には、裁判所の許可を受けなければなりません（民事調停規則８条）。

調停はあくまで話し合いをベースに紛争を解決するもので、強制的に紛争解決を図るものではないので、当事者には譲歩をすべき義務はありません。したがって、相手方が第１回目の調停期日に出頭し、その場で紛争解決に向けた譲歩をするつもりがないことを明確にすると、第１回目の期日で、調停不成立により手続が終了することもあります。

また、当事者双方が紛争の解決について合意に達した場合には、調停調書が作成されますが、この調停調書には、裁判上の和解と同一の効力が与えられます（民事調停法16条）。裁判上の和解と同一の効力というのは、判決と同一の効力といっても差し支えありませんが、要するに調停調書に記載された義務が履行されなかった場合には、調停調書に基づき強制執行ができるということです。この点は、他の紛争解決システムにおける合意書等の確認文書とは異なるところです（他の紛争解決システムにおいて作成された合意書等の場合、仮に義務違反があったとしても、合意書等に基づき強制執行をすることはできず、改めて裁判を起こし、判決を得てから強制執行をすることになります。なお、他の紛争解決システムで作成される合意書等が公正証書として作成されていれば、公正証書に基づき強制執行をすることが可能ですが、公正証書のかたちで作成することは一般に行われていないようですし、作成費用もかかります）。

3　調停前の措置と調停に代わる決定

民事調停法は、調停前の措置について定めています（12条）。これは、調停のために特に必要があると認めるときに、当事者の申立により、相手方その他の事件の関係人に対して、現状の変更又は物の処分の禁止その他の調停の内容たる事項の実現を不能にし又は著しく困難にする行為の排除を命じることができるというものです（この規定が労働審判法29条で労働審判に準用されています〈96頁参照〉）。ただし、この措置には執行力はなく、かつまた、さほど頻繁には用いられていません。

また、民事調停法は、調停に代わる決定（17条決定）について定めています。これは、「調停が成立する見込みがない場合において相当であると認めるとき」に、裁判所が「当事者双方のために衡平に考慮し、一切の事情を見て、職権で、当事者双方の申立ての趣旨に反しない限度で、事件解決のために必要な決定」を下すもので、この決定においては、金銭の支払い、物の引渡しその他の財産上の給付を命ずることができるものとされています（17条）。

調停は、当事者間の話し合いをベースに紛争解決をするものですが、この決定は、裁判所が紛争解決のための判断を下して紛争解決を図ろうとするものです。ただし、この決定については、当事者もしくは利害関係人が決定の告知を受けた日から２週間以内に異議の申立をした場合には、その効力を失うものとされています（民事調停法18条１、４項）。異議が出されることなく２週間が経過した場合には、調停に代わる決定には、裁判上の和解と同一の効力が与えられます（18条５項）。

この調停に代わる決定のシステムは、労働審判制度における労働審判の効力やこれに対する異議申立と類似した構造を持っています。しかし、民事調停の実務において、この調停に代わる決定は、それほど頻繁には用いられていないようです。

4　時効の完成猶予効

民法147条１項３号により、調停の申立は、時効の完成猶予効をもち、調停が成立した場合を除き、調停の終了時から６カ月を経過するまでは時効は完成しません。

調停が不成立によって終了した場合や、調停に代わる決定に対する異議が出されたことによりその効力が失われた場合に、申立人がその旨の通知を受けた日から２週間以内に調停の目的となった請求について訴えを提起したときには、調停申立の時に、訴えの提起があったものとみなされます（民事調停法19条）。この場合は、訴状には通常の場合の２分の１の印紙を貼付すればよいこととされています（既に、調停段階で２分の１の印紙を貼付しているため）。

5　労働事件での活用

裁判所は、一級建築士や不動産鑑定士などの専門家を調停委員に任命していますから、建築紛争や地代・家賃の増減額請求に関する紛争では、これら専門家の知識、経験が活かされ、紛争の実情に沿った適正な解決が期待できることになります。従前、労働分野について専門的な知識、経験を有する人を意識的に調停委員に任命している裁判所はなかったと思われますが、東京では2011年４月から労使問題に詳しい弁護士を調停委員に任命し、労使紛争の解決のための調停を積極活用しようとする試みが行われています。

個別的労働紛争に関しては、調停機能も兼ね備えた労働審判制度がスタートしており、裁判所の民事調停の活用の余地は狭まっていくと考えられていましたが、労働審判に比べ、調停では申立書の記載が簡易で済むことから、弁護士代理人をつけずに当事者本人が調停の申立をするケースがあります。また、原則として３回の期日しか開かれない労働審判と異なり、調停では調停期日の回数に制限がないことから、時間をかけてでも納得のいく解決を求めたいと考える場合にも、調停が活用されることがあります（そのような例として、労災認定がされている過労死等の損害賠償事案で、弁護士が代理人となって、調停の申立をするケースが見られます）。もっとも、調停には労働審判のような判定機能がありませんので、「本格的な争い」がある紛争の解決には労働審判が活用されるべきでしょう。

6　認証ADRによる民間紛争解決手続

1　認証ADR法の成立

「裁判外紛争解決手続の利用の促進に関する法律」に基づく「認証ＡＤＲ」と呼ばれる機関による紛争解決システムもあります（ＡＤＲとは、「Alternative Dispute Resolution」の略で、裁判外紛争解決手続のことを意味します）。

この法律の第１条では、「この法律は、内外の社会経済情勢の変化に伴い、裁判外紛争解決手続（訴訟手続によらずに民事上の紛争の解決をしようとする紛争の当事者のため、公正な第三者が関与して、その解決を図る手続をいう。以下同じ。）が、第三者の専門的な知見を反映して紛争の実情に即した迅速な解決を図る手続として重要なものとなっていることに鑑み、裁判外紛争解決手続についての基本理念及び国等の責務を定めるとともに、民間紛争解決手続の業務に関し、認証の制度を設け、併せて時効の完成猶予等に係る特例を定めてその利便の向上を図ること等により、紛争の当事者がその解決を図るのにふさわしい手続を選択することを容易にし、もって国民の権利利益の適切な実現に資することを目的とする」と定められています。

要するに、民事上の紛争について、広く民間の事業者にも紛争解決手続を担わせて裁判外の紛争解決システムを今まで以上に活用させよう、というのがこの法律の目的です。

なお、この法律が対象とする民間紛争解決手続は、労働紛争に限られ

裁判外紛争解決手続の拡充・活性化

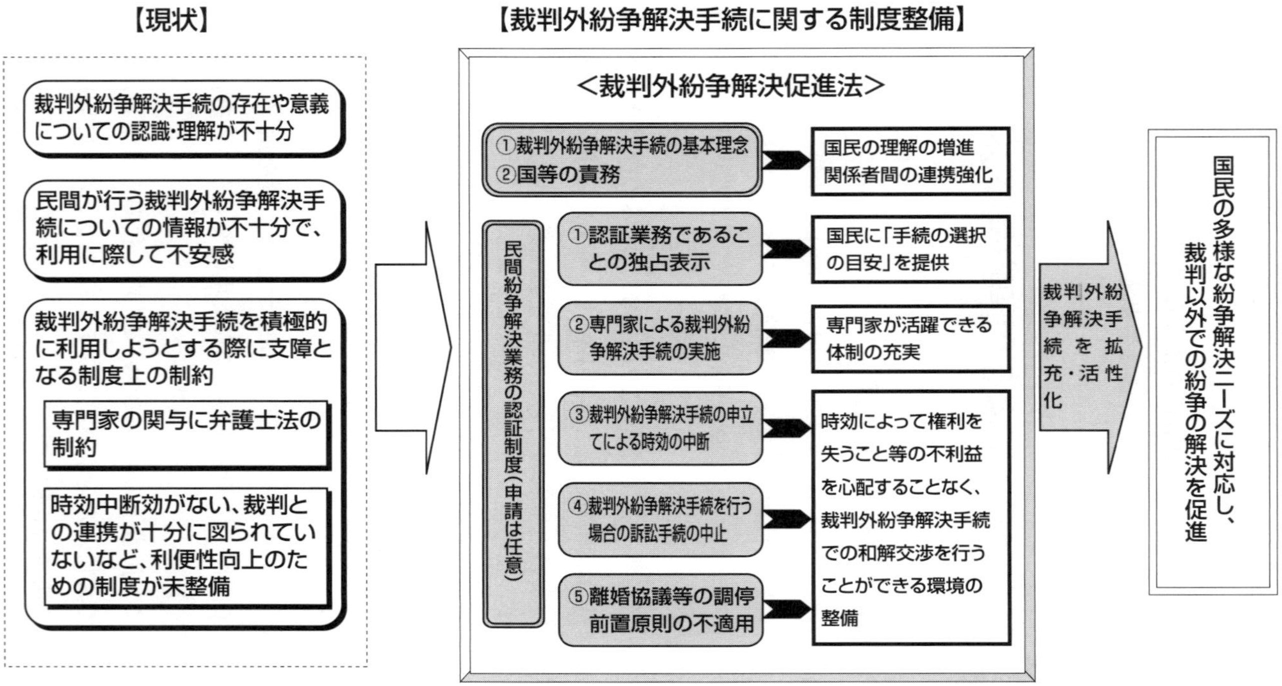

（厚生労働省立法資料）

ず、あらゆる類型の民事紛争に適用されます。

２　認証紛争解決手続

この解決手続では、どのような紛争処理が行われるのでしょうか。

同法２条は、「民間紛争解決手続」を「民間事業者が、紛争の当事者が和解をすることができる民事上の紛争について、紛争の当事者双方からの依頼を受け、当該紛争の当事者との間の契約に基づき、和解の仲介を行う裁判外紛争解決手続をいう」と定義しています。要するに、これまで述べてきた裁判外紛争処理手続と同様、第三者（民間事業者）が間に入って、紛争当事者の話し合い（和解）による紛争解決を目指すもので、強制力を持って紛争を解決するものではありません。

３　認証紛争解決事業者

ところで、この法律では、民間紛争解決手続を業として行う者は、その業務について、法務大臣の認証を受けることができると規定しています(同法５条)。いわば、法務大臣が紛争解決事業者に対して「マル適マーク」を与えるわけです（認証紛争解決事業者でない者は、その名称中に認証紛争解決事業者であると誤認させるような表示をしてはならないとされています。同法11条３項)。この認証を得た事業者は、法務大臣から認証を得た信頼のおける紛争解決機関として、民事紛争の解決処理ができるとともに、この手続が利用された紛争は、後述する法律上の効果（時効の完成猶予、調停前置に関する特則等）を受けることができるものとされています。

法務大臣の認証を受けるための要件として、同法６条では、「民間紛争解決手続業務を行うのに必要な知識及び能力並びに経理的基礎を有すること」を前提として、「その専門的な知見を活用して和解の仲介を行う紛争の範囲を定めていること」（１号)、「前号の紛争の範囲に対応して、個々の民間紛争解決手続において和解の仲介を行うのにふさわしい者を手続実施者として選任することができること」（２号)、「手続実施者が弁護士でない場合において、民間紛争解決手続の実施に当たり法令の解釈適用に関し専門的知識を必要とするときに、弁護士の助言を受けることができるようにするための措置を定めていること」（５号。ただし、司法書士法に基づき司法書士が遂行できる業務について、手続実施者が司法書士である場合を除きます）などの基準を満たすべきことを定めています。

また、同法７条では欠格事由が定められ、「禁錮以上の刑に処せられ、その刑の執行を終わり、又は刑の執行を受けることがなくなった日から５年を経過しない者」（４号)、「暴力団員又は暴力団員でなくなった日から５年を経過しない者」（８号）等は、認証を受けることができないとされています（実際の業務に関しても、認証紛争解決事業者は、暴力団員等を業務に従事させ、又は業務の補助者として使用してはならないと定められています。同法15条)。

認証紛争解決事業者は、紛争の当事者又は紛争当事者以外の者との契約に基づき、認証紛争解決手続の業務を行うことに関して、報酬を受けることができるものとされています（同法28条)。

4　認証紛争解決手続の利用についての特則

以上のような要件を満たす認証紛争解決事業者が行う手続については、以下のような法律的な効果が認められます。

(1)　時効の完成猶予効

その第一が時効の完成猶予効です。すなわち、認証紛争解決手続によっては紛争の当事者間に和解が成立する見込みがないことを理由に手続実施者が当該認証紛争解決手続を終了した場合、当該紛争の当事者がその旨の通知を受けた日から１カ月以内に当該認証紛争解決手続の目的となった請求について訴えを提起したときは、時効の完成猶予に関しては、当該認証紛争解決手続における請求の時に、訴えの提起があったものとみなすとされています（法25条)。

この規定により、時効完成以前に認証紛争解決手続の申立をすれば、時効の成立を気にせず、認証紛争解決手続が利用できることになります。

⑵　訴訟手続の中止

第二に、紛争の当事者間に訴訟が係属する場合でも、認証紛争解決手続が実施されており、もしくは当事者間に認証紛争解決手続によって紛争の解決を図る旨の合意がある場合には、当事者の共同申立てに基づき、受訴裁判所は、４カ月以内の期間を定めて訴訟手続を中止する旨の決定をすることができるものとされています（法26条。ただし、裁判所は、いつでもこの決定を取り消すことができます）。

⑶　調停前置についての特則

第三に、現行法では、訴訟提起に先立ち裁判所の調停を行い、これが不調に終わった場合にのみ訴訟提起を認める類型の紛争があります（このような仕組みを「調停前置」といいます）。例えば、離婚に関しては、まず家庭裁判所に調停の申立をして、それが不調になった場合に、離婚訴訟を起こせるという構造になっています。この調停前置に関して、認証紛争解決手続によっては当事者間に和解が成立する見込みがないことを理由に当該認証紛争解決手続が終了した場合には、裁判所の調停が不調になったのと同様に扱うものとされています（法27条。ただし、このような場合でも、受訴裁判所は、適当であると認めるときは、職権で、事件を調停に付することができるものとされています）。

5　労働紛争での活用

この認証ＡＤＲは、あらゆる類型の民事紛争に適用されますので、労働紛争にも当然に適用されることになります。全国社会保険労務士会連合会や各地の社会保険労務士会が「労働紛争解決センター」を立ち上げています（2020年９月現在44カ所。なお、全国各地の社労士会は「総合労働相談所」を開設していますが、これは認証ＡＤＲと異なり、単にアドバイスをするだけのものです）。いずれにしても、他の裁判外紛争解決システムと同様、強制力を持って紛争を解決するものではありません。

7　裁判外紛争解決システムの特徴と限界

1　裁判外紛争解決システムの特徴

以上見てきた裁判外紛争解決システムの特徴を一言で述べれば、紛争を強制的に解決する権限も機能もないということです。

この点、労基署等による監督行政の場合、指導や是定勧告によっても法違反状態が是正されない場合には、刑罰権が発動されることが考えられ、この刑罰権を背景に法違反状態の是正を強制していると考えることができます。しかし、実務上、刑罰権が発動されるのは稀であるとともに、元来、監督行政は民事紛争の解決を目的とするものではなく、労基署には未払い残業代等を取り立てる権限はありませんので、仮に刑罰権が発動された場合でも、民事上の紛争は解決されないことも考えられます。

また、労働局の紛争調整委員会やその他の機関が行っているあっせん等は、紛争当事者の間に入って、話し合いによる紛争解決を促進するだけのものであり、当事者間で話し合いがまとまらなかった場合に紛争を強制的に解決する権限も機能も持ちません。

2　裁判外紛争解決システムの限界

以上のように、紛争を強制的に解決する機能を持たないところに裁判外紛争解決システムの特徴があり、この点が裁判による紛争解決と比べた場合の限界ということになります。

労働局の紛争調整委員会のあっせんの項（❶6(6)〈150頁〉参照）で述べたとおり、本訴、仮処分、労働審判のいずれを問わず、裁判における和解、調停手続の場合、和解、調停がまとまらなければ、裁判所が判断（判決、決定、労働審判）を示すことになります。そして、裁判所が下す判断には強制力があります（判決、決定、労働審判に基づく強制執行が可能となります）から、和解に際して、裁判官や労働審判委員会はそれなりの強いイニシアティブをとり、当事者を説得することができます。

しかし、裁判外紛争解決システムの場合は、当事者の意思に基づく話し合いがまとまらなければ、あっせんは打ち切りになってしまいます。そこで、「足して２で割る」ような解決になってしまうことがあるわけです。また、当事者間の主張の隔たりが大きい場合にあえてその場で紛争を解決しようとすると、一方当事者が大幅な譲歩をすることになりますが、訴訟に要する費用、訴訟継続中の生活のことなどを考えると、譲歩を強いられるのは往々にして労働者ということになってしまいます。

このように、紛争を強制的に解決する権限・機能を持たないことに裁判外紛争解決システムの限界があるわけです。

３　裁判外紛争解決システムのメリット

その一方で、裁判外紛争解決システムには、裁判による紛争解決に比べて以下のようなメリットがあります。

⑴　迅速な解決

その第一は、紛争解決に要する時間が比較的短期であることです。例えば、労働局の紛争調整委員会のあっせんの場合、大半のケースが２カ月以内に処理されています（ただし、解決率は４割以下）。これは、裁判外紛争解決システムが当事者間の話し合いをベースとするため、裁判手続のように、証拠（疎明資料）に基づく事実認定を行わないためです（紛争当事者から一定程度の資料を提出してもらうことにはなりますが、それはあくまで事案を把握したり、争点についての一定の見解を形成するために行われるものです）。もちろん、話し合いがまとまらなければ、手続は打ち切りになるのですが、解決に至る場合には、迅速に解決されるわけです。

⑵　低廉な費用

裁判外紛争解決システムのメリットの第二は、費用が低廉で済むということです。労働局長が行う助言・指導、紛争調整委員会のあっせんや、労働委員会、労政主管事務所が行うあっせんには、手続費用はかかりません。また、これらの手続のために弁護士、司法書士等を依頼することも可能ですが、これらの手続は、あくまで話し合いをベースとするため、これらの法律専門家に依頼せず、紛争当事者（労働者）自身で手続を行うことが可能です。

ただし、裁判所の調停や、弁護士会の紛争解決センターが行っている和解のあっせんの場合には、紛争の対象となっている目的物の金額や、紛争解決時の解決内容に応じて、申立時や和解成立時に申立費用や成立手数料等がかかります（調停の場合の申立費用は、本裁判の半分です）。これら調停なども法律専門家に依頼せず、自ら手続を遂行することが可能ですが、上記の費用負担が必要です。

裁判（本訴、仮処分、労働審判）の場合も、法律専門家に依頼せず、紛争当事者自身が手続をすること（本人訴訟）も可能ですが、裁判の場合、準備書面や証拠の提出の仕方に様々な約束事があるとともに、法律的な論争がなされるのが通常ですので、単純な賃金不払いのようなケースを除くと、本人訴訟で訴訟遂行することが困難な場合が少なくありません。また、労働事件の場合、使用者側は弁護士に事件を依頼するのが通常ですので、労働者が本人訴訟でこれに対抗するのは困難といわざるを得ません。そして、弁護士等に依頼すれば、裁判費用（印紙代等）の外に弁護士費用を負担しなければならないことになります。

⑶　裁判外紛争解決処理システムを活用する場合

このようにしてみると、裁判外紛争解決システムは、解決水準としてそれほどの高いものを望まず、早期に、しかも費用をかけずに紛争解決をしたいと考える場合には、利用価値があると思われます。

第３　訴訟による紛争解決

1　仮処分

1　仮処分とは

仮処分は、緊急の必要性（「保全の必要性」）がある場合に、本訴の判決の実効性を確保するために現状を凍結したり、仮の救済を図るものであり、紛争を終局的に解決するものではありません。ただし、仮処分の中には、満足的仮処分（断行仮処分）と呼ばれ、暫定的に権利を実現したのと同様の救済を与えるものがあります。労働事件では、この仮処分がよく用いられます。

2　労働事件における仮処分

例えば、解雇を例にとると、解雇通告後、会社（使用者）は労働者に対する賃金支払いをストップし、健康保険や厚生年金保険の資格喪失手続をします。通常の労働者は、会社から得る賃金により生計を維持していますから、解雇された場合には、生計を維持できなくなります。そこで、「地位保全、賃金仮払い」の仮処分を申し立てるわけです。審理の結果、解雇が無効であるとの判断に至った場合、裁判所は会社に対して、一定期間、賃金相当額を仮に支払うよう命じる決定を出します（なお、「地位保全」

については、最近では、これを認めるケースは少なくなっています）。もちろん、仮処分決定はあくまで仮の救済にすぎませんので、解雇の有効性は終局的には本訴で判断されるわけですが（仮に本訴で解雇有効の判断が確定した場合には、仮処分決定に基づき受領した賃金相当額は返還しなければなりません）、単なる「現状凍結」にとどまらず、会社に対して賃金相当額の支払いを命じるという点では、権利を実現したのと同様の効果を与えることになります。このような満足的仮処分においては、双方審尋を行うのが原則で、通常の訴訟（本訴）と同様、双方の主張、立証のやり取りが行われます（建物の占有移転禁止仮処分のような現状凍結型の仮処分では、申立人の言い分のみを聞いて仮処分決定が出されるのが原則です）。

労働事件では、解雇以外にも、配転（出向）命令を受けた場合に、配転（出向）先で就労すべき義務がないことの確認等を求める配転（出向）命令効力停止の仮処分や、賃金を大幅に切り下げられたケースで、切り下げられた賃金相当額の仮払いを求める仮処分などが申し立てられています。

このように、労働関係の紛争においては、一般の民事事件に比べて仮処分が活用される比率が高いといえます。また、仮処分手続の中で和解で紛争が終局的に解決されることも少なくありません。

なお、仮処分は、本訴、労働審判とは別の制度ですので、仮処分と本訴又は労働審判を同時に提訴することも可能です。一般的には、仮処分手続の中で行われる和解で紛争解決が図られることが少なくないことから、本訴との関係では、まず仮処分の申立を行い、仮処分決定を得て（もしくは仮処分を取り下げて）から、本訴を提起する場合が多いといえますが、制度上は、仮処分と本訴、労働審判を同時に提起しても構いません。

3　保全の必要性、保証金

仮処分はあくまで、仮の救済手続にすぎませんので、仮処分が認められるためには、保全の必要性（緊急の必要性）が必要です。

解雇事件の場合でいうと、労働者は解雇されて賃金を得られなくなりますから、それによって生活ができなくなることが保全の必要性ということになります。ですから、会社から得る賃金のほかにも、アパート経営をしていて家賃収入があったり、相当な額の預金があるなどして生計を維持できるような場合には、仮に解雇が無効だと判断されても、保全の必要性がないという理由で申立が却下されることがあります。また、賃金減額のケースで、減額された賃金が１、２割程度で、現実に支給されている賃金で生計が維持できるような場合にも、賃金減額が無効と判断されても、保全の必要性がないとして申立が却下されることがあります。

なお、通常の民事事件においては、仮処分決定を出す場合には、申立人に対して保証金を積ませるのが一般ですが、労働事件では保証金を積まされることはありません（例えば、解雇の場合、生計が維持できなくなるという緊急の必要性に基づき仮処分決定が出されるわけですから、保証金を積ませたのでは仮処分決定を出す意味がなくなってしまうからです）。

4　立証上の制限

仮処分では証人尋問は行われません（以前は、仮処分でも証人尋問を実施していましたが、現在では証人尋問を行う扱いをしている裁判所はないようです）。証人尋問に代えて、当事者や準当事者・参考人（会社の人事担当者等）に対する審尋と、陳述書に基づき判断がされます。証人尋問では、反対尋問をする機会があるので、証人の証言内容や陳述書（本訴でも陳述書が提出され、それに基づき証言することが大半です）の記載内容の信憑性をテストすることができますが、仮処分ではそれはできないことになります。

労働事件では、書面化された証拠があることはそれほど多くなく、労働者の勤務ぶりなど、労働現場における「生の事実」に基づき法的判断がされるケースが数多くあります。ところが、労働組合がないような職場では、会社からの圧力を恐れて、当該労働者のために証言したり、陳述書を作成してくれる上司や同僚を見つけだすことは至難の技です。その一方、会社にとっては、当該労働者の上司や同僚に、会社に有利な内容の陳述書を作成させることはさほど難しいことではありません。実際の事件でも、会社側が同僚や上司の陳述書を数多く提出してくることは稀ではありません。

ですから、反対尋問により陳述書の記載内容の真実性をテストできない仮処分では、会社側から数多くの陳述書が提出されてきた場合、労働者側には立証上の工夫が求められることになります。場合によっては、仮処分の申立を取り下げて、本訴での決着を目指すことになります（なお、本訴の場合と異なり、仮処分を取り下げるには相手方の同意を得る必要はありません）。

5　審理期間

このように、仮処分では証人尋問を行いません。また、仮処分は緊急の必要性がある場合に仮の救済を与えることを目的としていますから、本訴の場合に比べて、進行も早くなります。

現在の東京地裁の場合でいうと、申立後２週間程度で、第１回期日が開かれ、その後、概ね２週間に１回程度のペースで期日が入り、早いと３カ月、長くても６カ月程度で結論（決定）が出されているようです。以前は、仮処分でも証人尋問を行っており、仮処分決定が出るまで１～２年かかる例もあり、「仮処分の本案化」などといわれていた時代もありますが、現在では、そのようなことはありません。ただし、地方によっては、仮処分決定が出るまで６カ月程度もしくはそれ以上かかるところもあるようです。

6　和解による紛争解決

仮処分手続の中で、和解によって終局的な紛争解決が図られることも少なくありません。例えば、解雇の場合、会社が解雇を撤回して労働者を職場に戻したり、退職する代わりに一定の経済的補償を得て紛争を解決するなどの内容で紛争が終局的に解決されるわけです。

なお、解雇事件で、職場に戻らず金銭の支払いを受けることで紛争解決する場合の解決水準は、裁判外紛争解決システムによる場合に比べて高くなるのが現実です。この点については、❸を参照してください。

7　起訴命令と仮処分異議

仮処分は、あくまで仮の救済を与えるものにすぎませんので、仮に労働者の申立を認める決定が出されても、紛争が終局的に解決されるわけではありません。そこで、労働者の申立を認める決定が出された場合、使用者は労働者に対して、本訴を提起するよう求めることができます（これを起訴命令といいます）。裁判所によって起訴命令（２週間以上の、一定期間内に本訴の提起を命ずる－民事保全法37条）が出されたにもかかわらず、その期間内に本訴を提起しない場合には、仮処分決定は相手方の申立により、取り消されることになります。

また、申立を認める仮処分決定そのものに対して、不服申立をすることもできます（仮処分異議）。しかし、労働審判に対する異議とは異なり、異議が出されたこと自体で仮処分決定の効力が失われることはありません。異議審の裁判所が仮処分決定を取り消して初めて仮処分決定の効力が失われることになります。なお、異議が退けられた場合にはさらに抗告をすることができます。また、申立を退ける仮処分決定に対しては、即時抗告をすることができます。

2　本訴

1　終局的な紛争解決機能を持つ本訴

仮処分が緊急の必要性（保全の必要性）に基づき仮の救済を与える制度であるのに対して、本訴（本案訴訟）は、終局的に紛争を解決するための手続です。したがって、仮処分で要求される緊急の必要性（保全の必要性）は問題になりません。また、証人尋問が行われますので、仮処分におけるような立証上の制限が問題になることもありません。

２　審理期間（最近の運用状況）

仮処分の項でも述べたとおり、労働事件では、書面化された証拠があることはそれほど多くなく、労働者の勤務ぶりなど、労働現場における「生の事実」に基づき法的判断がされるケースが数多くあります。したがって、法的判断の前提となる事実認定に際して、関係者（職場の上司や同僚）、当事者（労働者本人）の証言内容が重要な意味を持つことになり、一般の民事紛争に比べて多くの証人を取り調べることになります。

このことを反映して、労働事件の審理は長期化する傾向にありました。東京地裁の例でいえば、証人尋問を行う期日が３カ月に１回程度しか入らず、１回あたりの時間も２時間（長くて３時間）程度でした。証人尋問は、まず申請をした側の弁護士が主尋問を行い、次に相手方の弁護士が反対尋問をして、最後に聞き足りないと思っている点があれば、裁判官自らが尋問するという順序で行われますが、例えば、ある証人について主尋問、反対尋問をそれぞれ２時間やると、１人の証人を調べるだけで半年ぐらいかかってしまいます。双方が複数人の証人をたてると、本当に気の遠くなるほどの時間がかかってしまっていたわけです。

しかし、現在では、裁判所も審理の迅速化を図っており、証人尋問は「集中証拠調べ」方式で行われています。この集中証拠調べ（民事訴訟法182条）では、例えば、午前10時から午後４時くらいまで時間をとり、１日で複数の全証人の尋問をやってしまいます。また、１日で終わらせることが困難な場合には、１回目の証人尋問期日の１～２週間後に２回目の尋問期日を入れて、その日のうちに終わらせるという運用がされています（ただし、事案によっては集中証拠調べ方式によらないケースもあります）。その結果、解雇事件でも、単純な事案であれば、１年に至らないで結論が出るということも多々ある状況になってきています。

３　和解による解決

本訴においても、事件が和解によって解決されることがあるのは、仮処分の場合とまったく同様です。本訴の場合、当事者の意向にもよりますが、弁論（主張の整理）を終えて証人尋問に入る直前の段階、証人尋問を終えて判決をする直前の段階で和解が試みられるのが通常です。

3　裁判上の和解における解決水準と裁判費用

1　裁判上の和解

以上のように、裁判手続を利用した場合、それが仮処分であるか本訴であるかを問わず、和解によって紛争が解決されることがあります。この和解は、あくまでも話し合いをベースとするもので、裁判官が当事者に対して和解に応じるよう強制することはできません。

例えば、解雇事件で、「会社に一定の金銭を支払わせるのと引き換えに、労働者が会社を退職する」という和解を試みても、労働者が退職することを拒んだり、あるいは労働者が退職することを受け入れる場合でも会社が金銭の支払いを拒んだり、さらには金額についての折り合いがつかなければ、和解は成立せず、裁判所が和解案を受け入れるよう当事者に強制することはできません。この限りにおいては、裁判上の和解は、裁判外の紛争解決システムにおけるあっせん等と異ならないことになります。

しかし、裁判上の和解の場合、もし和解が成立しなければ、強制力を有する判決や決定が出される点で、裁判外紛争解決システムとは決定的に異なっています。すなわち、和解が成立しない場合、裁判官は判決、決定として紛争に対する判断（例えば、解雇が有効であるか無効であるかについての判断）を下すことになりますから、そのような判断を前提に当事者を説得することができるわけです。

2　裁判上の和解における解決水準

例えば、解雇事件で、解雇無効の心証を抱いている場合、もし労働者が金銭による解決を受け入れる旨を明らかにしていれば、裁判官は、「和解しないのだったら判決を出しますが、判決の見通しは会社にとって厳しいものになりそうです。ですから、判決をするよりも、１年分の賃金相当額程度の金銭を支払って退職してもらう方が得策ではないですか」といった形で会社側を説得ができるわけです。逆に、解雇が有効であるとの心証を抱いている場合には、「ゼロで終わるくらいなら、いくらかでももらって解決した方がよいのではないですか」と労働者を説得することになります。要するに、裁判上の和解の場合、単に当事者の意向に基づきあっせんをするのでなく、強制力を持つ判決、決定を背景として、判決、決定の見込みに応じて、紛争の実態に見合った解決水準が得られることになるわけです。

解決水準は、案件によってバラバラで、それを基準化することはできませんが、解雇事件を金銭で解決する例でいえば、「労働者が勝訴することを前提として、仮処分の場合では１年分の賃金相当額程度は払ってもらうことにしています」という考え方の裁判官もいます。本訴をやって、時間がかかっているような案件ではバックペイ（解雇時から解決時までの賃金）の支払いも受けられます。例えば結論が出るまで１年半かかったとすると、過去の１年半分の賃金に、あといくら上積みできるかという話になってきます。上積み分として２～３年分ぐらいの賃金相当額を得て解決するという例も決して珍しくありません。

逆に、労働者側が厳しい見込みを示されても、ゼロで終わるというケースはあまりないようです。話がまとまらず判決になって敗訴すれば、労働者はゼロで終わるわけですが、和解によって紛争が終局的に解決される（争いがなくなる）ことは会社側にとっても意味のあることですから、１～３カ月程度の賃金相当額を出すように裁判所が説得をしてくれる例も多いといえます。

以上のように、解決水準という面では、裁判は裁判外紛争解決システムに比べて非常に高い水準にあるということができます。

3　訴訟のために要する費用

本訴では、訴状を提出するときに収入印紙を貼付します。この印紙額は、訴訟により請求する内容（訴訟物）の価額によって決定されます。例えば、解雇事件の場合、160万円もしくは解雇から提訴まで（過去分）の給料に１年分の給料を加えた額のいずれか高い額が訴訟物の価額となり、これを基準に印紙代を決めることになっています。訴訟物の価額が500万円の場合ですと、３万円の印紙代がかかります。

また、仮処分では、その内容如何にかかわらず2,000円がかかります。これ以外にも、切手代がかかることになります。

なお、弁護士を依頼すれば、別途弁護士費用がかかることになります(弁護士費用については従来、弁護士会の報酬基準があったのですが、現在ではこの基準は撤廃されており、個々の弁護士が自由に基準を決められることになっています)。

4　仮差押え、先取特権に基づく差押え

1　労働債権の取立手段

これまで述べてきた裁判上及び裁判外の紛争解決システムは、いずれも当事者間の権利義務関係に争いがある場合に活用されるものです（ただし、労基署による監督行政は、使用者に労基法違反という公法上の義務違反があることを前提として行われますので、性格を異にします)。

その一方、賃金や退職金などの金銭支払いを内容とする労働債権を支払うべき使用者の義務の存在については争いがないにもかかわらず、使用者がこれを支払わないことがあります。経営状況が悪化したり、事実上の倒産に至るなどして、支払能力（支払原資）が乏しい場合がこれにあたります。このような場合には、労基署が指導や是正勧告を出しても、「払いた

くても払えない」という対応をされることがほとんどで、監督行政は有効に機能しません。そこで、いかにして労働債権を確保するかが問題となります。

このような場合には、裁判所の仮差押えによる資産保全措置や、先取特権に基づく本執行（取立）をする必要があります。

2　保全処分としての仮差押え

仮差押えは、使用者の一般財産の現状を維持し、これに対する将来の強制執行を保全するための手段です。現実に労働債権を回収するためには、債務名義（支払命令、判決など）を得た上で、もしくは先取特権に基づくなどして、改めて強制執行（本執行）の手続をとることが必要となります。

仮差押えの申立を行うに際しては、「被保全債権」（未払い賃金等の労働債権が存在すること）と「保全の必要性」（仮差押えをして資産保全をしなければ、将来、労働債権の取り立てが不可能になること）を明らかにし、これを裏付ける資料（疎明資料）を提出する必要があります。裁判所は、これらの事実が明らかにされていると考えれば、仮差押命令を発します。

ただし、仮差押命令が発令されるには、保証金が必要となります。労働債権の場合は、債権額の５％から10％という比較的低額で申立が認められる例が多いようです。なお、仮差押手続においては、申立日もしくはその翌日には保証金の額が決められ、その保証金が供託等されたことを証明する文書（供託書等）が提出されたのちに、仮差押命令が発令されることになります（最短でいけば、申立当日に発令されます）。

3　先取特権の実行としての強制執行

使用者との雇用関係に基づいて生じた債権を有する者（労働者）は、会社の総財産の上に先取特権を有します（民法306条２号、308条）。この先取特権に基づき、労働者は使用者の財産に強制執行（本差押え）をすることができます。

この先取特権の実行としての強制執行は、①債務名義（支払命令や判決など）を得なくてもできる強制執行であるという点、②仮差押えのような保全処分と異なり、終局的な債権の回収である点、③仮差押えのように保証金を要しない点、④他の一般債権（優先権のない債権）と差押えが競合した場合に、優先的に配当を受けられる点、などにおいて労働者にとって極めて大きなメリットをもつ制度です。

しかし、先取特権に基づく差押えを申し立てるに際しては、「担保権の存在を証する文書」（先取特権の証明文書）を裁判所に提出することが必要となります（民事執行法181条１項４号、190条２項、193条１項）。要するに、労働者が労働債権を有していることを明らかにすることが求められるわけです。仮差押えの場合は、それが当面の財産保全措置にすぎないこと、保証金を預託した上で発令するものであるに対して、先取特権の実行としての強制執行は終局的に債権の回収を認めるものなので、仮差押えの場合に比べ、労働債権の存在についてより厳格な証明を求められることになります。ただ、民事執行法は、先取特権の実行について、どのような資料が必要であるかについて何ら規定しておらず、その判断は裁判官の心証に委ねられることになります。したがって、申立に際しては、労働債権を有していることを裏付ける資料をできる限り多く提出するのが無難です。例えば、月例賃金の未払いについては、過去の給与明細書、給与辞令、賃金台帳、未払賃金等労働債権確認書、離職票、賃金規程、賃金に関する労働協約、労働契約書、労働者名簿、社員住所録、健康保険・厚生年金被保険者資格喪失確認通知書、源泉徴収票等などが考えられます。

なお、先取特権に基づく差押命令は、仮差押命令のように、申立の当日に差押命令が発令されることは稀で、申立から発令までは早くても３、４日かかるのが実情です（もっと長い時間がかかることもあります）。したがって、会社の有する唯一の資産が売掛債権であり、その支払期日が迫っているなど特に緊急を要する場合には、とりあえず仮差押えの申立をしておく必要があります。

4　債務名義に基づく強制執行

既に判決（確定判決もしくは仮執行宣言付判決）、支払命令、公正証書などの債務名義を得ている場合には、これに基づき強制執行（本執行）を行うことも可能です。ただし、債務名義に基づき通常の強制執行をすると、一般債権者による差押えと競合した場合、優先権を主張することができなくなります（東京高判平12.3.16判タ1103号）。したがって、これら債務名義を有するときには、一般の差押えでなく、これら債務名義を「担保権の存在を証する文書」（先取特権の証明文書）として先取特権に基づく差押えとして申立をすべきでしょう。

第4　労働審判制度との選択

最後に、現実の紛争に直面したとき、労働審判制度、裁判外紛争解決システム、他の裁判制度（本訴、仮処分）のいずれを選択すべきなのかについて見てみたいと思います。

1　労働基準監督署などの監督行政との選択

労基署の監督行政（指導、是正勧告）が威力を発揮するのは、賃金や残業代未払いですが、これは刑罰の威嚇を背景として使用者に違法状態を解消させることを目的とする行政上のものであり、当事者間の権利関係の確定により紛争を民事的に解決する裁判や裁判外紛争解決システムとは性格を異にします。したがって、労基署に対して労基法違反の申告（労基法104条）をして監督権限の発動を求めることと、他の紛争解決システムを利用することとは並立し得ることになり、その両者を同時に用いることも可能です（ただし、厚生労働省が実施する紛争解決システムにおいては、労基法違反などの法違反がある場合には、紛争調整委員会のあっせん等によることなく、監督行政により是正を図るものとされています）。

もっとも、監督行政により違法状態が完全に解消されれば、他の紛争解決システムを利用する必要はなくなります。例えば、未払い賃金等が全額支払われれば、未払い賃金等の支払いを受けたいという労働者の目的は達成されますので、他の紛争解決システムを利用する必要はありません（既に申立をしていれば、申立を取り下げることになります)。

他方、労基署等の指導、是正勧告にもかかわらず、違法状態が解消されない場合には他の紛争解決システムを利用せざるを得ないことになります。また、解雇、配転の有効性が争われるような紛争では、そもそも監督権限が発動されませんので、これらの紛争では労働審判制度を含む他の紛争解決システムの利用を考えることになります。

2　裁判外紛争解決システムとの選択

そこで、民事紛争問題を解決しようとするときに、労働審判制度と裁判外紛争解決システムのいずれを選択するかについて見てみたいと思います。

1　裁判外紛争解決システムの特徴

第2 7〈174頁〉で述べたとおり、裁判外紛争解決システムは、紛争当事者の間に入って、話し合いによる紛争解決を促進するだけのものであり、当事者間で話し合いがまとまらなかった場合に紛争を強制的に解決する権限・機能(判定機能)を持ちません。

この点が、紛争を強制的に解決する権限を有し機能を営む裁判(本訴、仮処分、労働審判)との決定的な違いです。したがって、同じく話し合いで紛争を解決する場合であっても、本訴、仮処分で行われる和解と比べて解決水準が低くなる傾向にあります。

2　労働審判制度を活用する場合

その一方、労働審判制度は、話し合いにより紛争解決を図る調停機能とともに、調停がまとまらなかった場合に、通常訴訟の判決に相当する審判により紛争解決を図る判定機能を持っています。しかも、この審判は「権利関係を踏まえて」出されることになっていますので、裁判外紛争解決システムのように、単なる譲歩による歩み寄りを内容とするものではありません。したがって、単なる譲歩に基づく「足して2で割る」ような解決ではなく、権利義務関係を踏まえた適正な水準での解決を望むときは、労働審判制度を利用すべきでしょう。

なお、労働審判は、異議が出されるとその効力が失われ、通常訴訟に移行することになりますので、通常訴訟（本訴）や仮処分に比べて、紛争解決に対する強制力は弱いことになります。しかし、異議を出した場合、通常訴訟に移行することになりますので、訴訟に要する労力、時間や費用（弁護士費用）の観点から、労使双方が審判によることなく調停で紛争を解決しようとするケースが数多くみられます（調停による解決率は約7割です）。したがって、当事者間の対立が鋭く、異議が出されることが明らかであるような場合を除き、異議のことを考えて労働審判の申立をためらう必要はありません。

3　裁判外紛争解決システムを活用する場合

第2❼3〈175頁〉で述べたとおり、裁判外紛争解決システムには、①手続が簡易で、紛争が迅速に解決できること、②低廉な費用で済むというメリットがあります。

まず、迅速性についていうと、労働審判制度の場合、3回以内の期日ですべての手続を終えることになっており、以前は7割以上が3カ月以内に手続を終えていました（ただし、2021年の統計では、3か月以内に手続を終えた率は、57.4％となっており、以前に比べて、やや長期化しています）。また、第1回期日は、申立から40日以内に開かれることになっており（則13条）、第1回期日から調停（話し合いによる紛争解決）が試みられるのが通常です。そして、当事者間の争いがそれほど大きくない場合には、第1回期日で調停が成立し、紛争が解決されることも珍しくありません（2021年の統計では、32.9％が第1回期日で手続を終えており、そのうちの約7割5分は調停成立により手続を終えたものです）。したがって、紛争解決の迅速性という観点からは、裁判外紛争解決システムと何ら遜色がないことになります。

ただし、手続の簡易性については、若干の問題があります。労働審判制度は、個別労使紛争を簡易、迅速な手続で解決することを目的とする制度ですので、本来、弁護士等の法律専門家を代理人とすることなく、労働者本人が申立をして、手続を追行できるよう運用されるのが望ましいといえます。しかし、労働審判制度では、調停が成立しない場合には、「権利関係を踏まえた」判断（労働審判）が出されますので、権利関係を踏まえた主張やそれを裏付ける証拠を提出する必要が出てきます。したがって、通常訴訟のように厳格にはならないにせよ、一定の主張、立証活動が必要になってきます。

このようなことから、労働審判では弁護士の代理人を付けることが必要不可欠だとする指摘もあります（なお、2021年の統計によると、代理人をつけない本人申立の比率は10％です）。

労働審判制度がスタートして16年以上がたち、労働審判制度は労使紛争解決手段として定着しています。今後は、労働者本人が気軽に申し立て、自ら手続を追行できるような制度にする工夫が求められてもよいと思われます。

費用の点については、労働局の紛争調整委員会、労働委員会、労政主管事務所が行っているあっせんの場合、費用はゼロで済みます。それに対して、労働審判制度の場合は、申立に際して一定の手数料がかかります（詳しくは、46〜48頁参照）。ですから、紛争に係る経済的利益がそれほど大きくなく、まったく費用をかけないで紛争を解決したいと考えるときには、これらの裁判外紛争解決システムを利用することが考えられます（その一方、弁護士会の仲裁・あっせんでは、一定の費用がかかりますし、認証ＡＤＲの場合も費用がかかることがあります）。

3 裁判（本訴、仮処分）との選択

1　本訴との選択

労働審判制度は、3回以内の期日で手続を終了するものとされ、以前は7割以上のケースが3カ月以内で手続終了となっていました（ただし、2021年の統計では、3か月以内に手続を終えた率は、57.4％となっており、以前に比べて、やや長期化しています）。このような実情を踏まえれば、労働審判は本訴に比べ格段に迅速であるといえます。また、労働問題について実務的な経験を有する労使の労働審判員が関与することにより、紛争の実情に即した適正な解決が図られることも期待できます。このようなメリットを考えれば、本訴にかえて、労働審判制度を活用することが考えられます。

ただし、当事者間の対立が鋭く、労働審判が出されても当事者のいずれかが異議を出すことが確実視されるような案件（例えば、労働者が職場復帰による解決を望み、金銭的な解決は一切受け入れられないとし、使用者側が職場復帰は絶対に認められないと主張しているようなケース）では、異議により結局は本訴に移行しますので、労働審判ではかえって迂遠ということになります（なお、異議が確実視されるような場合でも、審判の申立がなされたときは、24条終了をするのでなく、審判手続を進めるべきであることについては33頁参照）。したがって、このような案件では労働審判でなく、本訴や仮処分を選択することを考えるべきでしょう。

また、複雑な事案として、労働審判法24条1項により手続終了が見込まれるもの（**第2編第4 3**〈123頁以下〉参照）についても、事件は本訴に移行することになりますので、労働審判で審理するには複雑過ぎると考えられる事件については、はじめから本訴を提起すべきと思われます。

2　仮処分との選択

まず、仮処分の場合、利用できるのは、緊急の必要性（保全の必要性）がある場合に限られますので、解雇、配転や大幅な賃金切下げ等の事案以外では、活用できません。

また、本訴について述べたように、当事者間の対立が鋭く、労働審判が出されても当事者のいずれかが異議を出すことが確実視されるような案件では、労働審判制度を活用することはかえって迂遠になると思われます（ただし、実際に異議が出されるかは、実際に申立をしてみなければわからない面もあり、手続が進められるなかで、考えが変わることもあり得ます。ことに労働審判員からの説得により考えが変わることは十分に考えられます）。したがって、このようなケースで解雇により生計の維持が困難になる場合には、仮処分を活用すべきでしょう。

解雇事件で、労働者が、退職を前提に一定の金銭を得ることで解決してもよいと考えている場合に、労働審判を活用するか、仮処分を用いるかは考えどころです。労働審判制度の場合、申立から40日以内に開かれる第１回期日で調停が行われ、３カ月以内での解決が見込まれますが、仮処分の場合も、申立から２週間程度の後に第１回の審尋期日がもたれ、案件によっては第１回目から和解が試みられることもあります。また、早ければ、３カ月程度で仮処分決定が出されることもあります。したがって、迅速性の観点からは甲乙つけがたいともいえます（ただし、地方によっては、仮処分での結論が出るまで６カ月以上の期間を要するところもありますので、そのような地方では労働審判の方が迅速性において優れているといえます）。

労働審判や仮処分決定に基づいて紛争が解決することもあれば、本訴に進むこともあります。仮処分の場合はあくまで仮の救済ですので、その後本訴を提起する必要があります。一方、労働審判申立時に異議が出されることが確実視されていないケースでも調停が成立せず、かつまた審判に対して異議が出されることも考えられます。そうした場合には、自動的に本訴に移行しますが、生計に不安のある場合には、その時点で新たに仮処分の申立をする必要が出てきます。その一方、仮処分手続の中でも和解により事件が終局的に解決することも大いにあり得ます。このようにしてみると、紛争解決の実効性についても、優劣はつけがたいことになると思われます（ただし、労働審判は異議が出されれば失効するのに対して、仮処分決定は異議が出されただけでは失効せず、これに基づく強制執行ができる点に大きな違いがあります）。

ただ、手続面から見ると、仮処分の場合は書面による審理が中心であるため、相手方への反論を含め、相応の分量の準備書面や陳述書を作成しなければならず、かつまた、証人尋問も行われないため、事案の真相に迫れないことも往々にしてあります。一方、労働審判制度の場合は、期日における口頭での釈明等が活用されますし、審尋（人証調べ）を行えるという利点があります。すなわち、書面作成の負担や、事案の真相にそった解決の観点からは労働審判制度の方がメリットが大きいと評価できます。その一方、手続費用の観点からは、印紙額が2,000円で済む仮処分の方が低額になるのが通常でしょう（2,000円で申し立てられる労働審判は、訴額が40万円までです）。

上記のような諸要素を踏まえて、仮処分を選択するか、労働審判制度を選択するか、適宜決めればよいでしょう。なお、労働審判での解決の見込みがそれほど高いと思われない場合は、労働審判と並行して仮処分の申立も行い、まず労働審判手続を進めてみて、その手続で提出された主張や証拠を随時仮処分手続にも提出することを検討してもよいかもしれません。

労働審判で調停が成立せず、労働審判が出された場合、それが勝訴の審判（例えば、解雇事案で解雇無効を前提に地位確認を認める審判）であれば、審判書を仮処分の疎明資料（証拠）として提出する、といったことも考えられます。

第４編

労働審判申立書の書き方

はじめに

初版では、労働者本人でも申立書が書けることを念頭にチェック方式の申立書として、解説を加える方法を採りました。しかし、著者らの意図は実らず、チェック方式の申立書は普及しませんでした。

そこで、第２版では、現在広く使われている申立書の様式を、最も事件数が多いと想定される解雇・雇止め事件についてまず載せることとしました。申立書の書式に決められたものはありません。要は、事案の実状に即して、労働審判法（５条２項）及び労働審判規則（９条１項、２項）に定められた記載事項を労働審判官及び労働審判員にわかりやすく伝えるにはどう工夫するか、申立人はどんな解決を望むのかがキチンと伝わるかに尽きます。

そして、チェック方式申立書はそのまま残すこととしました。チェック方式の方が、事実を確認し、法的判断を下すのに必要な事項が明確に読者に伝わると考えるからです。読者の皆さんが、チェックすべき事項がもれなく記載され、工夫をこらした申立書を作成されんことを期待する次第です。

記載例　通常の労働審判申立書（解雇・雇止め無効を主張する場合）

労 働 審 判 申 立 書

当事者の表示　　別紙当事者目録記載のとおり（略）

２０２３年１１月１０日

申立人代理人

弁 護 士　〇　〇　〇　〇

東京地方裁判所　民事部　御中

地位確認等労働審判申立事件

訴訟物の価格　　金１６０万円[注1]

貼用印紙の額　　金６，５００円

申 立 の 趣 旨[注2]

１　申立人が相手方に対し、労働契約上の権利を有する地位にあることを確認する。

２　相手方は申立人に対し、令和５年１１月以降、毎月３０日限り、金２６１，０００円を支払え。

３　相手方は申立人に対し、金４４万円及びこれに対する令和５年６月１１日から支払済まで年３％の割合による金員を支払え[注3]。

４　相手方は申立人に対し、各種社会保険の被保険者たる資格を、令和５年４月２１日に遡って回復する手続を行え[注4]。

５　申立費用は相手方の負担とする。

との労働審判を求める。

申　立　の　理　由

本件の概要（注5）

本件は、１８年間正社員として勤務し、その後契約（１年）社員に切り換えられ、さらに業務委託契約とされた申立人が、委託契約期間満了として「雇止め」された事案である。

第１　当事者

(1)　申立人は、１９９８年１月、正社員として相手方に入社した者であり、当初は総務部庶務課に配属され、その後、住宅営業本部、経理管理室を経て、育児休業終了時の２０１０年４月、社長室広報・ＩＲグループに配属された者である（甲１）。

２０１６年３月、業務の縮少ということで、解雇されたくなければ契約社員になれ、それならば定年までの雇用は約束すると上司及び人事から申し向けられ、申立人は、雇用確保のため、やむなくこれに応じ、１６年４月２１日以降、１年を雇用期間とする労働契約の更新を重ね、２３年２月に至った。この間、一貫して「本社における法務、広報・ＩＲ他に関する業務」に従事してきた（甲２）。

２３年２月、相手方は、「契約社員は全員今度の期間満了を以て雇止めとする。ただし、あなたについては、半年間のみ業務委託として契約し、その間に転職をあっせんする」と通告し、２３年４月３日、２３年４月２１日から１０月２０日までを期間とする別紙１のとおりの「業務委託契約書」にサインをさせられた（甲３）。

しかし、相手方は転職あっせんを全く行わず、９月１８日、別紙２のとおり「経営状況悪化による会社都合」として、契約を更新しない旨文書で申立人に通知した（甲４）。

(2)　相手方は、○○グループの大手機械メーカーであり、○○が筆頭株主として過半数の株式を所有している。○○材料などで世界トップシェアを誇り、資本金２００億円余、売上（連結）６，８８６億円、従業員（同）１８，０００人余である。

第２　争点

1　当事者間の契約は、労働契約か請負契約か

2 「経営状況悪化」を理由とする雇止めは有効か

第３　本件契約は労働契約である

当事者間の契約は２３年４月２１日を以て形式上・文書上、労働契約から業務請負契約に切り替えられた。

しかし、その前後を通じて申立人が担当する業務の内容（具体的には、法務グループが管理する諸会議資料のデータベース化業務）は全く不変であり、業務委託契約書上でも、勤務場所は「法務グループ事務所」、業務遂行時間は「本社の就業日の午前９時より午後５時３０分まで」と固定され、勤務状況の報告が求められ、これを法務担当部長が承認しており（甲５）、委託料と直前の月額賃金は同一額（２６１，０００円）であり、通勤費は相手方負担である（甲３）。

毎週、「法務グループの今週の行動予定」がメールで配信される外、例えば、「一斉年休行使のお知らせ」「本社衛生委員会ニュース」等々従業員と同一のメールが配信されてくる（甲６）。

以上の事実に加え、長い勤続期間（２５年）、正社員→契約社員→委託契約のそれぞれの経緯等を含め、本件契約の実質は、相手方の指揮命令の下に労務を提供するものであって、明らかに労働契約である。

第４　雇止めは解雇権濫用であり、無効

申立人の業務の内容、これが多くの秘密事項を含む重要な、基幹的かつ継続的な業務であること、この業務が今後も相手方にとって必要不可欠な業務であること（申立人は正社員等への引継ぎを命じられている）、申立人の地位の変更とその経緯、契約更新の回数及び経過等からして、本件契約には解雇権濫用法理（労契法１６条）が類推適用されるべきところ、相手方は「経営状況悪化」を理由として、契約更新を拒絶しているが、相手方は人員整理をなさなければならないよう

な経営状況にはない。整理解雇の必要性自体が存在しないのである。

これに加えて、相手方は業績の大幅改善にもかかわらず、何ら解雇（雇止め）回避措置を採らず、申立人との協議はおろか、説明すら全くなしていない（甲４（契約終了通知）は申立人の強い要求により、ようやく交付されたものである）。

第５　賃金等

⑴　賃金

相手方の賃金は２０日締め３０日払である。申立人の賃金は、月額２６１，０００円である（甲２の７）。

⑵　期末手当

相手方は毎月６月１０日及び１２月１０日に期末手当を支給しており、申立人の約定支給額はそれぞれ４４万円であった（甲２の７）。しかし、２３年６月１０日の期末手当４４万円は未払である。

⑶　社会保険

相手方は２３年４月２０日を以って資格喪失した旨の届けを健康保険組合及び年金事務所になしたため、申立人は国民健康保険及び国民年金に切替えざるをえなかった。

第６　交渉の経緯

９月１８日の文書通告後、申立人は、○○ユニオンに加入し、同ユニオンは相手方に対し、申立人の雇止めを議題として団体交渉を再三申入れたが、相手方は、申立人との契約は雇用契約ではないので、団体交渉に応じるべき立場にはないとして、これを拒否し続けている。

第7　結論

よって、申立の趣旨記載の労働審判を求めるべく、本申立に及ぶ。

証　拠　方　法(注6)

甲第1号証	職歴表
甲第2号証の1～7	労働契約書
甲第3号証	業務委託契約書
甲第4号証	契約終了に関する通知書
甲第5号証の1～6	勤務状況
甲第6号証	社内メール

添　付　書　類

1	申立書（写）	4通
2	甲各号証	各2通
3	資格証明書	1通
4	訴訟委任状	1通
5	証拠説明書	4通

（注1）

訴訟物の価格については**第1編第4❶5**〈47頁〉を参照してください。

（注2）

申立書の書き方全般については**4**（雇止め）（229頁以下）を参照してください。

（注3）

本件「請負」契約が「労働」契約であれば、当然に約定されたはずの、夏の期末手当（第5(2)）を請求するものです。

（注4）

本件は「労働」契約から「請負」契約への切替えに伴い、社会保険資格も奪われたので、この回復を求めるものです。通常の解雇・雇止め事件では、「労働契約上の権利を有する地位」の請求にこれらも含まれているので、わざわざ別個に請求する必要は、通常、ありません。

（注5）

どんな事件で、何が法的に問題となるのかを、まず知らせるための記述です。これがある方が申立の理由を読むにあたって想定される争点との関連を意識しながら読んでもらえるので、必要に応じて、「概要」を簡潔に記述した方がよいと思います。

（注6）

証拠説明書を提出する場合は不要です。

証拠説明書はできるだけ提出すべきと思います。

1　申立書のとびら

1　代理人（弁護士）をつけない場合

記載例

労働審判申立書

事件名　**退職金**労働審判申立事件
○○地方裁判所民事部　御中

申立人		〒○○○－○○○○ 住　所　○○**県**○○**市**○○**町1の2の3** 氏　名　○　○　○　○　印 TEL　○○－○○○○－○○○○　FAX　○○－○○○○－○○○○
	送達場所などの届出	申立人に対する書類の送達は、次の場所に宛てて行ってください。 **上記住所**等 勤務先　名　称 住　所 TEL　－　－ その他の場所　（申立人等との関係　） 住　所 TEL　－　－
		申立人に対するその他の書類の送達は、次の人に宛てて行ってください。 氏　名
相手方		〒○○○－○○○○ 住　所　○○**県**○○**市**○○**町4の5の6**　○○**ビル2階** 氏　名　**株式会社　○○商事** **代表者　代表取締役**　○○　○○　印 TEL　○○－○○○○－○○○○　FAX　○○－○○○○－○○○○

申立ての価額	**256万3,750**円
手数料	**9,000**円

印　紙	円	印
予納郵券	円	

受領印

収入印紙

2　代理人（弁護士）をつける場合

記載例

労働審判申立書

事件名　**地位確認等労働審判申立**事件

○○地方裁判所民事部　御中

申立人		〒○○○－○○○○ 住　所　○○県○○市○○町7−8−9 氏　名　○　○　○　○　　印 TEL　○○－○○○○－○○○○　FAX　○○－○○○○－○○○○
申立人	代理人	〒○○○－○○○○ ○○県○○市○○町1−2−3 ○○ビル○階 ○○○○法律事務所（送達場所） TEL　○○－○○○○－○○○○ FAX　○○－○○○○－○○○○ 弁護士　○　○　○　○
相手方		〒○○○－○○○○ 住　所　○○県○○市○○町4−5−6 氏　名　○○○○有限会社 代表者　代表取締役　○○　○○　　印 TEL　○○－○○○○－○○○○　FAX　○○－○○○○－○○○○

受領印

申立ての価格　**160万**円

手数料　**6,500**円

印　紙	円	印
予納郵券	円	

収入印紙

2　地位確認請求

1　普通解雇

(1)　記載例

申立の趣旨

1　申立人が相手方に対し、労働契約上の権利を有する地位にあることを確認する。

2　(1)　相手方は、申立人に対し、令和5年3月末(注1)日から毎月末(注2)日限り金300,000円及びこれらに対する各支払期日の翌日から支払済まで年3パーセントの割合による金員を支払え。(注3)

　(2)　相手方は、申立人に対し、令和5年7月1日から毎年7月1日と12月1日限り、金600,000円を支払え。(注2)

3　申立費用は相手方の負担とする。

との労働審判を求める。

申立の理由

1　労働契約の成立（甲第1号証）

(1)　採用年月日　2017年4月1日

(2)　期間の定め　☑なし　□あり（　　カ月／　　年）(注4)

2　相手方の形態

(1)☑株式会社　□有限会社　□個人企業　□その他（　　　　）(注5)

(2)　従業員数　約70人

(3)　資本金　金2,000万円

(4)　その他

3　相手方の営業内容（会社の目的）（注６）

婦人服の製造、販売等

4　労働契約の内容

(1)　申立人の仕事の内容

経理事務

(2)　賃金（甲第３、７号証）

☑月給　☐日給　☐時給　300,000円

支払期日　☑　毎月25日締め　☑当月／☐翌月　末日支給

☐　その他（　　　　　　　　　　　　　　　　）

(3)　直近１年間に支払われた賞与（甲第３、８号証）

2022年７月１日支給分600,000円

2022年12月２日支給分600,000円

賞与の通常の支給日

毎年７月１日（~~ころ~~）

毎年12月１日（~~ころ~~）

5　解雇通告

(1)　解雇を予告された日　2023年１月26日（甲第４号証）

(2)　解雇日　2023年２月25日（甲第５号証）

6　解雇に至る経緯（注７）

2023年１月26日、私は突然社長室に呼び出され、社長から「あなたには２月25日限りで辞めてもらう。」と言われた上、解雇予告通知を突き付けられました。

7　相手方が主張する解雇の理由（注８）

(1)　相手方から解雇理由の説明を

□受けていない

☑**2023年２月25日**に受けた

☑解雇通告書を受領した　　（甲第**５**号証）

☑解雇理由証明書を受領した（甲第**６**号証）

□口頭で説明を受けた

(2)　相手方には、就業規則(注9)が　☑ある（甲第**２**号証）

□ない

□就業規則を見たことがない

就業規則中に、解雇に関する定めが　☑ある　□ない

(3)　就業規則中に解雇に関する定めがある場合、該当する条項を

☑告げられた　□告げられていない

該当する条項を告げられている場合、条項の内容

第26条第１項　勤務態度が著しく不良であるとき。

第２項　勤務上の能力、技能などが、会社の業務に不適当であるとき。

(4)　相手方が主張する解雇の具体的な理由(注10)

・2021年４月から６月にかけて５回遅刻した。

・2023年１月18日に無断欠勤をした。

・仕事が遅く、当月の帳簿が完成するのが翌月の10日ごろになる。

・協調性がない。

8　相手方が主張する解雇の理由に対する反論(注11)

(1)　**2021年４月から６月にかけて５回遅刻したことは認めますが、そのうち３回は交通機関が乱れたからであり、また、４回は遅刻したと**

いっても１～２分程度でした。１回は、寝坊して１時間程遅刻してしまいましたが、これは前日仕事があまりにも忙しく帰宅したのが午前２時ごろとなってしまったからです。

遅刻したこと自体は申し訳なく思っていますが、遅刻したときに特に注意を受けたりしませんでしたし、2021年７月以降は遅刻をしていません。

⑵　2023年１月18日に無断欠勤したというのは事実に反します。

この日は、前日まで休日返上で働いたため朝起きると具合が悪かったので、会社に連絡して休みを取ったのです。

⑶　当月の帳簿が完成するのが翌月の10日ごろになるのは事実です。

しかし、毎月月末には、何千件もの入金・出金があるのです。相手方会社では、経理を担当する者が私１人しかおりませんので、月末から月初には、終電に間に合えば良い方であるという状況なのです。

⑷　協調性がないと言われていますが、理由がわかりません。

経理のデータを扱う端末は相手方会社の他の業務を担当する従業員の作業スペースからは少し離れており、経理担当は私１人ですので、他の従業員と一緒に仕事をするということはほとんどありません。

しかし、このことを理由に協調性がないと言われているのならば、納得がいきません。

⑸　相手方会社に残っている同僚から聞いたのですが、会社に、３月から、簡単に扱える経理ソフトが導入され、社長の奥さんがこれを扱っているそうです。この新ソフト導入が決まったため、私のことが邪魔になったことが真の解雇理由だと思います。

9　解雇予告（解雇通告）後の相手方との交渉等の経緯（注12）

私は、２月26日も出勤し、解雇を撤回して働かせてくれるように会社に求めましたが、社長から「部外者は出て行け」と怒鳴られ追い返されてしまいました。

10　結論 (注13)

(1)　労働契約上の権利を有する地位にあることの確認

(2)　令和５年２月26日以降の①毎月の賃金300,000円、②賞与600,000円、及びこれらに対する各支払期日の翌日から支払済まで民法所定の年３パーセントの割合による遅延損害金の支払い

を求める。

11　証拠方法 (注14)

☑労働（雇用）契約書（甲１号証）　☑就業規則（甲２号証）

☑賃金規定（甲３号証）　☑解雇予告通知書（甲４号証）

☑解雇通知書（甲５号証）　☑解雇理由証明書（甲６号証）

☑賃金明細書（甲７号証）　☑賞与明細書（甲８号証）

☑雇用保険被保険者証（甲９号証）　□陳述書

□その他（　　　　　　　　　　　　　　　　）

12　添付書類 (注15)

☑甲１号証〜甲９号証（写し）／☑資格証明書　／□訴訟委任状

□上申書 (注16)

その他（　　　　　　　　　　　　　　　　　　　）

(2)　記載方法と解説

（注１）

原則として、解雇された月の翌月の賃金支給日を記入してください。解雇された月の翌月以降も、従来どおり、賃金を払えという意味です。なお、解雇日と賃金締切日がズレている場合は、解雇当月の賃金に未払いが生じるので、その分も請求します。

（注２）

申立の理由４(2)の記載に合わせて、賃金の額及び支払期日を記入してください。毎月の賃金と同じく、支給日に所定額を払えという意味です。

⑵は、賞与の請求ですから、申立の理由４⑶に合わせて記載してください。

（注３）

その支払日が2020年４月１日以降である場合は年３％（2020年４月１日を起点として３年ごとに変動することが予定されています。民法404条）、2020年４月１日より前の場合は、使用者が会社であるなど商人である場合は年６％（商法旧514条）、商人以外の場合（公益法人、生活協同組合等）には年５％（民法旧404条）となります。

（注４）

期間の定めのある労働契約の場合には、期間の定め「あり」にチェックを記入した上で、契約期間を記入してください。

期間の定めのある労働契約の場合には、期間の途中での解雇は、やむを得ない事由がない限り許されません（労契法17条１項）。

なお、期間の定めのある労働契約の場合に契約期間満了時に労働契約の更新をしないことがありますが、これは「雇止め」といって解雇とは異なりますので、「雇止め」の書式を利用してください。

（注５）

相手方の概容がわかるような事項を記入しましょう。

（注６）

相手方の営業内容は、相手方が法人の場合には、資格証明書（商業登記簿謄本。必ず添付する必要がありますので取り寄せてください）の目的欄に記載がありますので、資格証明書に記載された目的のうち主なものを転記してください。

相手方が個人企業の場合には、実際に行われている営業内容を記載してください。

（注７）

解雇に至る経緯を具体的に記載してください。

（注８）

解雇された場合または解雇予告を受けた場合には、解雇理由証明書の交付を要求することができます（労基法22条１項、２項）（書式は316頁参照）。労働審判において争点を明らかにするために、事前に解雇理由証明書の交付を要求して、具体的な解雇理由を明らかにさせておくとよいでしょう。

（注９）

常時10人以上の労働者が働いてい

る事業場では就業規則を作成して、労働基準監督署長に届け出なければならず（労基法89条)、使用者は、就業規則（賃金規定等を含む）を労働者に周知させなければなりません（労基法106条１項)。

就業規則の写しを持っている場合には、証拠（甲号証）として申立書に添付してください。

解雇されるまで就業規則を見せてもらったことがない場合には、その旨チェックしてください。

(注10)

解雇予告通知、解雇通知、解雇理由証明書等に記載され、または口頭で説明を受けた、解雇の具体的な理由を記載してください。

(注11)

解雇は、「客観的に合理的な理由を欠き、社会通念上相当であると認められない場合」は、無効となります（労契法16条)。また、期間の定めのある労働契約の場合には、期間の途中での解雇は、やむを得ない事由がない限り許されません（労契法17条１項)。

(1) 相手方が解雇理由として挙げている事実関係を認めるか否か（事実無根である場合にはその旨）を記載してください。

(2) また、相手方が解雇理由として挙げている事実関係を認める場合にも、解雇するだけの合理的理由がないとか、社会通念上相当であると認められない場合は、解雇は無効ですので、解雇理由に対する反論、事情や過去の同様の事例との対比など申立人の言い分を記載してください。

(注12)

解雇予告（または解雇通告）後の相手方との交渉等の経緯について具体的に記載してください。

(注13)

申立の趣旨の記載に合わせて記入してください。

(注14)

提出する証拠にチェックを記入した上で、証拠ごとに順番に番号を付けてください。

(注15)

申立書に添付する書類にチェックを記入してください。「会社」が相手方の場合は、必ず資格証明書を添付しなければなりません（ただし、取寄せが間に合わないときは、後から出すこともできます)。なお、甲号証の写しは相手方の数（通常は１）＋

1（労働審判委員会の分）を提出します。必ず手元に控え（コピー）を残します。

(注16)

労働審判の進行について、要望等（例えば、既に進行している他の事件と一緒に審理してほしい、特別に急いでほしい事情など）があれば、上申書として申立書と一緒に提出できます。

2　懲戒解雇

(1)　記載例

申立の趣旨
1　申立人が相手方に対し、労働契約上の権利を有する地位にあることを確認する。 2　(1)　相手方は、申立人に対し、令和5年3月**末**(注1)日から毎月**末**(注2)日限り金300,000(注3)円及びこれらに対する各支払期日の翌日から支払済まで年3パーセントの割合による金員を支払え。(注3) 　(2)　相手方は、申立人に対し、令和5年7月1日から毎年7月1日と12月1日限り、金600,000円を支払え。(注2) 3　申立費用は相手方の負担とする。 との労働審判を求める。

申立の理由
1　労働契約の成立（甲第1号証） (1)　採用年月日　2017年4月1日 (2)　期間の定め　☑なし　□あり（　　カ月／　　年）(注4) 2　相手方の形態 (1)　□株式会社　☑有限会社　□個人企業　□その他（　　）(注5) (2)　従業員数　約20人 (3)　資本金　　金1,000万円 (4)　その他 3　相手方の営業内容（会社の目的）(注6)

婦人服の製造、販売等

4　労働契約の内容

⑴　申立人の仕事の内容

経理事務

⑵　賃金（甲第３、６号証）

☑月給　□日給　□時給　　　**30万**円

支払期日　☑　毎月25日締め　☑当月／□翌月　　**末**日支給

□　その他（　　　　　　　　　　　　　　）

⑶　直近１年間に支払われた賞与（甲第７号証）

2022年**７**月**１**日支給分**600,000**円

2022年**12**月**１**日支給分**600,000**円

賞与の通常の支給日

毎年**７**月**１**日（~~ころ~~）

毎年**12**月**１**日（~~ころ~~）

5　懲戒解雇通告

⑴　解雇を予告された日　　　　年　月　日（甲第　号証）

⑵　解雇日　　　　　　　　**2023**年**２**月**25**日（甲第**４**号証）

6　懲戒解雇に至る経緯(注7)

2023年２月25日、私は突然社長に呼び出され、社長から「多額の使途不明金が判明した。お前が使い込んだんだろう。今日付で懲戒解雇だ。退職金は出さない。刑事告訴も検討する。」と言われた上、懲戒解雇通知を突き付けられました。

7　相手方が主張する懲戒解雇の理由(注8)

(1)　相手方から懲戒解雇理由の説明を

　□受けていない

　☑**2023年２月25日**に受けた

　　☑解雇通告書を受領した　　（甲第４号証）

　　☑解雇理由証明書を受領した（甲第５号証）

　　□口頭で説明を受けた

(2)　相手方には、就業規則(規則9)が　☑ある（甲第２号証）

　□ない

　□就業規則を見たことがない

就業規則中に、懲戒解雇に関する定めが　☑ある　□ない

(3)　就業規則中に懲戒解雇に関する定めがある場合、該当する条項を

☑告げられた　□告げられていない

該当する条項を告げられている場合、条項の内容

第27条第１項　刑事上の犯罪又はこれに類する行為をなし、就業に不適当と認められたとき。

第２項　職務上の地位を利用して、不正に自己又は他人の利益を図り又は図ることを企てたとき。

(4)　相手方が主張する懲戒解雇の具体的な理由(注10)

・多額の使途不明金が判明した。

・使途不明金は、申立人が使い込んだものである。

8　相手方が主張する懲戒解雇の理由に対する反論(注11)

(1)　**相手方会社において、使途不明金が判明したことは事実です。**

しかし、これは、営業部門から多額の架空請求がなされたからであり、請求書も実際の取引先名義のものが巧妙に用いられたもので、架空請求を見破るのは困難でした。

現に、会計監査もパスしていたのです。

(2)　経理部門の従業員のうち、今回の使途不明金の問題で懲戒解雇されたのは、私だけです。他の従業員はお咎めなしで、私だけ懲戒解雇されるのは、平等ではありません。

(3)　また、２月25日に突然社長室に呼び出され、懲戒解雇を通告されたときには、社長は有無を言わせない感じで、私は一方的に怒鳴られ、言い分を聞いてもらえませんでしたし、一切弁明の機会を与えられていません。

(4)　相手方会社は私が金を使い込んだと主張していますが、まったくの事実無根であり、心外です。

9　懲戒解雇予告（懲戒解雇通告）後の相手方との交渉等の経緯 (注12)

なし

10　結論 (注13)

(1)　労働契約上の権利を有する地位にあることの確認

(2)　令和５年２月26日以降の①毎月の賃金300,000円、②賞与600,000円及びこれらに対する各支払期日の翌日から支払済まで民法所定の年3パーセントの割合による遅延損害金の支払い

を求める。

11　証拠方法 (注14)

☑労働（雇用）契約書（甲１号証）　☑就業規則（甲２号証）
☑賃金規定（甲３号証）　□解雇予告通知（甲　　号証）
☑解雇通知（甲４号証）　☑解雇理由証明書（甲５号証）
☑賃金明細（甲６号証）　☑賞与明細（甲７号証）
□雇用保険被保険者証（甲　　号証）　☑陳述書（甲８号証） (注15)
□その他（　　　　　　　　　　　　　　　　　）

12　添付書類 (注16)

☑甲１号証～甲８号証（写し）／☑資格証明書／□訴訟委任状／

□上申書 (注17)

その他（　　　　　　　　　　　　　　　　　　　　　　）

⑵　記載方法と解説

（注１）

原則として、懲戒解雇された月の翌月の賃金支給日を記入してください。解雇された月の翌月以降も、従来どおり、賃金を払えという意味です。なお、解雇日と賃金締切日がズレている場合は、解雇当月の賃金に未払いが生じるので、その分も請求します。

（注２）

申立の理由４⑵の記載に合わせて、賃金の額及び支払期日を記入してください。毎月の賃金と同じく、支給日に所定額を払えという意味です。⑵は、賞与の請求ですから、申立の理由４⑶に合わせて記載してください。

（注３）

その支払日が2020年４月１日以降である場合は年３％（2020年４月１日を起点として３年ごとに変動することが予定されています。民法404条）、2020年４月１日より前の場合は、使用者が会社であるなど商人である場合は年６％（商法旧514条）、商人以外の場合（公益法人、生活協同組合等）には年５％（民法旧404条）となります。

（注４）

期間の定めのある労働契約の場合には、期間の定め「あり」にチェックを記入した上で契約期間を記入してください。期間の定めのある労働契約の場合には、期間の途中での解雇は、やむを得ない事由がない限り許されません（労契法17条１項）。

なお、期間の定めのある労働契約の場合に契約期間満了時に労働契約の更新をしないことがありますが、これは「雇止め」といって解雇とは異なりますので、「雇止め」の書式を利用してください。

（注５）

相手方の概容がわかるような事項

を記入しましょう。

（注6）

相手方の営業内容は、相手方が法人の場合には、資格証明書（商業登記簿謄本）（必ず添付する必要がありますので取り寄せてください）の目的欄に記載がありますので、資格証明書に記載された目的のうち主なものを転記してください。

相手方が個人企業の場合には、実際に行われている営業内容を記載してください。

（注7）

懲戒解雇に至る経緯を具体的かつ簡潔に記載してください。

（注8）

解雇された場合または解雇予告を受けた場合には、解雇理由の証明書の交付を要求することができます（労基法22条1項、2項）（書式は316頁参照）。労働審判において争点を明らかにするために、事前に解雇理由証明書の交付を要求して、具体的な懲戒解雇の理由を明らかにさせておくべきでしょう。

（注9）

常時10人以上の労働者が働いている事業場では就業規則を作成して、労働基準監督署長に届け出なければならず（労基法89条）、使用者は、就業規則（賃金規定等を含む）を労働者に周知させなければなりません（労基法106条1項）。就業規則の写しを持っている場合には、証拠（甲号証）として申立書に添付してください。

懲戒解雇されるまで就業規則を見せてもらったことがない場合には、その旨チェックしてください。

懲戒解雇は、懲戒解雇をすることができる事由を就業規則に定めた上で、これを労働者に周知していない限り無効です（労契法7条、15条、16条）。

（注10）

解雇予告通知、解雇通知、解雇理由証明書等に記載され、または口頭で説明を受けた、懲戒解雇の具体的な理由を記載してください。

（注11）

解雇は、「客観的に合理的な理由を欠き、社会通念上相当であると認められない場合」は無効となります（労契法16条）。また、期間の定めのある労働契約の場合には、期間の途中での解雇は、やむを得ない事由がない限り許されません（労契法17条1項）。

(1)　さらに、懲戒解雇が有効となるためには、①懲戒事由及び懲戒の種類が就業規則に明定され、周知されていること、②規定の内容が合理的であること、③規定に該当する懲戒事由があること、④その他の要件（当該行為が行われる前に制定された就業規則に基づくこと、当該行為について既に別の懲戒処分を受けていないこと、類似の案件と比較して平等に取り扱うこと、当該行為の性質・態様からみて処分が重きに失しないこと、弁明の機会を与えること等）を備えていることが必要です（労契法15条）。

⑵　まず、相手方が懲戒解雇理由として挙げている事実関係を認めるか否か（事実無根である場合にはその旨）を記載してください。

⑶　また、相手方が懲戒解雇理由として挙げている事実関係を「認める」場合にも、解雇の合理性がない、社会通念上相当であると認められない、懲戒手続等に重大な不備がある等の場合には懲戒解雇は無効ですので、前記①～④などについて申立人の言い分を記載してください。

(注12)

懲戒解雇通告（または懲戒解雇予告）後の相手方との交渉等の経緯について具体的に記載してください。

(注13)

申立の趣旨の記載に合わせて記入してください。

(注14)

提出する証拠にチェックを記入した上で、証拠ごとに順番に番号を付けてください。

(注15)

事案の概要、申立書の「申立の理由」欄では書ききれない詳細な事実関係、申立人の現状などを「陳述書」として提出すれば、これも証拠になります。単純とはいえない事案では提出を検討するとよいでしょう。なお、申立時ではなく、相手方の答弁書を読んで、その反論も含めて提出することもあります。

(注16)（注17）は、❷1の（注15）（注16）を参照してください。

３　整理解雇

⑴　記載例

申立の趣旨

１　申立人が相手方に対し、労働契約上の権利を有する地位にあることを確認する。

２　⑴　相手方は、申立人に対し、令和５年３月末(注1)日から毎月末(注2)日限り金300,000(注2)円及びこれらに対する各支払期日の翌日から支払済まで年３パーセントの割合による金員を支払え。(注3)

　⑵　相手方は、申立人に対し、令和５年７月１日から毎年７月１日と12月１日限り、金600,000円を支払え。(注2)

３　申立費用は相手方の負担とする。

との労働審判を求める。

申立の理由

１　労働契約の成立（甲第１号証）

　⑴　採用年月日　2017年４月１日

　⑵　期間の定め　☑なし　□あり（　　カ月／　　年）(注4)

２　相手方の形態

　⑴　☑株式会社　□有限会社　□個人企業　□その他（　　）(注5)

　⑵　従業員数　約200人

　⑶　資本金　　金3,000万円

　⑷　その他

３　相手方の営業内容（会社の目的）(注6)

婦人服の製造、販売等

4　労働契約の内容

⑴　申立人の仕事の内容

経理事務

⑵　賃金（甲第3、7号証）

☑月給　□日給　□時給　300,000円

支払期日　☑　毎月25日締め　☑当月／□翌月　末日支給

□　その他（　　　　　　　　　　）

⑶　直近1年間に支払われた賞与（甲第3、8号証）

2022年7月1日支給分600,000円

2022年12月1日支給分600,000円

賞与の通常の支給日

毎年7月1日（~~ころ~~）

毎年12月1日（~~ころ~~）

5　解雇通告

⑴　解雇を予告された日　2023年1月26日（甲第4号証）

⑵　解雇日　2023年2月25日（甲第5号証）

6　解雇に至る経緯（注7）

2023年1月26日、私は突然社長に呼び出され、社長から「あなたには2月25日限りで辞めてもらう。」と言われた上、解雇予告通知を突き付けられました。

7　相手方が主張する解雇の理由（注8）

⑴　相手方から解雇理由の説明を

□受けていない

☑2023年２月25日に受けた

☑解雇通告書を受領した　　（甲第５号証）

☑解雇理由証明書を受領した（甲第６号証）

□口頭で説明を受けた

(2)　相手方には、就業規則(注9)が　☑ある（甲第２号証）

□ない

□就業規則を見たことがない

就業規則中に、解雇に関する定めが　☑ある　□ない

(3)　就業規則中に解雇に関する定めがある場合、該当する条項を

☑告げられた　□告げられていない

該当する条項を告げられている場合、条項の内容

第26条第５項　業務の縮小その他やむを得ない事業により冗員を生じたとき。

(4)　相手方が主張する解雇の具体的な理由(注10)

・本年度赤字決算の見込みである。

・人件費を削減しないと、会社が倒産するおそれがある。

8　相手方が主張する解雇の理由に対する反論(注11)

(1)　人員削減の必要性がないこと

私も経理業務に従事していたので、会社が本年度赤字決算の見込みであることは認めます。しかし、赤字の見込み額は、数百万円程度にすぎません。また、社長をはじめとする役員がいくら報酬をもらっているのか、一従業員である私にはわかりませんが、役員報酬を多少カットする等すれば、赤字を埋められるはずです。しかも、私に対して解雇を通告した後、会社は、同じ経理業務を担当する従業員を募集しているのです。

会社に人員を削減する必要性があったとは思えません。

⑵　解雇回避の努力がなされていないこと

私は、採用以来経理業務に従事してきましたが、相手方会社に採用される以前には、営業等経理以外の業務の経験もありますので、命じられれば、どのような仕事でも構わなかったのです。

しかし、会社からは、恒常的に人手が不足している営業部門への配転の打診もありませんでした。

⑶　人選に合理性がないこと

今回解雇を通告されたのは私だけのようですが、なぜ私だけが解雇の対象となったのか、まったく説明はありませんでした。

⑷　本件解雇に際して事前に説明が尽くされていないこと

相手方会社は、本年度赤字決算の見込みで会社倒産のおそれもあるからと言うだけで、役員にいくら報酬を支払っているのかとか、なぜ私だけが解雇の対象となったのか等について、まったく説明してくれませんし、会社から渡された書面にも具体的なことは何も書かれていません。会社には労働組合はありません。誰が労働者代表となっているかはまったく知りません。

⑸　その他

9　解雇予告（解雇通告）後の相手方との交渉等の経緯(注12)

私は、２月26日も出勤し、解雇を撤回して働かせてくれるように会社に求めましたが、社長から「部外者は出て行け」と怒鳴られ追い返されてしまいました。

10　結論(注13)

⑴　労働契約上の権利を有する地位にあることの確認

⑵　令和5年2月26日以降の①毎月の賃金300,000円、②賞与600,000円、及びこれらに対する各支払期日の翌日から支払済まで民法所定の年3パーセントの割合による遅延損害金の支払い

を求める。

11　証拠方法(注14)

☑労働（雇用）契約書（甲1号証）　☑就業規則（甲2号証）
☑賃金規定（甲3号証）　☑解雇予告通知書（甲4号証）
☑解雇通知書（甲5号証）　☑解雇理由証明書（甲6号証）
☑賃金明細書（甲7号証）　☑賞与明細書（甲8号証）
☑雇用保険被保険者証（甲9号証）　☑陳述書（甲10号証）(注15)
□その他（　　　　　　　　　　　　　　　）

12　添付書類(注16)

☑甲1号証～甲10号証（写し）／☑資格証明書／☑訴訟委任状／
□上申書(注17)
その他（　　　　　　　　　　　　　　　）

⑵　記載方法と解説

（注1）

原則として、解雇された月の翌月の賃金支給日を記入してください。解雇された月の翌月以降も、従来どおり、賃金を払えという意味です。なお、解雇日と賃金締切日がズレている場合は、解雇当月の賃金に未払いが生じるので、その分も請求します。

（注2）

申立の理由4⑵の記載に合わせて、賃金の額及び支払期日を記入してください。毎月の賃金と同じく、支給日に所定額を払えという意味です。

⑵は、賞与の請求ですから、申立の理由4⑶に合わせて記載してください。

（注3）

その支払日が2020年4月1日以降である場合は年3％（2020年4月1日を起点として3年ごとに変動することが予定されています。民法404条）、2020年4月1日より前の場合は、使用者が会社であるなど商人である場合は年6％（商法旧514条）、商人以外の場合（公益法人、生活協同組合等）には年5％（民法旧404条）となります。

（注4）

期間の定めのある労働契約の場合には、期間の定め「あり」にチェックを記入した上で契約期間を記入してください。

期間の定めのある労働契約の場合には、期間の途中での解雇は、やむを得ない事由がない限り許されません（労契法17条1項）。

なお、期間の定めのある労働契約の場合に契約期間満了時に労働契約の更新をしないことがありますが、これは「雇止め」といって解雇とは異なりますので、「雇止め」の書式を利用してください。

（注5）

相手方の概容がわかるような事項を記入しましょう。

（注6）

相手方の営業内容は、相手方が法人の場合には、資格証明書（商業登記簿謄本）（必ず添付する必要がありますので取り寄せてください）の目的欄に記載がありますので、資格証明書に記載された目的のうち主なものを転記してください。

相手方が個人企業の場合には、実際に行われている営業内容を記載してください。

（注7）

解雇に至る経緯を具体的かつ簡潔に記載してください。

（注8）

解雇された場合または解雇予告を受けた場合には、解雇理由の証明書の交付を要求することができます（労基法22条1項、2項）（書式は316頁参照）。労働審判において争点を明らかにするために、事前に解雇理由証明書の交付を要求して、具体的な解雇の理由を明らかにさせておくべきでしょう。

（注9）

常時10人以上の労働者が働いてい

る事業場では就業規則を作成して、労働基準監督署長に届け出なければならず（労基法89条）、使用者は、就業規則（賃金規定等を含む）を労働者に周知させなければなりません（労基法106条１項）。就業規則の写しを持っている場合には、証拠（甲号証）として申立書に添付してください。

解雇されるまで就業規則を見せてもらったことがない場合には、その旨チェックしてください。

（注10）

解雇予告通知、解雇通知、解雇理由証明書等に記載され、または口頭で説明を受けた、解雇の具体的な理由を記載してください。

（注11）

解雇は、「客観的に合理的な理由を欠き、社会通念上相当であると認められない場合」は無効となります（労契法16条）。また、期間の定めのある労働契約の場合には、期間の途中での解雇は、やむを得ない事由がない限り許されません（労契法17条１項）。

⑴　会社の経営悪化、部門閉鎖等の経営戦略など経営上の理由に基づく解雇を「整理解雇」といいます。

整理解雇が無効となるか否かは、①人員削減の必要性があること、②解雇回避の努力をしたこと、③解雇する対象者の人選が合理的であること、④会社と労働組合が解雇について協議する旨の協定を締結している場合には会社と労働組合が十分な協議を行ったこと、労働組合がない場合や労働組合と会社が解雇について協議する旨の協定を締結していない場合であっても会社が解雇の対象となる労働者や労働者代表に事前に十分な説明・協議を行ったこと、という、いわゆる整理解雇の四要件に基づき判断されます。

⑵　したがって、これら四要件を中心に相手方が理由として挙げている事実関係を認めるか否かを記載するとともに、会社の言い分に対する反論や、申立人の言い分を書いてください。

（注12）

解雇予告（または解雇通告）後の相手方との交渉等の経緯について具体的に記載してください。

（注13）～（注17）は、❷２の**（注13）～（注17）**を参照してください。

4　雇止め

(1)　記載例

申立の趣旨

1　申立人が相手方に対し、労働契約上の権利を有する地位にあることを確認する。

2　(1)　相手方は、申立人に対し、令和５年４月末(注1)日から毎月末(注2)日限り金250,000円及びこれらに対する各支払期日の翌日から支払済まで年３パーセントの割合による金員を支払え。(注3)

(2)　相手方は、申立人に対し、令和５年７月１日から毎年７月１日と12月１日限り、金500,000円を支払え。(注2)

3　申立費用は相手方の負担とする。

との労働審判を求める。

申立の理由

1　労働契約の成立（甲第１号証の１）

(1)　採用年月日　2009年４月１日

(2)　期間の定め　□なし　☑あり（　　カ月／１年）(注4)

(3)　契約更新　2010年４月１日から
2023年３月31日まで
合計11回更新（甲第１号証の２～15）

2　相手方の形態

(1)　☑株式会社　□有限会社　□個人企業　□その他（　　）(注5)

(2)　従業員数　約20人

(3)　資本金　金2,000万円

⑷　その他

3　相手方の営業内容（会社の目的）(注6)

書籍、雑誌の出版等

4　労働契約の内容

⑴　申立人の仕事の内容

編集

⑵　賃金（甲第６号証）

☑月給　□日給　□時給　**250,000円**

支払期日　☑　毎月25日締め　☑当月／□翌月　**末**日支給

□　その他（　　　　　　　　　　　　　　　　）

⑶　直近１年間に支払われた賞与（甲第７号証）

2022年７月１日支給分**500,000円**

2022年12月１日支給分**500,000円**

賞与の通常の支給日

毎年**７**月**１**日（~~ころ~~）

毎年**12**月**１**日（~~ころ~~）

5　雇止めの通知（契約を更新しない旨の通告）(注7)

⑴　雇止めを通知された日　**2023年３月25日**（甲第**４**号証）

⑵　雇用が終了する日　　　**2023年３月31日**（甲第**４**号証）

6　雇止めに至る経緯(注8)

2023年３月25日、社長が私のところにやってきて、「君の仕事はもうなくなったから、来年度の契約更新はしない。」と言われました。

7　雇用継続の状態 (注9)

(1)　申立人・相手方との間の雇用契約は、

☑期間の定めのないものと実質的に変わらない。

☑雇用継続について合理的な期待があった。

(2)　その根拠

入社したときに、社長から「一応、形は１年契約ということだけれど、まじめに働いてくれれば長くいてもらうことになるよ。」と言われていました。その後、ほかの正規の社員とまったく同じように編集の業務に携わってきました。契約更新の手続は、一応毎年行われてはいましたが、単に印鑑を押すだけの形式的なもので、契約更新時期が１カ月も過ぎてから思い出したように契約書を交わすこともありました。

また、私が担当している雑誌が廃刊になったわけでもなく、私は今年も当然、更新されるものと思っていました。

8　相手方が主張する雇止めの理由 (注10)

(1)　相手方から雇止め理由の説明を

□受けていない

☑**2023**年**３**月**25**日に受けた

☑雇止め通告書を受領した　　(甲第**４**号証)

☑雇止め理由証明書を受領した　(甲第**５**号証)(**３**月**30**日)

□口頭で説明を受けた

(2)　相手方には、有期雇用者を対象とする就業規則が

☑ある　□ない　　□就業規則を見たことがない

就業規則の中に、雇止め(更新)に関する定めが　□ある　☑ない

ある場合、その具体的内容

⑶　労働契約書が　☑ある　□ない

上記の中に契約の更新についての条項が　☑ある　□ない

ある場合、その具体的内容

本契約は甲乙いずれかから、期間満了の１カ月前までに更新をしない旨の通知がない場合、同一条件にて更新されることを原則とする。ただし、特段の事情がある場合はこの限りでない。

⑷　相手が主張する雇止めの具体的な理由（注10）

・私の担当する仕事がなくなった。

・仕事の出来が悪い。

9　相手方が主張する雇止めの理由に対する反論（注11）

⑴　**私の担当する仕事がなくなったことは事実ではありません。相手方会社は、これまで私が長年にわたり担当してきた雑誌の仕事を、別の編集担当者に割り当ててしまったのです。**

この仕事は、私の発案で始まり当初から担当してきたのですが、読者にも好評で販売部数にも大きく貢献してきました。私を担当から外す合理的な理由はなく、社長が私のことが気に入らないため、嫌がらせをしようとしたとしか考えられません。

⑵　**仕事の出来が悪いというのも事実ではありません。これまで、仕事の出来が悪いということで注意を受けたことは一度もありません。他の編集部員と比べても、私の成績は良い方です。むしろ、以前から仕事が早いし、出来がよいということで褒められてきたのです。**

⑶　**ところが、2022年10月ころ、会社の長時間残業のことが職場で問題になり、そのことで私が社長にかけあったことがあるのです。そのとき以降、社長は私に対する態度を一変させて、仕事をとりあげてしまいました。そして、３月25日に私を突然社長室に呼び出し、来年度の契約更新はしない、と一方的に告げたのです。**

10　雇止め通告後の相手方との交渉等の経緯（注12）

私は、３月30日、相手方会社で引き続き働かせてくれるように会社に求めましたが、社長は「もう決まったことだから、何を言っても無駄だ」と言うだけでとりあってくれず、雇止め理由証明書（甲第５号証）を渡されました。

11　結論（注13）

(1)　労働契約上の権利を有する地位にあることの確認

(2)　令和５年４月１日以降の①毎月の賃金250,000円、②賞与500,000円、及びこれらに対する各支払期日の翌日から支払済まで民法所定の年３パーセントの割合による遅延損害金の支払い

を求める。

12　証拠方法（注14）

☑労働（雇用）契約書（甲１号証１～15）　☑就業規則（甲２号証）
☑賃金規定（甲３号証）　□雇入れ通知書（甲　号証）
□雇止め予告通知書（甲　　号証）　☑雇止め通知書（甲４号証）
☑雇止め理由証明書（甲５号証）　☑賃金明細書（甲６号証）
☑賞与明細書（甲７号証）　☑雇用保険被保険者証（甲８号証）
□その他（　　　　　　　　　　）

13　添付書類（注15）

☑甲１号証～甲８号証（写し）／☑資格証明書／□訴訟委任状／
□上申書（注16）
その他（　　　　　　　　　　）

⑵　記載方法と解説

（注1）

原則として、雇止めされた月の翌月の賃金支給日を記入してください。雇止めされた月の翌月以降も、従来どおり、賃金を払えという意味です。なお、雇止め日と賃金締切日がズレている場合は、雇止め当月の賃金に未払いが生じるので、その分も請求します。

（注2）

申立の理由4⑵の記載に合わせて、賃金の額及び支払期日を記入してください。毎月の賃金と同じく、支給日に所定額を払えという意味です。⑵は、賞与の請求ですから、申立の理由4⑶に合わせて記載してください。

（注3）

その支払日が2020年4月1日以降である場合は年3％（2020年4月1日を起点として3年ごとに変動することが予定されています。民法404条）、2020年4月1日より前の場合は、使用者が会社であるなど商人である場合は年6％（商法旧514条）、商人以外の場合（公益法人、生活協同組合等）には年5％（民法旧404条）となります。

（注4）

期間の定めのある労働契約の場合にあたりますので、期間の定め「あり」にチェックを記入した上で、契約期間を記入してください。期間の定めのない労働契約を使用者が打ち切る場合及び期間の定めはあるがその契約期間中に使用者が契約を打ち切る場合は、「解雇」の書式を用いてください。

（注5）

相手方の概容がわかる事項を記載します。

（注6）

相手方の営業内容は、相手方が法人の場合には、資格証明書（商業登記簿謄本）（必ず添付する必要がありますので取り寄せてください）の目的欄に記載がありますので、資格証明書に記載された目的のうち主なものを転記してください。

相手方が個人企業の場合には、実際に行われている営業内容を記載してください。

（注7）

期間の定めのある労働契約の期間満了にあたり、使用者が契約の更新を拒絶することを「雇止め」（やといどめ）といいます。

（注８）

雇止めに至る経緯を具体的に記載してください。

（注９）

期間の定めのある労働契約の場合でも、特に仕事が一時的とか季節的というわけではなく更新を繰り返してきたような場合には、契約が反復更新されていく中での事情により、実質的には期間の定めがない契約と評価され、期間の定めは形式にすぎず、特別の事情がないのに期間の定めを理由として雇止めすることは許されないとされる場合があります。

また、過去の反復更新の有無にかかわらず、労働者が抱く更新に対する期待が法的保護に値すると認められる場合もあります。

これらの場合には、判例上、雇止めの効力を判断するにあたって解雇権濫用法理（労契法16条）を類推適用すべきとされ、雇止めに正当性（合理性と相当性）がない場合には雇止めが無効とされます。

そこで、「期間の定めのないものと実質的に変わらない」と判断すべき事情、あるいは「雇用継続について合理的な期待があった」事情について、具体的に書いてください。

（注10）

雇止め予告通知、雇止め通知、雇止め理由証明書等（労基法施行規則５条１の２号、「短時間労働者及び有期雇用労働者の雇用管理の改善等に関する法律の施行について」（平成31年１月30日基発0130第１号）第３－11⑷ニ参照）に記載され、または口頭で説明を受けた、雇止めの具体的理由を記載してください。なお、就業規則、労働契約書、雇入通知書などを所持しており、これらの文書の中に雇止め（契約の更新）に関する条項がある場合は、その内容も記載してください。

（注11）

解雇は、「客観的に合理的な理由を欠き、社会通念上相当であると認められない場合」は無効となり（労契法16条）、この考え方が雇止めの場合も類推適用されることがあります。

まず、相手方が雇止め理由として挙げている事実関係を認めるか否か（事実無根である場合にはその旨）を記載してください。

また、相手方が雇止め理由として挙げている事実関係を認める場合にも、雇止めするだけの合理的理由がないとか社会通念上相当であると認められない場合は、雇止めは無効となる場合がありますので、雇止め理由に対する反論、事情や過去の同様の事例との対比など、申立人の言い分を記載してください。

(注12)

雇止めの予告（または雇止め通告）後の相手方との交渉等の経緯について具体的に記載してください。

(注13)

申立の趣旨の記載に合わせて記入してください。

(注14)

提出する証拠にチェックを記入した上で、証拠ごとに番号を付けてください。

(注15)

申立書に添付する書類にチェックを記入してください。「会社」が相手方の場合は、必ず資格証明書を添付しなければなりません（ただし、取寄せが間に合わないときは、後から出すこともできます)。なお、甲号証の写しは相手方の数（通常は１）＋１（労働審判委員会の分）を提出します。必ず、手元に控え（コピー）を残します。

(注16)

労働審判の進行について、要望等（例えば、既に進行している他の事件と一緒に審理してほしいなど）があれば、上申書として申立書と一緒に提出できます。

5　配転事件

(1)　記載例

申立の趣旨

1　申立人が、相手方の**大阪支店**(注1) **教材営業部**(注2) に勤務する労働契約上の義務のないことを確認する。

2　申立費用は、相手方の負担とする。

との労働審判を求める。

申立の理由

1　労働契約の成立(注3)

(1)　採用（入社）　　　：**2007**年**4**月**1**日

(2)　申立人の生年月日：**1985**年**7**月**21**日

(3)　申立人の同居人：**妻（有職）、長男3歳、長女0歳**

2　相手方の概要(注4)

（略）

3　配転前の職務等(注5)

就労場所：**住所　東京都千代田区○○町4-3（本社）**

所属部署：**教材編集部**

担当職務：**出版教材の企画・編集**

4　配置転換命令(注6)（甲第**2**号証）

発令日　：**2023**年**3**月**7**日

配属日　：**2023**年**4**月**7**日

就労場所：**大阪支店**

所属部署：**教材営業部**

担当職務：**営業**

5　相手方の主張する配転の理由 (注7)

(1)　☑　説明を受けた。

具体的内容：**大阪での教材を普及し営業を拡大するため。**

□　説明を受けていない。その理由：

(2)　配転に関する就業規則の定め　□　ない

☑　ある（第21条）（甲第１号証）

具体的内容：**業務上の必要があるときは配置転換を命ずることがある。従業員は正当な理由がない限り、これを拒否することはできない。**

6　配置転換命令が無効である理由、具体的内容

□(1)　配転を命ずる根拠規定がない（甲第　　号証） (注8)

☑(2)　職種・勤務地を限定する特約がある（甲第　　号証） (注9)

具体的内容：**入社した２年目から10年以上、教材編集を担当してきた。従来編集担当から営業に配転された者は、本人の希望以外はない。また、東京から大阪への配転の実績もない。したがって、入社して編集担当と決定したときに、職種を編集とする合意が成立した。**

☑(3)　配転を命ずる業務上の必要性がない（甲第　　号証） (注10)

具体的内容：**会社の東京本社には120名の従業員が存在し、大阪営業所にも30名の従業員がいる。東京出身で土地勘も営業職の経験もない申立人が大阪で営業を行う必要はない。**

☑(4)　人選が不当である (注11)

具体的内容：(2)、(3)、(5)のとおり。

☑(5)　著しい職業上又は生活上の不利益がある（甲第**3**号証）(注12)

具体的内容：**申立人の長男、長女は重度な小児アトピー症であり、専門医の通院治療を受けており、食事など生活上の細心な注意と看護が必要である。申立人が大阪に単身赴任をすれば、妻は一人で子どもを療養看護することができず、仕事を続けられなくなる。これらは著しい不利益である。**

□(6)　不当な動機・目的がある（甲第　　号証）(注13)

具体的内容：

□(7)　強行法規違反(注14)

（例えば、労働組合法７条違反、労基法３条違反、男女雇用機会均等法６条違反）

具体的内容：

□(8)　手続違反(注15)

具体的内容：

☑(9)　その他

具体的内容：**男女共同参画社会基本法の趣旨及び育児介護休業法26条の「家庭的責任を有する労働者に対して就業場所の変化を伴う**

配置転換を行うに際しての使用者の配慮義務」に反している。

7　相手方との交渉の経過及び申立に至る経緯の概要 (注16)

労働組合に加入して交渉したが、会社は配転命令を撤回しない。

8　結論

よって、申立の趣旨のとおりの労働審判を求めるべく、本申立に及ぶ。

9　証拠方法 (注17)

☐労働契約書（甲　　号証）　　☑就業規則（甲**1**号証）

☐賃金規定（甲　　号証）　　☑配転命令書（甲**2**号証）

☑診断書（甲**3**号証）　　☑陳述書（甲**4**号証）

10　添付書類

☑甲**1**号証～甲**4**号証（写し）／☑資格証明書／☑訴訟委任状／

☐上申書 (注18)

⑵　記載方法と解説

（注1）

配転を命じられた事業所（事務所、工場、店舗など）の名称を記載してください。

（注2）

配転を命じられた部署、組織などの名称を記載してください。

（注3）

労働契約書があれば、締結日を記載してください。労働契約書がない場合には、入社年月日を記載してください。また、配転の場合には、家族関係が問題になることも多いので同居人がいれば続柄を含めて記載するほうが良いでしょう。

（注4）

配転命令の有効性を判断する上で、必要と思われる会社のデータ（規模、事業所数と所在地、従来の配転状況等）を記載してください。

（注5）

申立人が就労している（いた）事業所の場所の住所を記載してください。また、所属部署の名称と担当職務の内容を具体的に記載してください。

（注6）

配転命令の内容を簡潔に記載してください。就労場所が変わる場合には住所も明記してください。また、所属部署や担当職務が変わる場合には、その内容を簡潔に記載してください。

（注7）

相手方に、配転を命じる理由を聞いた上で、その説明を簡潔に記載してください。もし、理由を質問しても、説明されなかった場合には、その旨を記載してください。また、就業規則の有無及びある場合は具体的条項を記載してください。

（注8）

多くの場合、就業規則に「会社は、業務上の必要がある場合には配転を命ずることができる。従業員は正当な理由がない限り、これを拒むことはできない」と記載されています。また、労働契約書、誓約書、覚書等に配転条項がある場合もあります。配転命令権の根拠を労働契約に求める立場（契約説）からは、この配転条項がなければ使用者は配転を命じることができません。包括合意説の立場からは、就業規則等に配転条項がなくても、使用者は配転を命ずることができることになります。

（注9）

就業規則に配転条項がある場合であっても、勤務地や職種を限定した特約が締結されていることがあり、その場合は、会社には配転を命じる権限がありません。その特約の内容と特約が記載された書面があれば、これを明示してください。

（注10）

配転を命じるには業務上の必要性がなければなりません。これがない場合には配転を命令することはできません。なお、業務上の必要性がない場合には配転命令権の濫用となるとして、業務上の必要性がないことを労働者が主張・立証すべきとの考え方がありますが、他方、「業務上の必要がある場合には配転を命じる」と配転条項が定められている場合には、「業務上の必要がある」ことは権限の問題になるので使用者が業務上の必要性を主張・立証すべきです。

(注11)

人選が不合理な場合も配転命令は効力がありません。配転による不利益とも関係しますが、具体的に記述します。

(注12)

配転の結果、労働者が被る不利益を具体的に記載します。業務上の必要性と比較して、著しい不利益であることが必要となります。

(注13)

不当な動機・目的とは、退職に追い込むことを目的としたり、報復のための配転を命じる場合をいいます。具体的に不当な動機・目的を記載してください。

(注14)

労働組合員であることや正当な労働組合の活動をしたことを理由に配転した場合には労働組合法7条1号違反（不当労働行為）となります。労基法3条は、「労働者の国籍、信条又は社会的身分を理由として、賃金、労働時間その他の労働条件について、差別的取扱をしてはならない」としています。これらの理由によって配転した場合には同条違反となります。また、男女雇用機会均等法6条は、「配置等について、性別を理由として、差別的取扱いをしてはならない」と定めるので、性別を理由にして差別的に配転された場合には同法違反となります。

(注15)

配転命令にあたり、内示期間を置き労働者側の事情を考慮するとか、労働組合との協議や同意を要するなどの手続規定があり、これが守られていない場合、具体的に記載してください。

(注16)

労働組合で交渉したとか、苦情処理手続をとったとか、上司に再考を求めたなどの経過とその際の会社側の対応を簡潔に記載してください。

(注17)

主張する無効理由に応じて必要な文書を甲号証として提出します。

(注18)

審理の進め方等について要望があれば、提出できます。

3　賃金請求

1　単なる未払賃金の場合

(1)　記載例

申立の趣旨

1　相手方は、申立人に対し、下記金員を支払え。

(1)　金45万円(注1)

(2)　上記金額のうち、金15万円に対する令和5年2月26日から同年3月20日までは年3パーセント、同年3月21日から支払済に至るまでは年14.6パーセントの割合による金員、うち金30万円に対する令和5年3月26日から支払済に至るまで年14.6パーセントの割合による金員(注2)

2　申立費用は相手方の負担とする。

との労働審判を求める。

申立の理由

1　労働契約の成立及び賃金に関する約定

(1)　労働契約の成立（甲第1号証）

①　採用日　2016年3月18日

②　入社日　2016年4月1日

③　業務の内容　**総務及び経理**

④　期間の定め　☑なし　□あり（　　カ月／　　年）

(2)　賃金に関する約定

①　賃金の内容及び金額（甲第４号証）

☑月給　基本給　金　22万円

手当（注３）合計　金　８万円

役職手当　金　４万円

住宅手当　金　２万円

家族手当　金　２万円

□日給　金　万円

□時給　金　万円

②　賃金の締め日及び支払い日（甲第３号証・４条）

20日締めの　☑当月25日支払い

□翌月　日支払い

2　労務の提供（勤務）

2016年４月１日から☑2023年３月20日まで

□現在まで

3　賃金の未払い（注４）

☑月給　2023年２月分　金15万円

2023年３月分　金30万円

□日給　年　月　日から同　年　月　日まで

合計　日分　金　円

□時給　年　月　日から同　年　月　日まで

合計　時間分　金　円

4　賃金不払いの経緯、相手方の説明、これに対する反論、交渉経過等賃金不払いに関する事情（注５）

取引先が倒産したことなどにより資金繰りが間に合わないと社長は説明していました。見通しが立たないので３月20日付で退職しました。退職直後、内容証明郵便で支払いを催促しました（甲第５号証）が、何の

返事もありません。急いで審理してもらわないと相手方会社まで倒産してしまうおそれがあります。

5　結論

そこで、申立人は未払賃金及びこれに対する遅延損害金の支払いを求めるべく本申立に及ぶ。

6　証拠方法(注6)

☑労働（雇用）契約書（甲1号証）　☑就業規則（甲2号証）

☑賃金規定（甲3号証）　☑賃金明細書（甲4号証）

☑支払督促書（甲5号証）　☑未払賃金確認書（甲　号証）

□その他（　　　　　　　　　　　　　　）

7　添付書類(注7)

☑甲1号証～甲5号証（写し）／☑資格証明書／□訴訟委任状／

□上申書(注8)

その他（　　　　　　　　　　　　　　）

(2)　記載方法と解説

（注1）

未払賃金の総額を記入します。

（注2）

遅延損害金（本来の支払日以降の利息）の請求の項目です。

(1)　月給制で何カ月も不払いがあるときは、遅延損害金は各月の賃金について各月の支払日の翌日からそれぞれ発生するので、精密に請求するときは、このように各月の賃金について分けて請求します。

なお、退職手当以外の賃金の消滅時効期間は3年間です（労基法115条）。支払時期が2020年4月1日以降のものの消滅時効は3年と定められています（労基法115条では、時効期間は5年とされていますが、同法附則143条3項で、「当分の間」3年とするとされています)。なお、2020年4月1日より前に支払い時期が到来している賃金の時効期間は2年です。

(2) 事業主がその事業を退職した労働者に係る賃金（退職手当を除く）の全部又は一部を退職の日（退職の日後に支払期日が到来する賃金にあっては当該支払期日）までに支払わなかった場合は、退職日または支払期日の翌日から支払われる日までの期間について年14.6パーセントの遅延損害金を請求できます（賃金の支払の確保等に関する法律6条1項、同法施行令1条)。退職日までは年3パーセントです。

(3) 本例では、2023年2月分残金15万円について、支給日の翌日である2月26日から退職日である3月20日までは年3パーセント、退職日の翌日である3月21日からは年14.6パーセントで請求できます。また同年3月分30万円については、支給日が退職日（3月20日）の後の3月25日であるので、年14.6パーセントの請求は本来の支払期日である3月25日の翌日からとなります。

(注3)

各手当ごとに分類して記載します。

(注4)

他に時間外・休日手当（残業代）の未払いがあるときは、それも請求できます。その場合の書式は、❻〈283頁〉を参照してください。

(注5)

賃金不払いに関する経緯、会社とのやりとりなど賃金不払いに関する諸事情を簡潔に記載してください。

(注6)

提出する証拠にチェックを記入した上で、証拠ごとに順番に番号をつけてください。

(注7)（注8）は、❷1の（注15）（注16）を参照してください。

2　同意なく一部減額された賃金を請求する場合

（就業規則の不利益変更や降格を理由とする場合、人事評価・査定による減額の場合を除く）

(1)　記載例

申立の趣旨

1　相手方は、申立人に対し、下記金員を支払え。

(1)　金30万円(注1)

(2)　上記金額のうち金5万円に対する令和4年11月26日から、うち金5万円に対する令和4年12月26日から、うち金5万円に対する令和5年1月26日から、うち金5万円に対する令和5年2月26日から、うち金5万円に対する令和5年3月26日から、うち金5万円に対する令和5年4月26日から、それぞれ支払済に至るまで年3％の割合による金員(注2)

2　申立費用は相手方の負担とする。

との労働審判を求める。

申立の理由

1　労働契約の成立及び賃金に関する約定

(1)　労働契約の成立（甲第1号証）

①　採用日　2016年3月23日

②　入社日　2016年4月1日

③　業務の内容　**総務及び経理**

④　期間の定め　☑なし　□あり（　　カ月／　　年）

(2)　賃金に関する約定

①　賃金の内容及び金額（甲第4号証の1）

☑月給　基本給　　　　　　　　　金　　　22万円

手当（注3）　合計　　　　　金　　　8万円

役職手当　　　　　　　金　　　4万円

住宅手当　　　　　　　金　　　2万円

家族手当　　　　　　　金　　　2万円

□日給　　金　　　　円

□時給　　金　　　　円

②　賃金の締め日及び支払い日（甲第3号証）

20日締めの　☑当月25日支払い

□翌月　日支払い

2　労務の提供（勤務）

2016年4月1日から　□　　　年　　月　　日まで

☑現在まで

3　一方的賃金減額の無効

(1)　賃金減額の始期

2022年11月25日支給分から

(2)　申立人の同意（注4）

☑なし

□あり　その場合の無効の原因と事情

□錯誤　　　　　具体的事情（　　　　　　　　　）

□公序良俗違反　具体的事情（　　　　　　　　　）

□詐欺取消　　　具体的事情（　　　　　　　　　）

□強迫取消　　　具体的事情（　　　　　　　　　）

□その他の原因　具体的事情（　　　　　　　　　）

(3)　賃金減額の内容及び減額の合計額（注5）（甲第4号証の2〜7）

☑月給2022年11月分　　基本給5万円

2022　12月分　**基本給5万**円
2023　1月分　**基本給5万**円
2月分　**基本給5万**円
3月分　**基本給5万**円
4月分　**基本給5万**円
合計　金　**30万**円

□日給　　年　　月　　日から同　　年　　月　　日まで
合計　　日分　　金　　　　円

□時給　　年　　月　　日から同　　年　　月　　日まで
合計　　時間分　　金　　　　円

4　賃金減額の経緯、相手方の主張する理由、説明、これに対する反論、交渉経過等賃金減額に関する事情 (注6)

相手方は経営が苦しいと言って、2022年11月分給料から突然、5万円の減額を実施しました。それも、給料をもらってみて初めてわかったことで、社長に理由を問うと、「払えないものは払えない。イヤならいつでも辞めてくれていい」と逆におどされてしまいました。話し合いの余地などありません。

労働相談情報センターに相談に行き、社長に連絡してもらいましたが、社長はまったく聞く耳を持ちません。

5　結論

そこで、申立人は、相手方が申立人の同意なく減額した上記第3項記載の金員及びこれに対する遅延損害金の支払いを求める。

6　証拠方法 (注7)

☑労働（雇用）契約書（甲**1**号証）　☑就業規則（甲**2**号証）
☑賃金規定（甲**3**号証）　☑賃金明細書（甲**4**号証**の1～7**）
□支払督促書（甲　号証）　□未払賃金確認書（甲　号証）

□その他（　　　　　　　　　　　　　　　　　　　　　　　　）

7　添付書類（注8）
☑甲1号証～甲4号証の7（写し）／☑資格証明書／□訴訟委任状／
□上申書（注9）
その他（　　　　　　　　　　　　　　　　　　　　　　　　　）

(2) 記載方法と解説

（注1）から（注3）までは、前記❸1を参照してください。

（注4）

賃金減額の合意（使用者の申込みと労働者の承諾）は、本来使用者の主張・立証すべきこと（抗弁）ですが、労働者の同意のないことを先行して記載しておきます。

仮に何らかの形で同意を取られている場合は、その同意の無効（公序良俗違反）や取消（錯誤、詐欺、強迫）、就業規則で定める水準に達しない合意の無効（労契法12条）を主張します。

（注5）

減額された費目と金額を、具体的に記載してください。

（注6）

賃金の減額に関する主な事情を簡潔に記載してください。

（注7）

提出する証拠にチェックを記入した上で、証拠ごとに順番に番号をつけてください。

（注8）（注9）は、❷1の（注15）（注16）を参照してください。

※支払日がまだ来ていない、将来予測される減額分も合わせて請求する場合は、❸3の（注5）を参照してください。

3　降格を理由として減額された賃金を請求する場合

(1)　記載例

申立の趣旨

1　申立人が相手方に対し、労働契約上、**課長職（営業本部第一営業部営業第二課）**（注4）の地位にあることを確認する。

2　相手方は、申立人に対し、下記金員を支払え。

(1)　金15万円（注1）

(2)　上記金額のうち金3万円に対する令和4年11月26日から、うち金3万円に対する令和4年12月26日から、うち金3万円に対する令和5年1月26日から、うち金3万円に対する令和5年2月26日から、うち金3万円に対する令和5年3月26日から、それぞれ支払済に至るまで年3％の割合による金員（注2）

(3)　令和5年4月から毎月25日限り、金30万円（注5）

3　申立費用は相手方の負担とする。

との労働審判を求める。

申立の理由

1　労働契約の成立及びその内容（約定）

(1)　労働契約の成立

①　採用日　2016年3月4日

②　入社日　2016年4月1日

③　業務の内容　営業

④　期間の定め　☑なし　□あり（　　カ月／　　年）

(2)　賃金に関する約定

①　賃金の内容及び金額（甲４号証の１）

☑月給　基本給　　金　　22万円

手当（注３）　合計　　金　　８万円

役職（課長）手当　　金　　５万円

住宅手当　　金　　２万円

家族手当　　金　　１万円

②　賃金の締め日及び支払い日（甲第２号証）

20日締めの　☑当月25日支払い

□翌月　日支払い

(3)　職位あるいは職能資格に関する約定（甲第３号証の１）（注４）

☑職位　　課長職（営業本部第一営業部営業第二課）

□職能資格

2　降格及びその内容

(1)　降格日　2022年10月26日（甲第３号証の２）

(2)　降格の内容（甲第３号証の２）

☑職位　　課長職から主任に

□職能資格　　等級　号俸から　　等級　号俸に

(3)　降格に伴う賃金減額

①　減額の始期　2022年11月25日支給分

②　減額費目及びその金額

□基本給（　　　　）　１カ月金　　　円

☑手　当（役職手当・主任として２万円）　１カ月金３万円

③　申立までの減額賃金の合計　　金15万円（甲第４号証の２～６）

☑　2022年11月分　　金３万円

12月分　　金３万円

2023　１月分　　金３万円

２月分　　金３万円

3月分　　　　　　　　金3万円

3　降格の無効及びその理由（注6）

☑根拠規定の不存在（甲第1号証）

相手方の就業規則には、職位の降格に関する規定は存在しない。とすれば、相手方では職位の降格は予定されておらず、相手方には社員を降格する権限は与えられていないと言うべきである。したがって、本件で相手方が申立人の職位を引き下げることは根拠規定を欠き無効であるから、申立人は現在も労働契約上、課長職（営業本部第一営業部営業第二課）の地位にある。

また、本件降格に伴う役職手当の引下げも無効であるから、申立人は2022年11月以降も役職手当につき課長職として毎月５万円の請求権を有する。

☑権利の濫用

仮に、根拠規定がないことによっては直ちに職位の降格は無効にならないとしても、職位の降格は、①使用者側における業務上の必要性の有無・程度、②労働者の被る不利益の性質・程度、③労働者側における帰責性の有無・程度、④嫌がらせによる退職強要など不当な動機・目的をもってなされたものかどうかなどの諸事情を総合考慮して、それが権利濫用とみられる場合は無効となる。

ところが、本件では、上記①③に関し、相手方が理由とする「営業第二課の業績不振及び管理能力の不足」は、もともと2021年度の売上目標額の設定に無理があった上に、その目標額を前提にしてもわずか５％未達成だっただけであり、申立人の営業課長としての能力に重大な問題があったとは到底評価できないから、本件降格の業務上の必要性は認められない。降格の時期も極めて不自然である。また上記②については本件降格によって申立人は毎月賃金の10％にあたる３万円もの減額となっており、これまで職務に精励してきた申立人の自尊心も著しく侵害するものであるから、申立人の被る不利益も重大である。さらに上記④に関し

ては、本件降格は申立人が自分の部下である営業部員の時間外手当の不払いに疑問を持ち、営業本部長に対して２年遡及しての時間外手当の支払いを求めたことに端を発しているものであって、こうした申立人の正当な行動に対する嫌悪が動機となっていることは明らかである。

以上の事情を総合考慮すれば、本件降格は権利の濫用であって無効であるから、申立人は現在も労働契約上営業本部第一営業部営業第二課長の地位にある。また、本件降格に伴う役職手当の引下げも無効であるから、申立人は2022年11月以降も役職手当につき課長職として毎月５万円の請求権を有する。

□その他の無効原因

4　降格の経緯、相手方の主張する理由、説明、これに対する反論、交渉経過等、降格に関する事情（注7）

相手方が主張する降格の理由、これに対する反論は第３項記載のとおりである。

申立人は2023年１月に文書にて降格及び役職手当の減額に抗議するとともに減額分賃金の支払を請求した（甲第５号証）が、相手方は何ら対応しない。さらに、同年３月、申立人は東京労働局紛争調整委員会にあっせんの申立をなしたが、相手方がこれに応ぜず、あっせん打切りとなった（甲第６号証）。

5　結論

以上のとおり、相手方がした本件降格は無効であるから、申立人は、申立の趣旨記載の労働審判を求める。

6　証拠方法（注8）

□労働（雇用）契約書（甲　号証）　☑就業規則（甲**１**号証）
☑賃金規定（甲**２**号証）　□職能資格規定（甲　号証）
☑給料明細書（甲**４**号証**の１～６**）　☑辞令（甲**３**号証**の１、２**）

□懲戒処分通知書（甲　号証）

☑その他（**抗議及び差額賃金支払請求書　甲第５号証**）

（**あっせん打切り通知　甲第６号証**）

7　添付書類（注９）

☑甲１号証～甲６号証（写し）／☑資格証明書／□訴訟委任状／

□上申書（注10）

その他（　　　　　　　　　　　　　　　　）

⑵　記載方法と解説

（注１）～（注３）及び（注８）から（注10）は、前記**3**１を参照してください。

（注４）

降格前の職位ないし職能資格を記入します。

（注５）

降格により減額になる前の賃金総額を記載します。申立時以降（将来）の賃金の請求です。なお、争いとなっている課長手当だけを特定して（「課長手当金５万円」）請求することも考えられます。

（注６）

降格の無効及びその理由は、降格の種類ごとに、下記の点に留意して具体的に記載する必要があります。

⑴「降格」の種類

いわゆる「降格」と呼ばれるものには、以下のものがあります。

①　職位の降格

例えば職制上の課長を係長にする場合などがこれにあたります。これにより、「管理職手当」が減額されるのが通常です。

②　職能資格の引下げ措置としての降格

職能資格上の資格（例えば８等級、参与など）を７等級、参事などに引き下げるものです。これにより、職能資格に連動する基本給などが減額されるのが通常です。

なお、これらの「降格」は能力不足等を理由として行われるほか、懲戒処分として行われることもあります。

(2)　「降格」の有効要件

①　職位の降格

職位の降格は、①使用者側における業務上の必要性の有無・程度、②労働者の被る不利益の性質・程度、③労働者側における帰責性の有無・程度、④嫌がらせによる退職強要など不当な動機・目的をもってなされたものかどうかなどの諸事情を総合考慮し権利濫用とみられる場合は、無効となります。

参考判例：医療法人財団東京厚生会事件・東京地裁判決平9.11.18労判728号／バンク・オブ・アメリカ・イリノイ事件・東京地判平7.12.4労判685号

②　職能資格の引下げ

判例は、職能資格の引下げ措置としての降格について、通常、降格は予定されておらず、具体的な根拠規定がなければ使用者は降格権限を有さないとして、一方的に降格しこれを理由として賃金を減額することは許されず、無効としています。

参考判例：アーク証券事件・東京地判平12.1.31労判785号、同事件・東京地決平8.12.11労判711号／チェースマンハッタン銀行事件・東京地判平6.9.14労判656号／渡島信用金庫事件・函館地判平13.2.15労判812号

職能資格の引下げを根拠付ける条項が職能資格規定に存在する場合も、使用者の権利濫用とみられる場合は、無効となります。

その場合の考慮の要素は、①降格規定の合理性、②労働者の能力・適性等からみた必要性、③降格等の程度の相当性、④通常労働者が甘受すべき程度を超える不利益があるかなどが考えられます。

③　懲戒処分による降格

まず、懲戒処分の効力自体を争うことになります。

懲戒処分としての降格が有効であるためには、①懲戒の事由と懲戒の手段（種類・程度）が就業規則上明定されていること、②懲戒規定の内容が合理的であること、③懲戒規定に該当する懲戒事由が存在すること、④同

じ規定に同じ程度に違反した場合には、これに対する懲戒処分は同種、同程度であること（平等取扱いの原則）、⑤懲戒処分の重さが規律違反の種類・程度その他の事情に照らして相当であること（相当性の原則）、⑥弁明聴取や懲戒委員会の開催と議決など懲戒処分に至る適正手続を経ていること、⑦同一の事由に対し２回懲戒処分をしていないこと（一事不再理の法理）の各要件を充たすことが必要であり（菅野和夫『労働法』第十二版717頁以下等参照）、懲戒処分はこれらのいずれかの要件を欠くときは、懲戒権の濫用として無効です（労契法15条）。

以上の有効要件に即して、降格が無効となる事情を具体的に記載してください。

なお、以上の他にも、以下のような無効原因があります。

① 懲戒規定が拘束力を生ずるためには、適用を受ける事業場の労働者に周知させる手続がとられていることが必要です（労契法７条）。労契法制定前にも、周知手続を欠く懲戒規定に基づく懲戒処分を無効とした判例があります（フジ興産事件・最判平15.10.10労判861号）。

② 不当労働行為その他の法令違反

降格・降級が、組合執行部や組合員を狙い撃ちした不当労働行為（労働組合法７条１号、３号）である場合は、憲法28条の団結権等の保障を内容とする公序良俗に違反し、無効です。

また、その他労働関係法規違反がある場合も、無効です。

このような事情がある場合には、「その他の無効原因」の欄に具体的に記載してください。

（注７）

降格に関する交渉経過や主な事情を、簡潔に記載してください。

（注８）～（注10）は、❸１の**（注６）～（注８）**を参照してください。

４　人事評価・査定を理由として減額された賃金を請求する場合

(1)　記載例

申立の趣旨

１　相手方は、申立人に対し、下記金員を支払え。

(1)　金18万円（注１）

(2)　上記金額のうち金６万円に対する令和５年１月26日から、うち金６万円に対する令和５年２月26日から、うち金６万円に対する令和５年３月26日から、それぞれ支払済に至るまで年３％の割合による金員（注２）

(3)　令和５年４月から毎月25日限り金32万円（注４）

２　申立費用は相手方の負担とする。

との労働審判を求める。

申立の理由

１　労働契約の成立及びその内容（約定）

(1)　労働契約の成立

①　採用日　2016年３月４日

②　入社日　2016年４月１日

③　業務の内容　**営業**

④　期間の定め　☑なし　□あり（　　カ月／　　年）

(2)　賃金の締め日及び支払日（甲第２号証）

20日締めの　☑当月25日支払い

□翌月　日支払い

2　本件人事評価・査定前の賃金額

2022年の申立人の賃金額（甲第5号証の1）

☑月給　基本給　　　　　　金　　24万円

　　　手当(注3)　合計　　　金　　8万円

　　　　役職手当　　　　金　　4万円

　　　　住宅手当　　　　金　　2万円

　　　　家族手当　　　　金　　2万円

3　本件人事評価・査定後の賃金額

(1)　本件人事評価・査定の実施

2023年1月10日

(2)　本件人事評価・査定による賃金減額及び始期（甲第4号証）

①　減額の始期

2023年1月25日支給分

②　減額費目及びその金額(注5)

☑基本給　　1カ月　　金6万円

□手　当　　1カ月　　金　万　　　円

③　申立までの減額賃金の合計　金　18万円（甲第5号証の2～4）

4　本件人事評価・査定の内容とその無効(注6)

(1)　本件人事評価・査定の理由及び結果（甲第4号証）

（相手方の主張する理由及び結果を具体的に記載する）

(2)　本件人事評価・査定の無効原因

人事評価・査定において、使用者に裁量が与えられているとしても、それには自ずと一定の制約があり、評価・査定権限の行使にあたって使用者が裁量の範囲を逸脱したときは、その権限行使は無効となると解すべきである。また、使用者は、査定にあたり、公正に評価すべき契約上の義務を負っていると解すべきであり、この義務が履行されない場合も結果としての査定は無効と解すべきである。

ところが本件では、

（申立人への結果と理由の告知や意見聴取等の手続が定められているにもかかわらず、その履践を欠いている、評価・査定自体が基準がなく、恣意的である、不公正である、などの具体的事情を記載する）

よって、本件人事評価・査定は裁量の範囲を逸脱し、また、公正評価義務に違反して無効である。

5　人事評価に関する交渉等の経過（注7）

申立人は、本件査定及び基本給減額につき、相手方に設置されている苦情処理委員会に苦情申告をしたが、1回事情聴取を受けたのみで、不受理とされてしまった（甲第**6**号証）。

6　結論

以上のとおり、相手方がした本件人事評価・査定は無効であるから、申立人は、申立の趣旨記載の労働審判を求める。

7　証拠方法（注8）

□労働（雇用）契約書（甲　号証）　☑就業規則（甲**1**号証）
☑賃金規定（甲**2**号証）　☑職能資格規定（甲**3**号証）
☑給料明細書（甲**5**号証）　☑人事評価決定通知書（甲**4**号証）
☑その他（苦情申告書　甲**6**号証）　☑陳述書（甲**7**号証）

8　添付書類（注9）

☑甲**1**号証～甲**7**号証（写し）／☑資格証明書／□訴訟委任状／
□上申書（注10）

(2)　記載方法と解説

（注1）～（注3）は、前記❸1を参照してください。

（注４）

減額前の賃金総額を記入します。

（注５）

減額された賃金の費目と減額された額を記載します。

（注６）

人事評価・査定の内容とその無効は、下記の点に留意して具体的に記載してください。

(1) 裁量権逸脱による無効

人事評価・査定において、使用者に裁量が与えられているとしても、それには自ずと一定の制約があり、評価・査定権限の行使にあたって裁量の範囲を逸脱したときは、その権限行使は無効となる。

参考判例：エーシーニールセン・コーポレーション事件・東京地裁判決平16.3.31（労判873号）

「労働契約の内容として、成果主義による基本給の降給が定められていても、使用者が恣意的に基本給の降給を決することは許されないのであり、降給が許容されるのは、①就業規則等による労働契約に、降給が規定されているだけでなく、②降給が決定される過程に合理性があること、③その過程が従業員に告知されてその言い分を聞く等の公正な手続が存することが必要であり、降給の仕組み自体に合理性と公正さが認められ、……個々の従業員の評価の過程に、特に不合理ないし不公正な事情が認められない限り、当該降給の措置は、当該仕組みに沿って行われたものとして許容される」

(2) 公正評価義務違反

使用者には、労働契約の信義則上の義務として、労働者の職業能力の評価を客観的基準に基づき公正に行うべき職業能力公正評価義務が課されているというべきであり、この公正評価義務を怠り誤った評価・査定をした場合は、無効となると考えられる。

その場合の考慮要素としては、①制度導入・運用目的の正当性、②目標設定の妥当性、公平性、③降給（降格）の根拠規定の存在、④客観的かつ合理的な評価基準の設定及び公開、⑤評価の客観性の担保措置、⑥評価に対する労働者の異議申立制度、⑦使用者が説明・協議を尽くしたこと、などが考えられる。

（注７）

　査定をめぐり、相手方と交渉等を行った経過を簡潔に書きます。

（注８）～（注10）は、❸１の（注６）～（注８）を参照してください。

5　就業規則の作成・変更によって引き下げられた労働条件の回復を請求する場合

(1)　記載例

申立の趣旨

1　申立人と相手方との間において、申立人が、**50歳以降の賃金**(注5)について、平成20年４月１日施行と規定された相手方の□就業規則☑賃金規定□退職金規定□その他（　　　）第12条**１項**(注6)に定められた**賃金請求権**(注5)を有する労働契約上の地位を有することを確認する。(注1)

2　相手方は、申立人に対し、下記金員を支払え。

(1)　金37万3,333円 (注2)

(2)　上記金額のうち金５万3,333円に対する令和４年４月26日から、うち金８万円に対する令和４年５月26日から、うち金８万円に対する令和４年６月26日から、うち金８万円に対する令和４年７月26日から、うち金８万円に対する令和４年８月26日から、それぞれ支払済に至るまで年３％の割合による金員 (注3)

(3)　令和４年９月から毎月25日限り、**基本給として**金33万5,000円 (注7)

3　申立費用は相手方の負担とする。

との労働審判を求める。

申立の理由

1　労働契約の成立及びその内容

①　採用日　1991年３月４日

②　入社日　1991年４月１日

③　業務の内容　**総務**

④　期間の定め　☑なし　□あり（　　カ月／　　年）

⑤　月例賃金の締め日及び支払日

20日締めの　☑当月25日支払い

□翌月　日支払い

2　本件で問題とする、不利益変更前の労働条件の具体的内容（注８）

☑月例賃金（甲第１、２号証）

☑基本給　金33万5,000円

□手当（注４）　円

□退職金

□あり（甲第３号証）

□時間外労働・休日手当割増率

□労働時間

□午　時　分から午　時　分まで

□休憩時間

□定年年齢

□あり　歳　□無

□その他本件の労働条件

□（　）

□効力発生日　**2008年４月１日（甲第２号証）**

3　本件で問題とする、不利益変更後の労働条件の内容（注９）

⑴　就業規則（賃金規定、退職金規定を含む）の不利益変更の効力発生日

2022年４月１日（甲第５号証）

⑵　本件で問題とする労働条件の不利益変更の具体的内容

☑月例賃金**（甲第５号証）**

☑基本給　**金25万5,000円**

相手方は、賃金規定第12条１項に定める基本給表の一部を変更し、50歳到達後最初の年の４月１日から（本年４月１日時点で50

歳以上の従業員については同月支給分から）、基本給を一律８万円切り下げるという不利益変更を行った。

申立人は、本年３月３日をもって50歳となっていた。

□　　手当（注４）　　　　　　　　　　円

□退職金

□時間外労働・休日手当割増率

□労働時間

□午　　時　　分から午　　時　　分まで

□休憩時間

□定年年齢

□その他の労働条件

(3)　不利益変更に伴い賃金減額がある場合の、その金額

☑月例賃金（甲第**６**号証）

①減額の始期　**2022**年**４**月**25**日支給分

②減額費目及び金額

☑基本給	１カ月金	**８**万円
□手　当（注４）	１カ月金	円
□時間外・休日手当	金	円

③申立までの減額合計　　金　**37万3,333**円

2022年**４**月分　　金　**５万3,333**円

４月分については４月１日から賃金締日の同月20日までの日割計算

５月分　　金　**８万**円

６月分　　金　**８万**円

7月分　　　金　　8万円

8月分　　　金　　8万円

□退職金

4　本件不利益変更の無効及びその理由（注10）

(1)　□法律、労働協約の違反

(2)　□就業規則の作成・変更手続義務の違反

□意見聴取義務違反

□届出義務違反

□周知義務違反

(3)　☑不利益変更の合理性の欠如

☑労働者が被る不利益の程度・内容

申立人の本件不利益変更前の基本給額は、月額33万5,000円であり、1カ月8万円もの減額は、その約24％にも相当するものである。申立人にはまだ大学生の長男と高校生の長女、寝たきり状態の老父とその介護をしている専業主婦の妻がいるが、毎月8万円もの減額により、家族の生活は極めて困窮した状態に追い込まれている。

また相手方では退職金は退職時の基本給に支給率を乗じて算出されるが、同基本給額の大幅な切下げにより、退職金額についても大きな不利益が生じる。

☑不利益変更の必要性の内容・程度

相手方の経営状態は、毎年ごくわずかではあるが黒字であり、株主配当も継続しているのであって、このような重大な不利益変更をしなければならないほどの経営上の高度の必要性は

存在しない。

☑その他の事情

☑変更後の就業規則の内容の相当性

相手方は、「賃金のアンバランスを是正し、中堅層の意欲を引き出すために今回の変更を行った」というが、これまで長年相手方のために貢献してきた50歳以上の高年齢層に不利益をしわ寄せする一方で、中堅層については逆に基本給のアップを行っており、年齢による差別的取扱いは不合理で不相当である。

☑代償措置その他関連する他の労働条件の改善の有無、ある場合の内容

本件不利益変更と同時に50歳役職定年制が導入されたが、役職定年後もスタッフ管理職となり、実質的に従前の職務内容と同じである。労働時間の短縮もなければ、その他の代償措置も一切ない。

☑経過措置（救済ないし激変緩和措置）の有無、ある場合の内容

調整手当の支給等の経過措置は、特に設けられておらず、本年４月支給分の賃金から直ちに基本給額の減額が行われている。

☑労働組合等との交渉の経緯

申立人らは、「○○管理職者の会」を15名の有志で結成し、社長宛に今回の不利益変更の撤回と協議を申し入れたが（甲第７号証）、社長は一度申立人らと約30分話し合いを持っただけで、その際も申入れを一蹴し、その後は話し合い自体拒否している。

☑他の労働組合又は他の従業員の対応

非管理職で組織する○○労働組合は本件不利益変更に同意をしたが、申立人は非組合員であり、意見を反映させる機会はまったくなかった。

また○○労働組合は、今回の不利益変更を受け入れるかどうかについて組合員のアンケート調査を行ったが、それによれば賛成55％、反対45％の僅差であった。

☑同種事項に関する我が国社会での一般的状況

相手方は業界で中堅の会社であり、同年齢層の賃金水準に比べて、特に相手方だけが高額という事情はない。

5　結論

以上のとおり相手方がした本件就業規則の変更による労働条件の不利益変更は無効であるから、申立人は、申立の趣旨記載の労働審判を求める。

6　証拠方法 (注11)

□労働（雇用）契約書（甲　号証）　☑旧就業規則（甲１号証）

☑旧賃金規定（甲２号証）　☑旧退職金規定（甲３号証）

☑新就業規則（甲４号証）　☑新賃金規定（甲５号証）

□新退職金規定（甲　号証）　☑給料明細書（甲６号証）

□その他（**「管理職者の会」申入書　甲第７号証**　）

☑陳述書（甲８号証）

7　添付書類 (注12)

☑甲１号証～甲８号証（写し）／☑資格証明書／□訴訟委任状／

□上申書 (注13)

その他（　）

(2)　記載方法と解説

（注１）

回復を請求する（旧）就業規則が適用されることの確認を求めています。本項は求めなくともよいとも考えられますが、かかる地位を確認した上で、具体的な請求を認容する裁判例があります（後記の八王子信金事件など）。

（注2）～**（注4）** は、前記**3** **1** の〈**注1**〉～〈**注3**〉〈245頁以下〉を参照してください。

（注5）

本件審判で問題とする労働条件の項目を記入します。例えば、「50歳以降の基本給」、「退職金額」、「労働時間」など。

（注6）

不利益変更前の、労働条件の根拠規定を具体的に記入します。

（注7）

不利益変更により月例賃金の減額がある場合、減額前の賃金総額を記載します。

（注8）

本件審判で問題とする労働条件の項目を選択し、それについて不利益変更前の内容を具体的に記入します。

（注9）

本件審判で問題とする労働条件の項目を選択し、それについて不利益変更後の内容を具体的に記入します。

（注10）

就業規則不利益変更の無効及びその理由を選択して具体的に記載します。その際は、下記の点に留意してください。

⑴ 法令、労働協約の違反（労基法13条、92条、労契法13条）

① 法令による規制

労基法で定める基準は最低基準（労基法1条2項）です。したがって、労基法の基準に達しない労働条件を定める就業規則は、その部分について無効となり、無効となった部分は労基法で定める基準によることになります（労基法92条、労契法13条）。

② 労働協約による規律

労働協約の適用を受ける組合員の場合、労働協約に定める基準に違反する就業規則の部分は無効となり、無効となった部分は労働協約の定める基準によります（労基法92条、労契法13条）。

⑵ 就業規則の作成・変更手続の違反

労基法の定める手続義務は、就業規則の不利益変更の場面では労働者を保護する機能を果たします。手続義務を使用者がきちんと果たしていない場合は、その不利益変更の効力は否定されるべきです（菅野和夫「労働法」第十二版217頁は、手続を履践したことが「合理性判断におけるプラスの材料になる」としています）（労契法11条）。

① 労働者代表からの意見聴取義務（労基法90条）

意見を聴取した過半数代表者は、所定の選出方法（投票や挙手等の方法（労基法施行規則６条の２））によって民主的に選出された者かどうかをチェックします。誰が意見を述べた（ことになっている）かは、使用者が労基署に届出した作成・変更後の就業規則の控えを保有しているので、それに添付されている意見書を閲覧することで、確認できます。使用者が開示しない場合は所轄労基署に相談してください。

② 労働基準監督署長への届出義務（労基法89条）

③ 周知義務（労基法106条１項）

使用者が周知する措置を採らず、従業員にまったく周知されていない場合は、その就業規則の条項は無効です（労契法７条、10条）。

参考判例：関西定温運輸事件・大阪地裁判決平10.９.７労判748号（定年制の新設について）／日本コンベンションサービス事件・大阪高裁判決平10.５.29労判745号（退職金不支給事由の新設）／ＮＴＴ不利益変更事件・大阪高裁判決平16.５.19労判877号（55歳特別職群移行後の賃金減額）／フジ興産事件・最高裁判決平15.10.10労判861号－「就業規則が法的規範としての拘束力を生ずるためには、その内容を適用を受ける事業場の労働者に周知させる手続が採られていることを要する」

(3) 不利益変更の合理性の欠如

以下の判断枠組みは、第四銀行事件（最高裁判決平９.２.28労判710号）等一連の最高裁判決で確立された内容が労働契約法制定にあたり、９条、10条として法文化されたものです。

① 原則（労契法９条）

本人の同意がなければ、拘束力はない。

② 例外（労契法10条）

労働条件の統一的・画一的

処理のため、変更後の条項が合理的なものであれば、その内容が周知されている限り、同意がなくても拘束力を認める。

③ 特に賃金・退職金の不利益変更について

重要な労働条件に関する不利益変更なので、高度の必要性に基づいた合理性がある場合に限り、労働者に対する拘束力を持つ。

④ 「合理性」の有無を総合判断する際の考慮要素

第四銀行事件・最高裁判決等は、「合理性の有無は、具体的には、就業規則の変更によって労働者が被る不利益の程度、使用者側の変更の必要性の内容・程度、変更後の就業規則の内容自体の相当性、代償措置その他関連する他の労働条件の改善状況、労働組合等との交渉の経緯、他の労働組合又は他の従業員の対応、同種事項に関する我が国社会における一般的状況等を総合考慮して判断すべきである」としています。

さらに、みちのく銀行事件最高裁判決は、特に大きな不利益を被る一部の労働者に対する特別の経過措置（激変緩和措置）の有無も考慮すべきとしています（後述）。

これらの判決を受けて、労契法10条は「労働者の受ける不利益の程度、労働条件の変更の必要性、変更後の就業規則の内容の相当性、労働組合等との交渉の状況その他の就業規則の変更に係る事情に照らして合理的なものである」ことを就業規則の不利益変更が労働者を拘束する（労働契約の内容となる）要件と定めました。

さらに、山梨県民信用組合事件最高裁判決（平28.2.19）は、就業規則の不利益変更について労働者の同意があったとしても、「当該変更により労働者にもたらされる不利益の内容及び程度、労働者により当該行為がされるに至った経緯及びその態様、当該行為に先立つ労働者への情報提供又は説明の内容等に照らして、当該行為が労働者の自由な意思に基づいてされたものと認めるに足りる合理的な理由が客観的に存在するか否かという観点からも、判断されるべきものと解するのが相当である」として、「自由な意思」の存在を求めました。

そこで、これらの要素に沿って主張立証することになりますが、基本的には不利益変更の合理性の有無は、「不利益の内容・程度」と「変更の必要性の内容・程度」との比較で、「どうしてもそのような不利益変更をしなければならないほどの高度の必要性があるか」について判断されることになりますから、この２つの要素を重点的に主張立証すべきです。

⑤　不利益変更の合理性を否定した最近の判例（いずれも定年延長なし）

㋐　みちのく銀行事件・最高裁判決平12.９.７労判787号

55歳以降の管理職層の労働者につき、定年までの５年間で最大約2,000万円もの減額とした事案

・減額幅が大きいこと＝労働者の被る不利益の重大さを強調

・労働時間や職務内容には変化がなく不利益性を低く評価できない

・代償措置も数十パーセントの賃金減額を補うようなものと評価できない

・経過措置はこの内容、程度では救済ないし緩和措置として不十分

・約73％を組織する多数派組合が同意していることも不利益性の程度や内容を勘案すると合理性判断に際して大きな考慮要素と評価できない

㋑　大阪厚生信金事件・大阪地裁判平12.11.29労判802号

58歳以降60歳まで約30％賃金を減額した事案

㋒　八王子信用金庫事件・東京高裁判決平13.12.11労判821号

57歳時以降の賃金を約23％減額した事案

（注11）～（注13）は❸１の（注６）～（注８）を参照してください。

4 退職金請求

(1) 記載例

申立の趣旨

1　相手方は申立人に対し、

　(1)　金256万3,750円(注1)及び

　(2)　上記(1)の金額に対する令和5年4月1日より支払済に至るまで年3パーセントの割合による金員(注2)

　を支払え。

2　申立費用は相手方の負担とする。

との労働審判を求める。

申立の理由

1　労働契約（甲第1号証）

　入社日（労働契約の締結日）2006年4月1日

　退職の日　2023年2月28日（勤続年数16年11ヵ月）

　退職事由　□会社都合による退職(注3)

　☑自己都合退職

　□解雇

　□その他

　退職時の賃金（退職金算定の基礎となる額）

　月額35万0,000円（甲第4号証）

2　退職金の発生(注4)

　☑2005年1月1日施行にかかる退職金規程の存在（甲第3号証2条2号）

□労働協約（甲第　　号証）

□個別合意（甲第　　号証）

□退職金支給の慣行

□従業員代表の合意（甲第　　号証）

3　退職金の算定方法（甲第３号証５条）

□退職時の基本給に勤続年数を乗じる（勤続年数の計算は、１年未満の月数は月割りで計算する。15日に満たない場合にはこれを切り捨て、15日以上の場合にはこれを１カ月に繰り上げる）。

☑退職時の基本給に勤続年数に応じて決まる係数を乗じる（ただし、勤続年数の端数は月割りで計算する。15日に満たない場合にはこれを切り捨て、15日以上の場合にはこれを１カ月に繰り上げる）。

□その他

□会社都合退職その他の場合における退職金の増額の定め

4　退職金額　　　　　金　**256万3,750円**

基礎金額

35万0,000円（基本給）（甲第**４**号証）

勤続年数

16年11カ月

勤続年数に応じて定まる係数（甲第**３**号証別表１）

7.325

会社都合退職その他の場合における退職金の割増係数

5　遅延損害金

(1)　退職金の支払日

☑支払日が退職金規程に定められている場合（甲第**３**号証**15**条）

2023年３月31日（退職の翌月末）

□支払日が定められていない場合

年　月　日（請求が到達した日）(注5)

⑵　利率　年3パーセント

6　退職金不払い・減額の経緯及び相手方が主張する不払い・減額の理由

□説明を受けていない

☑説明を受けた

具体的内容(注6)

私は、会社勤務中、交通事故を起こすなどして、会社に損害を与え、著しく勤務成績が不良であったので、退職金規程第4条第3号が退職金の不支給の場合として定める「会社に損害を与えた者」、同じく同4号が定める「甚だしく勤務成績の不良であった者」に該当するとして、不支給としたと説明されました。

7　6に対する反論

私は、確かに、会社の業務でタンクローリーを運転中、何回か交通事故を起こしたり、給油所での作業中に漏油の事故を起こしました。しかし、その数は他の退職金を受け取って辞めていった従業員の平均とほとんど変わりありません。事故の内容も軽微なものであり、会社に大きな損害を与えたこともありません。

また、事故の際には、始末書も提出し、その都度会社の処分も受けてきています。ですから、退職金を支払わないという会社の措置には納得できません。

8　交渉経緯

私が加入している地域労組に何度か団体交渉をしてもらいましたが、会社は、就業規則の規定を盾に一向に支払いの意思を示しません。

9　結論

⑴　請求金額　　**256万3,750円**

⑵　上記⑴の金額に対する令和**５**年**４**月**１**日より支払済に至るまで民法所定の年３パーセントの割合による遅延損害金を支払え

⑶　申立費用は相手方の負担とする

との労働審判を求める。

10　証拠方法（注７）

☑雇用契約書（甲第**１**号証）　☑就業規則（甲第**２**号証）

☑退職金規程（甲第**３**号証）　☑給与明細書（甲第**４**号証）

□退職証明書（甲第　号証）　☑解雇通知書（甲第　号証）

□その他（甲第　号証）

11　添付書類（注８）

☑甲第**１**号証～**４**号証（写し）　☑資格証明書　□委任状　□上申書（注９）

⑵　記載方法と解説

（注１）

請求する退職金（元本）の額を記載します。

（注２）

その支払日が2020年４月１日以降である場合は年３％（2020年４月１日を起点として３年ごとに変動することが予定されています。民法404条）、2020年４月１日より前の場合は、使用者が会社であるなど商人である場合は年６％（商法旧514条）、商人以外の場合（公益法人、生活協同組合等）には年５％（民法旧404条）となります。

（注３）

会社都合退職の場合と自己都合退職等の場合に退職金の額が変わる場合に記入します。

（注４）

退職金の支給の根拠は就業規則（退職金規程）、労働協約に通常、定められています。もちろん、個別の契約も有効です（その場合は、合意の年月日が特定できるのが望ましい）。また、そのような書面による規程がなくとも、従業員代表と使用者との間で支給基準が定められているとかこれまでずっと一定の基準で退職金が支払われてきた事実があるなどの事情がある場合は、慣行（民法92条）に基づいて退職金請求権が発生します。

（注5）

退職金の支払時期については、就業規則などに定められていればそれに従います。そのような定めがない場合には、民法の一般原則に従い、権利者（労働者、就業規則などに定める受取人）の請求が使用者に到達した後に履行遅滞となる（民法412条3項）ので、請求が到達した日を記載します。この場合の遅延損害金は、請求が到達した日の翌日から計算されることになります。

（注6）

就業規則などにおいて、懲戒解雇など一定の事由に該当する場合に退職金を支給しない、あるいは、減額する旨規定されている場合があります。このような規定があるとしても、退職金は労働者の長年の功労に報いるとともに、賃金の後払いとしての性格も有しているので、退職金の不支給・減額は、労働者の側に使用者に対して長年の功労を抹消（不支給の場合）・減殺（減額の場合）してしまうほど信義に反する事情が認められる場合にその限度に限定されます（日本コンベンションサービス事件・大阪地裁平成8年12月25日判決労判711号）。

（注7）～（注9）は、❸1の（注6）～（注8）を参照してください。

5 解雇予告手当請求

(1) 記載例

申立の趣旨

1　相手方は申立人に対し、**金53万6,682円**(注1)と内金**26万8,341**円に対する令和５年３月28日(注2)より支払済に至るまで、内金**26万8,341**円に対するこの審判確定の日の翌日(注3)より支払済に至るまで、それぞれ年３パーセントの割合(注4)による金員を支払え。

2　申立費用は相手方の負担とする。

との労働審判を求める。

申立の理由

1　労働契約

労働契約の締結日　2016年４月１日

賃金（甲第１号証）

☑月給　□日給　□時給　金　27万0,000円

手当　**住居**手当　金　５万0,000円

通勤手当　金　３万0,000円 (注5)

支払期日（甲第２号証）

15日締め　☑当月25日払い

□翌月　日払い

2　解雇

(1)　予告日

2023年３月20日（甲第３号証）

⑵　解雇日

2023年3月27日（予告日の翌日から解雇日までの日数**7**日間）(注6) a

⑶　理由

無断欠勤

3　解雇予告手当の額

⑴　平均賃金計算期間の暦日数

☑解雇直前の賃金締切日以前3カ月間 (注7)

□雇入れの日から解雇直前の賃金締切日まで（雇入日から解雇直前の賃金締切日までの雇用期間が3カ月に満たない場合）(注8)

2022年**12**月**16**日から**2023**年**3**月**15**日（解雇直前の賃金締切日）までの暦日数**90**日間　b

⑵　上記期間中の支払われた賃金の総額（臨時に支払われた賃金を除く）

金**105万0,000**円　c

⑶　解雇予告手当 (注9)

金**26万8,341**円

賃金総額 c ÷平均賃金計算期間 b（1円未満切上げ）×（30日－予告日の翌日から解雇日までの日数 a）（1円未満切上げ）

105万0,000円÷90日＝1万1,667円

1万1,667円×23日＝26万8,341円

4　解雇予告手当不払の経緯

無断欠勤者に払う必要はないと公言している。

5　解雇予告手当不払の理由についての相手方の言い分

同前

6　5に対する反論

　無断欠勤は形式上は確かにそうですが、いろいろ事情があり、私も連絡を入れようとは努力しました。

7　解雇通告後、今日までの交渉経緯

　社長は会ってもくれません。

　労基署に相談に行ったところ、電話をしてくれましたが、会社は断固払わないと言っているので、民事でやるしかないと言われました。

8　付加金（注10）

☑請求する

□請求しない

9　結論

⑴　**53万6,682**円と内金**26万8,341**円に対する令和**5**年**3**月**28**日より支払済に至るまで、内金**26万8,341**円に対するこの審判確定の日の翌日より支払済に至るまで、それぞれ年3パーセント割合による金員を支払え。

⑵　申立費用は相手方の負担とする

との労働審判を求める。

10　証拠方法（注11）

□雇入通知書　□就業規則

☑給与明細書（甲第**1**号証）　☑賃金規定（甲第**2**号証）

□解雇予告通知書（甲第**3**号証）

11　添付書類（注12）

☑甲第**1**号証〜**3**号証（写し）　☑資格証明書　□委任状　□上申書（注13）

⑵ 記載方法と解説

（注１）

予告手当額と付加金（注10）の合計額を記載します。

（注２）

予告手当の額を記載します。予告手当は遅くとも解雇日までには支払わなければならないことから、遅延損害金の起算日は解雇日の翌日となります。

（注３）

付加金の額を記載します。付加金は、支払いを命ずる労働審判が確定して初めて発生するので、遅延損害金の起算日は審判の確定日の翌日となります。

（注４）

予告手当、付加金いずれについても、遅延損害金の利率は、賃金等とは異なり、年３パーセントです。なお、時効期間は２年間です（労基法115条）。

（注５）

予告手当の額を正確に計算するために必要です。予告手当の額は労基法に定める「平均賃金」（12条）に基づいて計算されます。「平均賃金」の計算にあたっては、①臨時に支払われた賃金（例：私傷病手当、特別賞与）、②３カ月を超える期間ごとに支払われる賃金（例：３カ月を超える計算期間により支給される賞与）は除外されます。いわゆる所定賃金のすべてについて費目と額を記載してください。

各月の月例賃金において支給される住居手当や通勤手当も当然含まれます。

なお、年俸制の労働者は、年間の報酬の12分の１を１カ月の賃金として記載してください。

（注６）

解雇予告手当は、予告日から解雇日までは対象となりません（その間は賃金として支払われます）。

（注７）

「平均賃金」は、解雇直前の賃金締切日から、それ以前３カ月間の暦日数によって計算されます（常に90日とは限りません）。

（注８）

（注７）の期間が３カ月に満たない場合は、この日数で計算します。

（注９）

解雇予告手当の額は、「平均賃金×30日」が原則です。

⑴　平均賃金の額は、３項⑴の期間中に支払われた賃金（ただし、臨

時の賃金は除く）の総額を、３項⑴の期日の暦日数で除して、日額として計算されます。

⑵　解雇予告日から解雇日まで間がある場合は、その日数を「30日」から控除します。

(注10)

予告手当不払いの場合、裁判所は労働者の請求により、不払額と同額の金員を併せて支払うよう命ずることができます。これを付加金といいます（労基法114条）。付加金の支払いまで命ずるか否かは裁判所の裁量ですが、使用者の悪質さ、不誠実さも重要な要素ですから、７項も具体的に書いてください。

なお、労働審判では付加金の審判はできないのではないかとの疑問もあります。労基法114条の「裁判所」に労働審判委員会があたるのかという疑問です。しかし、同条は労働審判制度を予定していないこと、審判に異議が出れば訴訟に移行し訴訟では当然付加金を請求し得ること、労働審判の審理期間中も除斥期間（２年）は進行してしまうこと、審判における「相当の措置」としても考慮し得ること等から、少なくとも申立段階においては、あえて外す必要はないと考えられます（なお、付加金を請求しても、貼用印紙代は変わりません）（本文88頁参照）。

(注11)

提出する証拠にチェックを記入した上で、証拠ごとに順番に番号を付けてください。

(注12)

申立書に添付する書類にチェックを記入してください。「会社」が相手方の場合は、必ず資格証明書を添付しなければなりません（ただし、取寄せが間に合わないときは、後から出すこともできます）。なお、甲号証の写しは相手方の数（通常は１）＋１（労働審判委員会の分）を提出します。必ず、手元に控え（コピー）を残します。

(注13)

労働審判の進行について、要望等（例えば、既に進行している他の事件と一緒に審理してほしい、特別に急いでほしい事情など）があれば、上申書として申立書と一緒に提出できます。

6 時間外・休日労働賃金請求

1 残業代請求－1

(1) 記載例

申立の趣旨

1 相手方は、申立人に対して、次の金員を支払え。

(1) 未払時間外・休日労働賃金　　合計　金8万8,668円 (注1)

［内　訳］(注2)

令和 4年	12月分	5万3,264円	支払日	令和5年1月20日
5年	1月分	8,945円		令和5年2月20日
5年	2月分	2万6,459円		令和5年3月20日

(2) 遅延損害金 (注3)

上記(1)の各内訳金額に対する

□①各支払期日の翌日から支払済まで、

年３％

☑②各支払日の翌日から退職後の所定賃金支払日（令和5年3月20日）まで年３％、退職後の所定賃金支払日の翌日（令和5年3月21日）から支払済まで年14.6％の割合による金員

□③　　年　　月　　日から支払済まで年14.6％の割合による金員

(3) 付加金 (注4)

上記(1)の合計額のうち、法定の未払割増賃金に相当する金員

金6万2,703円

(4) 遅延損害金

上記(3)の金額に対する審判確定の日の翌日から支払済まで年３％の割合による金員

2　申立費用は、相手方の負担とする。

との労働審判を求める。

申立の理由

1　当事者

(1)　申立人（**甲第1号証**）

①　入社日（労働契約の締結日）

2015年4月1日

②　退職日（※　既に退職している場合）

2023年2月28日

③　職種（担当職務）　**店舗レジ担当**

④　社内での地位　**契約社員**

(2)　相手方（甲第2号証）

①　企業形態

☑会社　□個人営業　□その他（　　　　　　　）

②　業　　種

パン・菓子類製造・販売業

③　従業員数　**約50人**

④　資本金　**金1,000万円**

2　賃　金

(1)　賃金制度（甲第1，3号証）

☑月給制　□日給月給制　□日給制　□時給制

□歩合給制　□固定給＋歩合給制　□年俸制

□その他（　　　　　　　　　　　　　　　　　　）

⑵　所定賃金の額（甲第4号証の1～3）（注5）

①　基本給　（☑月額　□日額　□時給）16万8,000円

②　各種手当

精　勤　手当　5,000円（☑月額　□日額）

通　勤　手当　10,000円（☑月額　□日額）

手当　　円（□月額　□日額）

⑶　賃金の計算方法及び支払期日（甲第1，3号証）

末日締め　□当月　☑翌月　20日払い

3　所定労働時間（注6）

⑴　1日の所定労働時間（甲第1，5号証）　7時間30分

①　始業時刻　☑午前　□午後　10時00分

②　終業時刻　□午前　☑午後　6時30分

③　休憩　□午前　☑午後　1時30分～2時30分

□午前　□午後　時　分～　時　分

（1時間）

＊　曜日によって始・終業時刻，休憩時間等が異なる場合には，その内容

（　　　　　　　　　　　　　　　　　　　　）

⑵　所定休日（甲第1，5号証）

□　日曜日

□　土曜日（□毎週　□隔週　□その他［　　　］）

☑　祝　日

☑　その他**（毎週火・水曜日，年末年始3日間，夏休み5日間）**

⑶　1カ月の所定労働時間（注7）

150時間

4　時間外労働を行った事実

⑴　未払の時間外手当がある期間（対象期間）

2022年12月分給与から2023年２月分給与まで

⑵　時間外，休日労働の概要（詳細は別紙一覧表記載のとおり）（別紙・略）（注８）

22年12月は，年末の繁忙期のため，20時間ぐらいの残業に加え，休日出勤もした。23年１月はわずかな残業だったが，２月に入ると残業が増え，休日出勤もした。

⑶　対象期間中に行った残業（甲第６号証の１～３）

①　法内残業（除，深夜労働）（注９）

法定労働時間（１日８時間，週40時間）以内の労働時間の総数

合計22時間30分

［内　　訳］

2022年　　12月分給与　　12時間　00分
2023年　　１月分給与　　４時間　00分
2023年　　２月分給与　　６時間　30分

②　通常の残業（除，深夜労働）（注10）

法定労働時間（１日８時間，週40時間）を超えている労働時間の総数（ただし，③④⑤を除く）。

合計17時間00分

［内　　訳］

2022年　　12月分給与　　９時間　30分
2023年　　１月分給与　　３時間　00分
2023年　　２月分給与　　４時間　30分

③　法定休日労働（除，深夜労働）(注11)

法定休日における労働時間の総数（⑤を除く）

合計24時間30分

［内　　訳］

2022年	12月分給与	16時間	30分
2023年	1月分給与	0時間	00分
2023年	2月分給与	8時間	00分

④　深夜残業（午後10時～午前5時までの労働）(注12)

合計＿0時間＿0分

［内　　訳］

年	月分給与	時間	分
年	月分給与	時間	分
年	月分給与	時間	分

⑤　休日深夜労働(注13)

合計＿0時間＿0分

［内　　訳］

年	月分給与	時間	分
年	月分給与	時間	分
年	月分給与	時間	分

5　割増率と残業単価（時間賃金）(注14)

(1)　残業（割増率と残業単価）についての合意の有無（甲第3号証）

☑就業規則　□労働協約　□雇用契約書　□特に定めはない

(2)　割増率の内容

①　法内残業

☑特に定めはない

□定めあり　　　　　____%

②　法外残業

□特に定めはない

☑労基法が定めた割増率に従う旨の規定がある（25%）

□法定外休日労働について定めあり　　　　　____%

□その他　　　　　____%

③　法定休日労働

□特に定めはない

☑労基法に定めた割増率に従う旨の規定がある（35%）

□その他　　　　　____%

④　深夜残業（午後10時～午前５時）

□特に定めはない

☑労基法が定めた割増率に従う旨の規定がある（50%）

□その他　　　　　____%

⑤　休日深夜労働

□特に定めはない

☑労基法が定めた割増率に従う旨の規定がある（60%）

□その他　　　　　____%

⑶　残業単価

①　１カ月の所定労働時間（注15）

150時間____分

②　割増賃金の算定基礎となる賃金（注16）

基本給	16万8,000円
（精　勤）手当	万5,000円
（　　　）手当	万　　円
合計	17万3,000円

③　時間単価

②÷①＝1,154円

④　残業単価(注17)

ア　法内残業　（③×100％）　1,154円

イ　法外残業　（③×125％）　1,443円

ウ　法定休日労働　（③×135％）　1,558円

エ　深夜残業　（③×　　％）　　円

オ　深夜休日労働　（③×　　％）　　円

6　時間外・休日労働賃金(注18)

2022年12月分	→	5万3,264円	（内，法定の賃金39,416円）
2023年1月分	→	万8,945円	（内，法定の賃金4,329円）
2023年2月分	→	2万6,459円	（内，法定の賃金18,958円）
年　月分	→	万　　円	（内，法定の賃金　　円）
	合計	8万8,668円	（内，法定の賃金62,703円）

7　付加金(注19)

(1)　法律により割増賃金の支払いが義務づけられた時間数(注20)

①　法外残業　17時間0分

②　法定休日労働　24時間30分

③　深夜残業　0時間　分

④　深夜休日労働　0時間　分

(2)　時間単価(注21)

金1,154円

(3)　法律で支払いが義務づけられた残業単価(注22)

①　法外残業　((2)×125％)　1,443円

②　法定休日労働　((2)×135％)　1,558円

③　深夜残業　　　　((2)×150％)　　　　　円

④　深夜休日労働　　((2)×160％)　　　　　円

(4)　付加金の額（(1)×(3)の合計額）

金**62,703**円

8　相手方が主張する不払いの理由 (注23)

借入金の返済，材料費等買掛債務の支払いに毎月追われていて，残業代を支給する余裕がない。

9　８に対する申立人の反論

遅くまで残業をしても残業代を払ってもらえないため転職をせざるを得ませんでした。法律で決まっている残業代はきちんと払ってもらいたい。

10　交渉経緯 (注23)

(1)　相手方に対する時間外手当の請求

①　支払いを求めた時期

2023年**２**月**中旬**　日（ころ）

②　支払いを求めた方法　　☑　口頭

☐　書面

③　相手方の対応

８で書いたとおり，支払うだけの余裕がないと拒絶されました。

(2)　公的機関への相談など

①　相談をした機関　☐　労働基準監督署

☐　労働相談情報センター（東京都の場合）

☐　労働商工センターなど自治体の相談機関

☐　その他

②　経過と結果

11　証拠方法

☑　労働契約書（甲第1号証）☐労働条件通知書（甲第　号証）

☐　求人票（甲第　号証）　　☑就業規則（甲第5号証）

☑　賃金規程（甲第3号証）　☑給与明細書（甲第4号証の1～3）

☑　タイムカード（甲第6号証の1～3）

☑　その他（　**全部事項証明書（甲第2号証）**　　　　）

12　添付書類

☑　甲第1～6号証写し　☑　資格証明書　☐　訴訟委任状

☐　上申書

(2) 記載方法と解説

＜残業代の基礎知識＞

(1)　第4項「時間外労働を行った事実」について

①　法内残業

「法内残業」とは、所定外労働（残業）のうち、1日8時間・週40時間以内の労働を指します。

②　法定休日労働

「法定休日労働」とは、労基法35条で労働者に付与することが義務づけられた「毎週1日」又は「4週を通じ4日（以上）の休日」における労働を指します。

③　深夜残業

午後10時から翌午前5時までの間の労働であり、かつ、所定外労働であるものを指します。

(2)　第5項「割増率と残業単価（時間賃金）」、第5項(3)②「割増賃金の計算基礎となる賃金」（算定基礎賃金）について

①　『残業単価』（時間賃金）は、原則として、算定基礎賃金（月額）÷1カ月の所定労働時間（平均）で求めます。

ⓐ　『算定基礎賃金』は給与の支給項目の中から、以下のものを控除して算出します（労基法37条5項、労基法施行規則21条）

＊家族手当　＊通勤手当　＊別居手当　＊子女教育手当

＊臨時に支払われる賃金（慶弔見舞金など）

＊住宅手当（ただし、住宅費用に応じて支給されるものに限る。後述**（注5）**参照）

＊1カ月を超える期間を定めて支払われる賃金（賞与など）

ⓑ　『1カ月の所定労働時間』は（1年間の暦日数－年間所定休日数）／12カ月×「1日の所定労働時間」で求めます（労基法施行規則19条1項4号）。

まず、（1年間の暦日数－年間所定休日数）で1年間の総労働日数を求め、これを12で除して1カ月の平均労働日数を算出します。これに1日の所定労働時間を乗じて1カ月平均での労働時間数を求めます。

②　割増率については、就業規則等に労基法が定める割増率以上のものが規定されていればそれに従うことになります。そのような定めがなければ、労基法が定める割増率に従って計算をします。なお、法外残業（後記**（注10）**参照）が月60時間を超えた場合は、法定割増率が50％となります。本例はそれ以下の残業時間なので25％です。この60時間には、法定休日労働の時間はカウントされません。

(3)　端数が生じた場合の扱い

すべて切り上げます（切下げや四捨五入してしまうと、法定の金額に対し未払いが生じることになります）。

（注1）

請求する金額（元本）の総額を記載します。

（注2）

支払日ごとに遅延損害金の起算日が異なるので、月ごとの内訳とその月の支払日を記載します。

（注3）

各月の元本に対し、その月分の支払日の翌日から遅延損害金が請求できます。利率は、年3％です（212頁**（注3）**参照）。

なお、既に退職した人が請求する場合は、退職日の翌日（退職日以降に支払日が到来する場合は、その翌日）から年14.6％の利率で請求できますから、②の欄に、退職日まで（年3％）と退職の翌日からを区別して請求します。

(注４)

法定の残業代（法外残業賃金、法定休日労働賃金）に対しては、その額と同額の「付加金」も払わせるよう裁判所に請求できます（労基法114条）。法内残業（**注９**参照）や法定外休日労働（**注10**参照。ただし、週単位の法外残業となる場合は25％割増を請求できます）は含みません。

なお、労働審判では付加金の審判はできないのではないかとの疑問もあります。労基法114条の「裁判所」に労働審判委員会があたるのかという疑問です。しかし、同条は労働審判制度を予定していないこと、審判に異議が出れば訴訟に移行し訴訟では当然付加金を請求し得ること、労働審判の審理期間中も除斥期間（２年）は進行してしまうこと、審判における「相当の措置」としても考慮し得ること等から、少なくとも申立段階においては、あえて外す必要はないと考えられます（なお、付加金を請求しても、貼用印紙代は変わりません）（本文88頁参照）。

(注５)

割増賃金計算の基礎となる賃金全部について費目と金額を記載します。いわゆる所定内賃金のほとんどが対象になりますが、家族手当、通勤手当は対象となりません。また、住宅手当は賃料等の額に対応して手当額が変動する制度の場合は対象となりませんが、賃料等の額と支給額との間に関連がない制度（例えば、独身者Ａ円、既婚者Ｂ円など）の場合は対象となりますので、忘れずに記載してください。

(注６)

割増賃金額を計算するために必要です。細かくは労基法施行規則19条をみてください。ここでは、ごく普通のサラリーマンを想定して解説します。

所定労働時間は、あらかじめ定められている労働時間です。

所定休日はあらかじめ就業規則等で定められている休日です。

(注７)

１カ月の所定労働時間は、土日や祝日の数によって、毎月変わります。毎月それぞれ計算していたのでは大変ですから、月給制のサラリーマンの場合は、年間の所定労働日数×１日の所定労働時間÷12の計算式で、年平均の１カ月の所定労働時間を算出して使用します（労基法施行規則19条１項４号）。

（注８）

時間外・休日労働の時間数は、原則として、まず１日ごとに計算します。

例えば、４月１日は、８時から21時までの12時間であるので、所定の８時間を控除した４時間という具合です。これを１日ごとに文章で記載するのは大変ですから、一覧表にするのがよいでしょう。そして、時間外・休日労働の概要（例えば、平日はほとんど毎日20時〜21時頃まで、土曜日はほぼ全日夕方まで、日曜日も月２回位は出勤していたなど）を簡潔に記載し、労働審判官・労働審判員に残業実態のイメージを持ってもらうよう工夫しましょう。

（注９）

所定労働時間（例えば、７時間30分）は超えるが、法定労働時間（８時間）以内である残業のことを「法内残業」といいます。法内残業については、労基法の規定は適用されません。原則として法内残業時間に対する100％の賃金の請求権はありますが、割増賃金は就業規則（給与規程）等に具体的な定めがないと、請求できません。

（注10）

法定労働時間を超える残業を「法外残業」といいます。ここで注意が必要なのは週休２日制の場合です。２日の休日（例えば、土・日）のうち、１日（通常は日曜）が法定休日（**注11**参照）であり、もう１日（土曜）は法定外休日となります。法定外休日の労働は、労基法上は休日労働ではなく、土曜労働の結果、週法定労働時間（40時間）を超えた場合、超えた部分の労働が「法外残業」となり、割増賃金率は25％です。週40時間を超えない労働は「法内残業」となります。なお、就業規則等で、所定休日労働に対しても法定休日労働と同一の割増率が定められている場合もありますが、「法内残業」には付加金（**注４**）が付きませんから、法外残業のみこの欄に記入してください。なお、深夜残業の場合は割増率が異なりますので、別に④に記入してください。

（注11）

労基法35条が定める週１回の休日を、法定休日といいます。割増率は35％です。

（注12）

午後10時から午前５時までの間の労働は、労働時間の長さや残業か否かにかかわりなく、深夜労働であって、25％の割増賃金（深夜手当）を請求できます（労基法37条４項）。残業が深夜となった場合は25％＋25％＝50％の割増賃金となります。

（注13）

法定休日に深夜労働をすると深夜休日労働となり、割増率は35％＋25％＝60％となります。

（注14）

残業等に対する割増率は、労基法の規定（25％、35％）が最低基準であり、これを下回る規定は無効です。なお、１カ月60時間を超える部分の法外残業に対しては、割増率が25％ではなく50％となります（労基法37条１項ただし書）。この60時間の算定には法定休日労働は含まれません。労基法の規定を上回る割増率が就業規則等に定められている場合は、これに基づいて請求します。

（注15）

残業代の１時間単価は、算定基礎となる賃金総額**（注16）**を１カ月の所定労働時間で割って計算します。１カ月の所定労働時間の計算方法は**（注７）**をみてください。

（注16）

残業代（割増賃金）計算の基礎となる賃金は、通常、所定賃金から家族手当、通勤手当を控除した額です（**（注５）**、労基法37条５項、労基法施行規則21条）。

（注17）

残業単価は、③で算定された１時間単価に割増率を乗じて計算します。

（注18）

１カ月ごとに４項（時間）と５項（残業単価）で計算された残業代等の総額を記載します。また、付加金の対象となるか否かを明示するために、内訳も記載するとわかりやすいでしょう。

（注19）

（注４）参照。

（注20）

時間数は４項⑶②～⑤から転記します。

（注21）

時間単価は５項⑶③から転記します。

（注22）

残業単価は、法定の割増率で計算します。

（注23）

付加金を認容するか否かは裁判所が裁量で判断します。使用者側の悪質さ、不誠実さが大きなポイントになりますので、この点に留意して十分に書いてください。

2　残業代請求－２

(1)　記載例

申立の趣旨

1　相手方は、申立人に対し、金2,898,600円(注1)及びこれに対する令和５年３月１日から支払済に至るまで、年14.6％の割合による金員(注2)を支払え。

2　申立費用は相手方の負担とする。

との労働審判を求める。

申立の理由

1　当事者

相手方（以下、会社という）は、**レストラン経営**を目的とする株式会社であり、従業員は約30人、資本金1,000万円である。**都内に５店舗を展開している**。

申立人は、2015年５月10日、会社（**新宿店**）に**ウェイター**として入社し、2023年２月28日退職した者である。

2　恒常的な残業と残業代の未払(注3)

申立人は、１カ月に28日ぐらい、毎日９時間半以上働いていたが、残業手当も休日出勤手当も支給されたことがまったくない。

新宿店の営業時間は、午前11時から午後12時までであるが、ウェイターは１週間ごとに早番（10時～20時）と遅番（14時30分～０時30分）に分かれて勤務していた。また、休日は出面表で月４回指定される制度であったが、直前に変えられたり、予定外の休みの者が出ると取り消されたりして、月に２日ぐらいしか休めなかった。

残業代が支払われたことはまったくない。また、早番・遅番とも食事休憩を30分取ってよいことになっているが、客の入り状況で、休憩が取れないこともよくあった。

3　未払残業代

⑴　残業代単価

日給8,000円であったので、残業単価は1,000円である。

⑵　１日当たりの平均残業時間

１日概ね、９時間半ないし10時間近く働いていたので、少なくとも１時間30分が法外残業である。

また、１カ月平均28日位働いていたので、少なくとも１カ月に２回の法定休日労働と毎週１日は週法定時間を超える法外残業であった。

⑶　請求する残業代等

a　残業時間と深夜労働（１カ月）

①　１日の残業　１時間30分×20日＝30時間／月

②　１週の残業　９時間30分×４日＝38時間／月

③　法外残業（①＋②）　68時間／月（注４）

④　休日労働　９時間30分×２日＝19時間／月

⑤　深夜労働　２時間30分×13日＝32時間30分／月

（遅番の日の22時から０時30分まで、少なくとも１カ月に13日は遅番で勤務した）

b　残業代（１カ月）

①　60Ｈ×1,000円×1.25＝75,000円（60時間までの法外残業）

②　８Ｈ×1,000円×1.5　＝12,000円（60時間を超える法外残業）

③　19Ｈ×1,000円×1.35＝25,650円（法定休日労働）

④　32.5Ｈ×1,000円×0.25＝　8,125円（深夜手当）

⑤　合計　120,775円

c　請求額（２年分）（注５）

120,775円×24月＝2,898,600円

4　残業代未払の理由と請求

退職時に店長に残業代は出ないのかと聞いたら、この業界で残業代などと言う奴はいないと怒鳴られた。

5　交渉経過

退職後、労基署に相談に行き、労基署が店長に話をしてくれたが、店長にはまったく権限がなく、ようやく社長をつかまえたが、まったく話を聞かず、裁判でも何でもやれとの態度だったので、これ以上労基署ではできない、民事の裁判をやってくれと言われた。

6　結論

よって、内輪に見積もって、2年分(注5)の残業代として請求の趣旨記載のとおりの労働審判を求めるべく、本申立に及ぶ。

7　証拠方法

甲第1号証　出面表

甲第2号証　給与明細

甲第3号証　陳述書

8　添付書類

甲第1号証～甲第3号証

資格証明書

(2)　記載方法と解説

本例は、1日ごとの労働時間を立証することは困難だが、いわば体制として、一般的・恒常的に残業が行われていた場合の未払残業代につき、内輪の請求をして、3回の期日で調停・審判を目指すものです。裁判例の中にも、「正確な（残業）時間を把握できないという理由のみから全面的に割増賃金を否定することは不公平」（日本コンベンションサービス事件・大阪高裁平12.6.30労判792号）としたり、「8時過ぎ頃までには出勤するのを常としていたと認められるから、8時15分（始業は8時35分）までには出勤して勤務していたと推認するのが相当」（京都銀行事件・大阪高裁平13.6.28労判811号）とするなど職場実態に基づいて残業時間を推定する手法も取り入れられています。なお、残業代の計算等については「残業代請求－1」の解説（291頁）を参照してください。

（注1）

請求する残業代（元本）を記入します。3(3)項Cの金額です。

（注2）

本例は、一括して退職日の翌日から年14.6％の遅延損害金を請求する例です。また、付加金の請求はしていない例です。

（注3）

職場実態を要領よく、書いてください。

（注4）

本例では月間の法外残業時間が60時間を超えるので、60時間を超える部分（8時間）に対する割増率は50％となります。

（注5）

民法改正後は消滅時効は3年ですが、本件は「内輪」の2年を請求するものです。

7　パワハラに対する損害賠償請求

(1)　記載例

申立の趣旨

1　相手方は、申立人に対し、金500万円を支払え。
2　申立費用は相手方の負担とする。
との労働審判を求める。

申立の理由

1　当事者（略）

2　週礼におけるパワハラ（注１）

申立人は、中古マンションの販売会社である相手方の営業社員で、勤続３年である。

相手方営業部では、毎週月曜日、朝９時から営業課長の主催で週礼を行う。課長席の後ろのボードに、前週の成績（成約件数と金額）が棒グラフで掲示され、ノルマ未達成者の氏名には、赤でバツ印が付される。

申立人は、１年目はともかく、２年目はソコソコの成績であったが、３年目に入ると成績が落ち、４月、５月、６月は成約ゼロが続いた。

６月５日の週礼では、５月の成績ゼロが申立人だけであったこともあり、課長の横に立たされて、さんざん叱責された挙句「皆に謝れ」と指示され、５分間も土下座をさせられた。

７月３日の週礼では、３カ月続いて成績ゼロだったため、６月の成績ゼロの社員が他にもいたにもかかわらず、課長は申立人に対し、「給料ドロボー」「とっとと辞めちまえ」などと10分間にわたって怒鳴り続け、通常の週礼（15分位）では報告される重要案件の進捗状況、今週の主な予定、今週の重点課題などの報告はまったくされないまま散会となった。

週礼終了直後、課長は申立人を別室に呼び出し、約１時間にわたって怒鳴り続けた。その内容は、「お前みたいなヤツは人間のクズだ」「生きていても意味がないから死んでしまえ」「売れなかったらマンションの屋上から飛び降りろ」など、申立人の人格を完全に否定するものであった(注2)。この間、申立人はずっと土下座させられていた。

通常、週礼には取締役営業部長も立会っており、６月５日及び７月３日の週礼にも立会っていた(注3)。

なお、７月３日の週礼については録音があり、掲示されたグラフの写真もある(注4)。

3　損害賠償請求に至る経緯

申立人は、直接あるいは間接的にも会社、部長や課長に文句を言える状況にない。社内にハラスメントの苦情窓口(注5)は設けられていない。

したがって、この申立が初めての行動である。

交渉を全く経ていないので、相手方の主張は不明であるが、おそらく“指導の範囲内”と言い訳すると思われる(注6)。

申立人の被った精神的損害は甚大であり、これを慰謝するとともに今後このようなパワハラが存在しない会社にするためにも、高額の損害賠償が認められるべきである(注7)。

なお、加害者たる課長を利害関係人として本手続に参加させたい（規則24条）(注8)。

4　結論

よって、申立の趣旨のとおりの労働審判を求めるべく本申立に及ぶ。

⑵　記載方法と解説

(注1)

今日、様々な場面でハラスメント（いじめ）が被害者から指摘されます。セクハラ、マタハラ、ソジハラ、パワハラ、アカハラ等。このような状況を受け、労働施策総合推進法30条の2が2018年に制定（雇用対策法の改定）されました。この法により、使用者（事業主）の義務となったのは、職場でハラスメントが起きないような措置を取るだけです。2019年のILO190号条約では、⑴ハラスメントを禁止し、⑵これをあらゆる場面で求めています。日本の法律では労働契約関係の存在が前提ですから、就活生や消費者などは対象にすらなりませんし、ハラスメントそのものの禁止規定はありません。他方、セクハラについては、男女雇用機会均等法11条及びこれに基づく指針（平18.10.11厚労告615号）（マタハラについては、男女雇用機会均等法11条の3及び指針）において事業主が明確な方針を策定し周知を図るとされ、事実上セクハラは禁止され、損害賠償の対象となります。

パラハラを禁止する規定は、日本には存在しません。パワハラを構成する行為が民法上の不法行為となってはじめて違法となり、損害賠償の対象になるのです。

加害者のパワハラ行為が民法上の不法行為に該当するとしても、労働審判は使用者（会社）の責任を問うものですから、加害者個人を相手にすることはできません。ただし、後記のとおり利害関係人として参加させるよう労働審判委員会に申し入れることはできます。ここで会社の責任に結び付けるための根拠となるのが、労契法5条（安全配慮義務）や労働施策総合推進法30条の2（措置を取る義務）です。

(注2)

5WIHを踏まえて、できる限り具体的かつ簡潔に記載します。長時間や複数回にわたる場合は、その中で人格の否定と指摘できるものから選択します。

(注3)

会社の責任を認めやすくするために、経営陣がかかわっていた事実がある場合は、これを具体的に記述します。

(注4)

労働審判も裁判ですから、その判

断は証拠に基づいてなされます。客観的には“あった”事実であっても、それを裏付ける証拠がないと“あった”ことにはなりません。その意味で証拠は大事なものです。等しく証拠といってもその重みや信用度は様々です。ことに本件のようなパワハラによる損害賠償を求める事案で労働審判という方法を選択する場合は、反論の余地がない決定的な証拠を提出できるかを判断基準とすべきでしょう。

証拠力が少し低いと考える場合は、本訴を選択すべきでしょう。加害者を当事者（被告）にでき、尋問も行えるからです。

（注5）

苦情相談窓口の設置はとるべき措置の1つとして掲げられ、設けている会社もあり、社内に設けているケースと社外の機関と連携しているケースがあります。しかし、前者は信用度やプライバシー保護等の点において疑問符がつくものが多いでしょうし、後者の場合でも、当該機関が会社からどれほど独立しているのか（会社にとって不都合な事実をどれだけ適切に処理する能力を持っているのか）によって、その使い勝手は違いますので十分に事実・背景を調査してから使ってください。

（注6）

職務上の上司からのパワハラで圧倒的に多い言い訳（パワハラではないとの否認）は“指導の範囲内”というものです。労働施策総合推進法では「業務上必要かつ相当な範囲を超えたもの」と表現されています。その線引きは難しいものですが、その判断基準がその会社内にあるのではなく、社会一般にあるという点は心得ておくべきでしょう。すなわち、“ウチの会社では新人は皆、こうやって鍛え、指導してきたのであって、従前と変わらない”という主張は通らないということです。

（注7）

本件では500万円という高額の慰謝料を請求しています。日本の裁判で500万円の（実質的な）慰謝料が認められることはまずありません。にもかかわらず、さらに請求額を高くすれば提訴時の印紙代も高くなるのに、あえて請求しているのは、「今後このようなパワハラが存在しない会社」を実現するために、相手方会社だけでなく、広く一般の会社に対しても警告を発するためです。

米国では、懲罰的慰謝料が認められ、数百万ドルという判決が出ることがあります。日本でも挑み続けることが大切です。

(注8)

労働審判規則24条は「労働審判委員会は、労働審判手続の結果について利害関係を有する者が労働審判手続に参加することを許可し、又は当該者を労働審判手続に参加させる場合には、あらかじめ当事者の意見を聴かなければならない」と定めていますので、審判の結果について利害関係のある者や、その人の話を聞かないと事実が正確詳細に把握できない人（いわば、重要証人）、あるいは審判手続の中での調停において実質的な当事者として参加させたい者などを審判手続に参加させるよう、労働審判委員会に求める（意見を言う）ことができます。その場合には参加させる必要性や意義について具体的に指摘することが必要です。

8　利益調整型事案

1　育児のための短時間勤務等の請求

(1)　記載例

申立の趣旨

1　申立人が相手方に対し、令和6年2月2日(注1)まで、フレックスタイム制で就労する権利を有する地位にあることを確認する。(注2)
2　申立費用は相手方の負担とする。
との労働審判を求める。

申立の理由

1　労働契約の成立（甲第　　号証）
(1)　採用年月日　2022年8月1日
(2)　期間の定め　☑なし　□あり（　　カ月／　　年）(注3)

2　相手方の形態
(1)　☑株式会社　□有限会社　□個人企業　□その他（　　　）
(2)　従業員数　約300人
(3)　資本金　　金5,000万円
(4)　その他

3　相手方の営業内容（会社の目的）
証券業

4　労働契約の内容

⑴　申立人の仕事の内容

アシスタント・アナリスト

⑵　所定労働時間（注4）

始業８時、終業17時、休憩12時から13時。所定労働時間８時間

5　フレックスタイム制の請求

⑴　申立人は2021年２月３日長男を出産し、現在、長男は２歳１カ月である。

申立人は、長男が３歳に達する2024年２月２日まで（注5）フレックスタイム制による勤務を要求している。

6　フレックスタイム制請求に至る経緯

申立人は、第１に、現在の担当業務に責任と興味を持っており、１日でも早く職場と仕事に慣れたいと考えていること、第２に、応募時にアテにしていた実母が体調を崩したこと、第３に、保育園の送迎や乳幼児は病気・体調不良となりやすいことなどを考えると８時～17時の固定勤務はとても勤まりそうにないことを説明して、2022年10月25日、相手方に対し、フレックスタイム制での勤務を認めるよう申し入れた。

7　相手方がフレックスタイム制を認めない理由（注6）

相手方人事部長は、事情は理解できなくはないが、相手方には就業規則においてもその他の規程・制度においても、入社直後の従業員に育児のためにフレックスタイムを認めるような制度は存在せず、過半数組合とも協定しているとして、申立人の申入れを拒否した。

8　７に対する反論（注7）

相手方の育児休業規程は、極めて杜撰であり、休業を取得しない者に関する措置については、「育児休業法所定の措置をとる。詳細は細則で

定める。」とあるだけで、細則は未だに制定されていない。申立人は2022年10月以降細則を定め、フレックスタイムでの勤務を認める制度を導入するよう再三申入れてきた。

当初の申入れより既に相当の期間が経過しているので、育児介護休業法23条２項が定める措置の選択権は申立人に移転しており、申立人は申立の趣旨記載のとおりのフレックスタイム制に基づき就労する権利を有する。

9　フレックスタイム制請求後の交渉の経過

相手方は、検討中というだけで、まったく交渉に応じない。

10　結論

(1)　申立人が相手方に対し、令和**6**年**2**月**2**日まで、フレックスタイム制で就労する権利を有する地位にあることを確認する

(2)　申立費用は相手方の負担とする

との労働審判を求める。

11　証拠方法（注8）

□労働（雇用）契約書（甲　　号証）　☑就業規則（甲**1**号証）

☑賃金規定（甲**2**号証）　☑育児介護休業規定（甲**3**号証）

□賃金明細書（甲　　号証）　□賞与明細書（甲　　号証）

□その他（　　　　　　　　　　　　　　　　　　　）

12　添付書類（注9）

☑甲**1**号証～甲**3**号証（写し）　☑資格証明書　□訴訟委任状

□上申書（注10）

□その他（　　　　　　　　　　　　　　　　　　　）

⑵　記載方法と解説

（注１）

対象である子の３歳の誕生日の前日を記入します（育児介護休業法23条２項。育児介護休業法施行規則74条２項）。

（注２）

要求する「始業時刻変更等の措置」の具体的内容を記入します。

（注３）

有期雇用の場合は、一定の条件が必要なので、記入してください。

（注４）

就業規則上の所定時間、始終業時刻等を記入します。

（注５）

（注１）と同じ日を記入します。

（注６）

相手方の説明、理由を簡潔に書いてください。

（注７）

育児介護休業法では、育児休業を取得し得るのに取得せず、勤務を継続する労働者を支援するため、短時間勤務制度等を定めています（23条１項）。また、短時間勤務制度の適用除外となる労働者については「始業時刻変更等の措置」を講じることを求めています（23条２項）。

しかし、労働者に具体的な請求権が生じるためには、就業規則等において、使用者が具体的な制度を定める必要があります。使用者がサボっているとせっかくの法律が絵に描いたモチになってしまいます。このような使用者に対して事後的に損害賠償を請求することも理論的には考えられますが、育児は日々の現実の問題です。そこで、選択債権における選択権の移転（民法406～408条）の規定に基づき、労働者が選択でき、選択した債務の履行を求めるという請求が考えられます。

なお、育児介護休業法上の権利については、同法52条の３～52条の６までの定めにより、都道府県労働局長を通して紛争調整委員会（両立支援調停会議といいます）（個別労働紛争解決促進法６条１項）に調停を申し立てる方法もあります。

（注８）～（注10）は、**２**１の**（注14）**～**（注16）**を参照してください。

2　就業環境の整備を求める請求

⑴　記載例

申立の趣旨

1　相手方は、相手方○○営業所に所属するすべての男性従業員に対し、セクシャル・ハラスメントに関する研修を実施せよ。
2　相手方は、セクシャル・ハラスメント指針を策定し、全従業員に周知せよ。
3　申立費用は相手方の負担とする。
との労働審判を求める。

申立の理由

1　当事者（略）

2　○○営業所における就業環境

相手方の○○営業所は、所長（男性）以下20人の所帯であり、事務職2名（女性）の他は、全員営業職であって、その男女比は概ね2対1である。営業先に応じて男女のペアでチームを組んで営業に回るケースもままある。

男性営業職は、主観的には女性営業職を励まし、また、指導しているつもりで、大声でしゃべる、肩口をたたく、服装について論評するなどが日常的状態である。

しかし、女性営業職の中には、肩口をたたかれることに強い嫌悪感を抱く者もおり、また、服装の論評はときとして、発言内容がエスカレートすることもあり、女性営業職は皆、不快感を持っている。

なお、会社は、いわゆるセクハラ指針は定めていない。また、これまでセクハラ研修を実施したこともない。

3　申立に至る経緯

女性営業職で相談の上、前記２の考え方を所長に伝え、対処方を要望したが、所長は、何ら問題はないとして、何の対応もせず、また、本社にもまったく報告していない模様である。

4　営業所、会社の対応に対する反論

セクハラの基本である、一人ひとりの女性労働者がそれぞれ個人的にどう感じるかによって、まったく同じ行為がＡには何でもなくても、Ｂにはセクハラ（就業環境の阻害）となるという点を営業所長も男性営業職もまったく理解していない。現に、肩口をたたかれて嫌悪を抱き、不快な表情をしたらその後、営業先で十分なサポートをしてくれなかった事例もある。

上記の基本を、一人ひとりの男性営業職に、行為ごとに説明することは到底不可能であり、ことに「被害者」にそれを期待することはできない。

よって、会社ぐるみ、営業所ぐるみで、会社の方針として対処が行われなければ、男女雇用機会均等法11条の措置がまったく行われていないことになる。

そのためには、厚労省セクハラ指針に従い、会社がまず、セクシャル・ハラスメント指針を定め、これを周知すると共に、周知の一方法としても、○○営業所において、キチンとした研修を実施すべきである。これは使用者の最低限の責務であり、使用者の負担も軽微である。

5　結論

よって、申立の趣旨記載のとおりの労働審判を求める。

6　証拠方法（略）

⑵　記載方法と解説

女性従業員の総意による申入れにもかかわらず、会社や管理職がセクハラ防止のための具体的行動をとらないケースにつき、労働審判を利用して、改善を図る申立です。

男女雇用機会均等法11条に基づく、いわゆるセクハラ指針は、それ自体としては、労働者個々人に具体的・民事的な請求権を付与するものではありません。しかし、現に、就業環境が害され、これによって業務・業績にも現実に影響が生じており、さらに、女性従業員からの申入れがあるにもかかわらず、使用者が適切な措置をとらない場合には、実情に応じ、相当な措置をとるよう、労働審判委員会が指導・勧告することが強く期待されます。

労使審判員のアドバイスにより、調停において段階的な措置が合意される可能性は大いにあるといえるでしょう。

3　使用者からの損害賠償請求

(1)　記載例

申立の趣旨
１　相手方は、申立人に対し、金500万円を支払え。 との労働審判を求める。

申立の理由
１　当事者（略） ２　業務中の交通事故の発生 　相手方は申立人所有車輌を運転して、業務として都内から青森に向かって東北自動車道を走行していたが、2022年12月２日19時30分ごろ、白石付近にて脇見運転のため、運転を誤り、車輌を側壁に衝突させ、車輌を大破させるとともに、積荷を付近に散乱させた。この事故により、申立人は、車輌損害として500万円、荷主に対する賠償金1,000万円、道路公団に対する賠償金800万円等、保険で填補された金額を控除しても、総計約1,000万円の損害をこうむった。 ３　損害賠償請求に至る経緯 　本件事故は相手方の全面的な過失によるものであるところ、申立人は、相手方のこれまでの勤務成績、勤務態度、家庭事情等を考慮し、金500万円を分割で（10万円×50回）支払うよう相手方に求めたが、相手方は応じない。 ４　相手方の主張 　相手方は、子供（３人）がまだ小さいこと、妻はパートでわずかな収

入しかないこと、事故の背景にはハードなダイヤがあることなどを主張している。

5　交渉の経過

相手方とは、相手方の父親、職場の上司をも交えて、話し合いをしたが、合意には至らなかった。申立人としては、双方の事情を十分考慮していただいた上、適切な和解案の提示を求めたい。できるだけ審判ではなく、調停での解決を図りたいと考えている。

6　結論

よって、申立の趣旨のとおりの労働審判を求めるべく本申立に及ぶ。

7　証拠方法（略）

8　添付書類（略）

⑵　記載方法と解説

労働者の非違行為により会社（使用者）が損害をこうむった場合の損害賠償につき、労働審判において調停解決を図るべく、使用者が申し立てるケースです。

かかる場合の損害賠償の有無及び額については、茨城石炭商事事件判決（最高裁判決昭51.7.8判時827号）が、「使用者は、その事業の性格、規模、施設の状況、被用者の業務の内容、労働条件、勤務態度、加害行為の態様、加害行為の予防若しくは損失の分散についての使用者の配慮の程度その他諸般の事情に照らし、損害の公平な分担という見地から信義則上相当と認められる限度において、被用者に対し右損害の賠償又は求償の請求をすることができるものと解すべきである」という判断基準を示しており、同事件では求償額を損害額の４分の１に制限しています。その後の判例も、諸般の事情を総合的に考慮し、損害の公平な分担という見地から、使用者の請求を一定限度においてのみ認める判断を示しており、全額賠償を認めることは稀です。

したがって、このような場合には、当事者間で話し合いを煮詰めるよりも、労使の労働審判員の意見やアドバイスを聴きながら、「公平」な内容を労働審判委員会に考えてもらうのが、最もよい解決方法と思われます。使用者にとっては一見面倒なようにも見えますが、使用者に押しつけられたと感じられる平場の「合意」よりも、労使の専門家が十分に事情を聞いた上でアドバイスし、納得して決められた内容の方が、きちんと履行される確率は格段に高いと思いますし、当該労働者個人のみならず、職場全体の労使関係にも良い効果をもたらすはずです。

巻末資料

○　退職証明書
○　労働審判法・労働審判規則対照条文

退 職 証 明 書

殿

以下の事由により、あなたは当社を　　　年　　月　　日に退職したことを証明します。

年　　月　　日

事業主氏名又は名称

使 用 者 職 氏 名

---

①　あなたの自己都合による退職（②を除く。）

②　当社の勧奨による退職

③　定年による退職

④　契約期間の満了による退職

⑤　移籍出向による退職

⑥　その他（具体的には　　　　　　　　　　　　　　）による退職

⑦　解雇（別紙の理由による。）

※　該当する番号に○をつけること。

※　解雇された労働者が解雇の理由を請求しない場合には、⑦の「（別紙の理由による。）」を二重線で消し、別紙は交付しないこと。

ア　天災その他やむを得ない理由（具体的には、

によって当社の事業の継続が不可能になったこと。）による解雇

イ　事業縮小等当社の都合（具体的には、当社が、

となったこと。）による解雇

ウ　職務命令に対する重大な違反行為（具体的には、あなたが

したこと。）による解雇

エ　業務について不正な行為（具体的には、あなたが

したこと。）による解雇

オ　相当長期間にわたる無断欠勤をしたこと等勤務不良であること（具体的には、あなたが

したこと。）による解雇

カ　その他（具体的には、

）による解雇

※　該当するものに○を付け、具体的な理由等を（　）の中に記入すること。

労働審判法（平成16年法律第45号）
労働審判規則（平成17年１月11日）

労働審判法	労働審判規則
（目的） **第１条**　この法律は、労働契約の存否その他の労働関係に関する事項について個々の労働者と事業主との間に生じた民事に関する紛争（以下「個別労働関係民事紛争」という。）に関し、裁判所において、裁判官及び労働関係に関する専門的な知識経験を有する者で組織する委員会が、当事者の申立てにより、事件を審理し、調停の成立による解決の見込みがある場合にはこれを試み、その解決に至らない場合には、労働審判（個別労働関係民事紛争について当事者間の権利関係を踏まえつつ事案の実情に即した解決をするために必要な審判をいう。以下同じ。）を行う手続（以下「労働審判手続」という。）を設けることにより、紛争の実情に即した迅速、適正かつ実効的な解決を図ることを目的とする。	**（趣旨）** **第１条**　労働審判法（平成16年法律第45号。以下「法」という。）による労働審判手続については、法に定めるもののほか、この規則の定めるところによる。 **（当事者の責務）** **第２条**　当事者は、早期に主張及び証拠の提出をし、労働審判手続の計画的かつ迅速な進行に努め、信義に従い誠実に労働審判手続を追行しなければならない。
（管轄） **第２条**　労働審判手続に係る事件	**（管轄の合意の方式・法第２条）** **第３条**　法第２条第１項の合意は、

（以下「労働審判事件」という。）は、相手方の住所、居所、営業所若しくは事務所の所在地を管轄する地方裁判所、個別労働関係民事紛争が生じた労働者と事業主との間の労働関係に基づいて当該労働者が現に就業し若しくは最後に就業した当該事業主の事業所の所在地を管轄する地方裁判所又は当事者が合意で定める地方裁判所の管轄とする。 2　労働審判事件は、日本国内に相手方（法人その他の社団又は財団を除く。）の住所及び居所がないとき、又は住所及び居所が知れないときは、その最後の住所地を管轄する地方裁判所の管轄に属する。 3　労働審判事件は、相手方が法人その他の社団又は財団（外国の社団又は財団を除く。）である場合において、日本国内にその事務所若しくは営業所がないとき、又はその事務所若しくは営業所の所在地が知れないときは、代表者その他の主たる業務担当者の住所地を管轄する地方裁判所の管轄に属する。 4　労働審判事件は、相手方が外国の社団又は財団である場合において、日本国内にその事務所又は営	書面でしなければならない。

業所がないときは、日本における代表者その他の主たる業務担当者の住所地を管轄する地方裁判所の管轄に属する。	
（移送） **第３条**　裁判所は、労働審判事件の全部又は一部がその管轄に属しないと認めるときは、申立てにより又は職権で、これを管轄裁判所に移送する。 **２**　裁判所は、労働審判事件がその管轄に属する場合においても、事件を処理するために適当と認めるときは、申立てにより又は職権で、当該労働審判事件の全部又は一部を他の管轄裁判所に移送することができる。	
（代理人） **第４条**　労働審判手続については、法令により裁判上の行為をすることができる代理人のほか、弁護士でなければ代理人となることができない。ただし、裁判所は、当事者の権利利益の保護及び労働審判手続の円滑な進行のために必要かつ相当と認めるときは、弁護士でない者を代理人とすることを許可することができる。	**（代理人の許可の申立ての方式・法第４条）** **第５条**　法第４条第１項ただし書の規定による許可の申立ては、代理人となるべき者の氏名、住所、職業及び本人との関係並びに当該申立ての理由を記載した書面でしなければならない。 **２**　前項の書面には、本人と代理人となるべき者との関係を証する文書を添付しなければならない。

２　裁判所は、前項ただし書の規定による許可を取り消すことができる。	
（労働審判手続の申立て） **第５条**　当事者は、個別労働関係民事紛争の解決を図るため、裁判所に対し、労働審判手続の申立てをすることができる。 ２　前項の申立ては、申立書を裁判所に提出してしなければならない。 ３　前項の申立書には、次に掲げる事項を記載しなければならない。 一　当事者及び法定代理人 二　申立ての趣旨及び理由	**（労働審判手続の申立書の記載事項等・法第５条）** **第９条**　労働審判手続の申立書には、申立ての趣旨及び理由並びに第37条において準用する非訟事件手続規則（平成24年最高裁判所規則第７号）第１条第１項各号に掲げる事項のほか、次に掲げる事項を記載しなければならない。 一　予想される争点及び当該争点に関連する重要な事実 二　予想される争点ごとの証拠 三　当事者間においてされた交渉（あっせんその他の手続においてされたものを含む。）その他の申立てに至る経緯の概要 ２　前項の申立書に記載する申立ての理由は、申立てを特定するのに必要な事実及び申立てを理由づける具体的な事実を含むものでなければならない。 ３　予想される争点についての証拠書類があるときは、その写しを第１項の申立書に添付しなければならない。 ４　第１項の申立書を提出するに

	は、これと同時に、相手方の数に３を加えた数の当該申立書の写し及び相手方の数と同数の前項の証拠書類の写しを提出しなければならない。 **（労働審判手続の申立書の写し等の送付・法第５条）** **第10条**　裁判所は、法第６条の規定により労働審判手続の申立てを却下する場合を除き、前条第４項の規定により提出された申立書の写し及び証拠書類の写し（これとともに提出された証拠説明書を含む。）を相手方に送付しなければならない。ただし、労働審判手続の期日を経ないで法第24条第１項の規定により労働審判事件を終了させる場合は、この限りでない。
（不適法な申立ての却下） **第６条**　裁判所は、労働審判手続の申立てが不適法であると認めるときは、決定で、その申立てを却下しなければならない。	
（労働審判委員会） **第７条**　裁判所は、労働審判官１人及び労働審判員２人で組織する労働審判委員会で労働審判手続を行う。	

（労働審判官の指定） **第８条**　労働審判官は、地方裁判所が当該地方裁判所の裁判官の中から指定する。	
（労働審判員） **第９条**　労働審判員は、この法律の定めるところにより、労働審判委員会が行う労働審判手続に関与し、中立かつ公正な立場において、労働審判事件を処理するために必要な職務を行う。 ２　労働審判員は、労働関係に関する専門的な知識経験を有する者のうちから任命する。 ３　労働審判員は、非常勤とし、前項に規定するもののほか、その任免に関し必要な事項は、最高裁判所規則で定める。 ４　労働審判員には、別に法律で定めるところにより手当を支給し、並びに最高裁判所規則で定める額の旅費、日当及び宿泊料を支給する。	
（労働審判員の指定） **第10条**　労働審判委員会を組織する労働審判員は、労働審判事件ごとに、裁判所が指定する。 ２　裁判所は、前項の規定により労働審判員を指定するに当たって	

は、労働審判員の有する知識経験その他の事情を総合的に勘案し、労働審判委員会における労働審判員の構成について適正を確保するように配慮しなければならない。	
（労働審判員の除斥） **第11条**　労働審判員の除斥については、非訟事件手続法（平成23年法律第51号）第11条並びに第13条第２項、第４項、第８項及び第９項の規定（忌避に関する部分を除く。）を準用する。 **２**　労働審判員の除斥についての裁判は、労働審判員の所属する地方裁判所がする。	**（労働審判員の除斥及び回避・法第11条）** **第12条**　労働審判員の除斥及び回避については、非訟事件手続規則第８条から第10条までの規定（忌避に関する部分を除く。）を準用する。
（決議等） **第12条**　労働審判委員会の決議は、過半数の意見による。 **２**　労働審判委員会の評議は、秘密とする。	
（労働審判手続の指揮） **第13条**　労働審判手続は、労働審判官が指揮する。	
（労働審判手続の期日） **第14条**　労働審判官は、労働審判手続の期日を定めて、事件の関係人	**（労働審判手続の第１回の期日の指定・法第14条）** **第13条**　労働審判官は、特別の事由

を呼び出さなければならない。

2　裁判所書記官は、前項の期日について、その経過の要領を記録上明らかにしなければならない。

3　裁判所書記官は、労働審判官が命じた場合には、第1項の期日について、調書を作成しなければならない。

がある場合を除き、労働審判手続の申立てがされた日から40日以内の日に労働審判手続の第1回の期日を指定しなければならない。

（答弁書の提出期限）

第14条　労働審判官は、答弁書の提出をすべき期限を定めなければならない。

2　前項の期限は、答弁書に記載された事項について申立人が前条の期日（以下「第1回期日」という。）までに準備をするのに必要な期間をおいたものでなければならない。

（呼出状の記載事項）

第15条　当事者に対する第1回期日の呼出状には、第1回期日の前にあらかじめ主張、証拠の申出及び証拠調べに必要な準備をすべき旨を記載しなければならない。

2　相手方に対する前項の呼出状には、同項に規定する事項のほか、前条第1項の期限までに答弁書を提出すべき旨を記載しなければならない。

（答弁書の提出等）

第16条　相手方は、第14条第1項の期限までに、第37条において準用する非訟事件手続規則第1条第1項各号に掲げる事項のほか、次に掲げる事項を記載した答弁書を提出しなければならない。

一　申立ての趣旨に対する答弁

二　第9条第1項の申立書に記載された事実に対する認否

三　答弁を理由づける具体的な事実

四　予想される争点及び当該争点に関連する重要な事実

五　予想される争点ごとの証拠

六　当事者間においてされた交渉（あっせんその他の手続においてされたものを含む。）その他の申立てに至る経緯の概要

2　予想される争点についての証拠書類があるときは、その写しを答弁書に添付しなければならない。

3　答弁書を提出するには、これと同時に、その写し3通を提出しなければならない。

（答弁に対する反論）

第17条　相手方の答弁に対する反論（これに対する再反論等を含む。以下この項において同じ。）を要する場合には、労働審判手続の期日において口頭でするものとす

る。この場合において、反論をする者は、口頭での主張を補充する書面（以下「補充書面」という。）を提出することができる。

2　補充書面を提出するには、これと同時に、その写し3通を提出しなければならない。

（労働審判手続の申立書等の記載の方法）

第18条　第9条第1項の申立書、答弁書又は補充書面は、できる限り、申立て又は答弁を理由づける事実についての主張とそれ以外の事実についての主張とを区別して、簡潔に記載しなければならない。

（補充書面の提出等の期限）

第19条　労働審判官は、補充書面の提出又は証拠の申出をすべき期限を定めることができる。

（書類の送付）

第20条　直送（当事者の相手方に対する直接の送付をいう。以下同じ。）その他の送付は、送付すべき書類の写しの交付又はその書類のファクシミリを利用しての送信によってする。

2　裁判所が当事者その他の関係人

に対し送付すべき書類の送付に関する事務は、裁判所書記官が取り扱う。

3　当事者が次に掲げる書面を提出するときは、これについて直送をしなければならない。

一　答弁書

二　補充書面

三　申立ての趣旨又は理由の変更を記載した書面

四　証拠書類の写し（第9条第4項の規定により提出されたものを除く。）

五　証拠説明書（第9条第4項の証拠書類の写しとともに提出されたものを除く。）

六　第35条第1項の書面

4　当事者が直送をしなければならない書類について、直送を困難とする事由その他相当とする事由があるときは、当該当事者は、裁判所に対し、当該書類の相手方への送付を裁判所書記官に行わせるよう申し出ることができる。

5　当事者から前項の書類の直送を受けた相手方は、当該書類を受領した旨を記載した書面について直送をするとともに、当該書面を裁判所に提出しなければならない。ただし、同項の書類の直送をした

	当事者が、受領した旨を相手方が記載した当該書類を裁判所に提出したときは、この限りでない。
（迅速な手続） **第15条**　労働審判委員会は、速やかに、当事者の陳述を聴いて争点及び証拠の整理をしなければならない。 ２　労働審判手続においては、特別の事情がある場合を除き、３回以内の期日において、審理を終結しなければならない。	**（労働審判手続の期日における手続等・法第15条）** **第21条**　労働審判委員会は、第１回期日において、当事者の陳述を聴いて争点及び証拠の整理をし、第１回期日において行うことが可能な証拠調べを実施する。 ２　労働審判官は、第１回期日において審理を終結できる場合又は第１回期日において法第24条第１項の規定により労働審判事件を終了させる場合を除き、次回期日を指定し、当該期日に行う手続及び当該期日までに準備すべきことを当事者との間で確認するものとする。 **（調停）** **第22条**　労働審判委員会は、審理の終結に至るまで、労働審判手続の期日において調停を行うことができる。 ２　裁判所書記官は、前項の調停において当事者間に合意が成立したときは、当該合意の内容並びに当事者の氏名又は名称及び住所並びに代理人の氏名を、調書に記載し

なければならない。

（手続の併合についての意見聴取）

第23条　労働審判委員会は、手続の併合を命ずるときは、あらかじめ当事者の意見を聴かなければならない。

（利害関係人の参加についての意見聴取）

第24条　労働審判委員会は、労働審判手続の結果について利害関係を有する者が労働審判手続に参加することを許可し、又は当該者を労働審判手続に参加させる場合には、あらかじめ当事者の意見を聴かなければならない。

（調書の記載事項・法第14条等）

第25条　労働審判手続の調書には、次に掲げる事項を記載し、裁判所書記官が記名押印し、労働審判官が認印しなければならない。労働審判官に支障があるときは、裁判所書記官がその旨を記載すれば足りる。

一　事件の表示

二　労働審判官、労働審判員及び裁判所書記官の氏名

三　出頭した当事者及び代理人の

	氏名 四　期日の日時及び場所 五　申立ての趣旨又は理由の変更及び申立ての取下げ 六　証拠調べの概要 七　審理の終結 八　労働審判官が記載を命じた事項 **（申立ての趣旨又は理由の変更）** **第26条**　申立ての趣旨又は理由の変更を記載した書面を提出するには、これと同時に、その写し３通を提出しなければならない。 ２　労働審判委員会は、申立ての趣旨又は理由を変更することにより３回以内の期日において審理を終結することが困難になると認めるときは、その変更を許さないことができる。 ３　労働審判手続の期日において申立人が口頭で申立ての趣旨又は理由の変更をした場合（相手方が出頭した労働審判手続の期日においてした場合を除く。）は、労働審判委員会がその変更を許さないときを除き、裁判所は、その期日の調書の謄本を相手方に送付しなければならない。

	（主張及び証拠の提出の時期） **第27条**　当事者は、やむを得ない事由がある場合を除き、労働審判手続の第２回の期日が終了するまでに、主張及び証拠書類の提出を終えなければならない。
（手続の非公開） **第16条**　労働審判手続は、公開しない。ただし、労働審判委員会は、相当と認める者の傍聴を許すことができる。	
（証拠調べ等） **第17条**　労働審判委員会は、職権で事実の調査をし、かつ、申立てにより又は職権で、必要と認める証拠調べをすることができる。 ２　証拠調べについては、民事訴訟の例による。	
（調停が成立した場合の費用の負担） **第18条**　各当事者は、調停が成立した場合において、その支出した費用のうち調停条項中に費用の負担についての定めがないものを自ら負担するものとする。	
（審理の終結） **第19条**　労働審判委員会は、審理を	

終結するときは、労働審判手続の期日においてその旨を宣言しなければならない。	
（労働審判） **第20条**　労働審判委員会は、審理の結果認められる当事者間の権利関係及び労働審判手続の経過を踏まえて、労働審判を行う。 ２　労働審判においては、当事者間の権利関係を確認し、金銭の支払、物の引渡しその他の財産上の給付を命じ、その他個別労働関係民事紛争の解決をするために相当と認める事項を定めることができる。 ３　労働審判は、主文及び理由の要旨を記載した審判書を作成して行わなければならない。 ４　前項の審判書は、当事者に送達しなければならない。この場合においては、労働審判の効力は、当事者に送達された時に生ずる。 ５　前項の規定による審判書の送達については、民事訴訟法第１編第５章第４節（第104条及び第110条から第113条までを除く。）の規定を準用する。 ６　労働審判委員会は、相当と認めるときは、第３項の規定にかかわらず、審判書の作成に代えて、す	**（審判書・法第20条）** **第28条**　法第20条第３項の審判書には、主文及び理由の要旨を記載するほか、次に掲げる事項を記載し、労働審判委員会を構成する労働審判官及び労働審判員が記名押印しなければならない。 一　事件の表示 二　当事者の氏名又は名称及び住所並びに代理人の氏名 三　審判の年月日 四　裁判所の表示 ２　前項の労働審判員が審判書に記名押印することに支障があるときは、労働審判官が審判書にその事由を付記して記名押印しなければならない。 **（審判書の送達・法第20条）** **第29条**　法第20条第４項の規定による審判書の送達は、審判書の正本によってする。 ２　民事訴訟規則（平成８年最高裁判所規則第５号）第１編第５章第４節の規定（第41条、第42条、第46条及び第47条の規定を除く。）

べての当事者が出頭する労働審判手続の期日において労働審判の主文及び理由の要旨を口頭で告知する方法により、労働審判を行うことができる。この場合においては、労働審判の効力は、告知された時に生ずる。 7　裁判所は、前項前段の規定により労働審判が行われたときは、裁判所書記官に、その主文及び理由の要旨を、調書に記載させなければならない。	は、法第20条第4項の規定による送達について準用する。 **（審判書に代わる調書の記載事項・法第20条）** **第30条**　法第20条第7項の調書には、次に掲げる事項を記載しなければならない。 一　主文及び理由の要旨 二　当事者の氏名又は名称及び住所並びに代理人の氏名 三　第25条各号に掲げる事項
（異議の申立て等） **第21条**　当事者は、労働審判に対し、前条第4項の規定による審判書の送達又は同条第6項の規定による労働審判の告知を受けた日から2週間の不変期間内に、裁判所に異議の申立てをすることができる。 2　裁判所は、異議の申立てが不適法であると認めるときは、決定で、これを却下しなければならない。 3　適法な異議の申立てがあったときは、労働審判は、その効力を失う。 4　適法な異議の申立てがないときは、労働審判は、裁判上の和解と同一の効力を有する。 5　前項の場合において、各当事者は、その支出した費用のうち労働	**（異議の申立ての方式等・法第21条）** **第31条**　法第21条第1項の異議の申立ては、書面でしなければならない。 2　法第21条第3項の規定により労働審判が効力を失ったときは、裁判所書記官は、異議の申立てをしていない当事者に対し、遅滞なく、その旨を通知しなければならない。

審判に費用の負担についての定めがないものを自ら負担するものとする。	
（訴え提起の擬制） **第22条**　労働審判に対し適法な異議の申立てがあったときは、労働審判手続の申立てに係る請求については、当該労働審判手続の申立ての時に、当該労働審判が行われた際に労働審判事件が係属していた地方裁判所に訴えの提起があったものとみなす。この場合において、当該請求について民事訴訟法第1編第2章第1節の規定により日本の裁判所が管轄権を有しないときは、提起があったものとみなされた訴えを却下するものとする。 2　前項の規定により訴えの提起があったものとみなされる事件（同項後段の規定により却下するものとされる訴えに係るものを除く。）は、同項の地方裁判所の管轄に属する。 3　第1項の規定により訴えの提起があったものとみなされたときは、民事訴訟法第137条、第138条及び第158条の規定の適用については、第5条第2項の申立書を訴状とみなす。	**（訴状とみなす書面・法第22条）** **第32条**　法第22条第1項（法第23条第2項及び第24条第2項において準用する場合を含む。）の規定により訴えの提起があったものとみなされたときは、民事訴訟規則第56条から第58条までの規定の適用については、第9条第1項の申立書、第26条第1項の書面及び労働審判手続の期日において口頭で申立ての趣旨又は理由の変更がされた場合におけるその期日の調書を訴状とみなす。

(労働審判の取消し) **第23条**　第20条第4項の規定により審判書を送達すべき場合において、次に掲げる事由があるときは、裁判所は、決定で、労働審判を取り消さなければならない。 一　当事者の住所、居所その他送達をすべき場所が知れないこと。 二　第20条第5項において準用する民事訴訟法第107条第1項の規定により送達をすることができないこと。 三　外国においてすべき送達について、第20条第5項において準用する民事訴訟法第108条の規定によることができず、又はこれによっても送達をすることができないと認められること。 四　第20条第5項において準用する民事訴訟法第108条の規定により外国の管轄官庁に嘱託を発した後6月を経過してもその送達を証する書面の送付がないこと。 **2**　前条の規定は、前項の規定により労働審判が取り消された場合について準用する。	
(労働審判をしない場合の労働審判事件の終了)	**(労働審判事件の終了の場合の処置・法第24条)**

第24条　労働審判委員会は、事案の性質に照らし、労働審判手続を行うことが紛争の迅速かつ適正な解決のために適当でないと認めるときは、労働審判事件を終了させることができる。 ２　第22条の規定は、前項の規定により労働審判事件が終了した場合について準用する。この場合において、同条第１項中「当該労働審判が行われた際に労働審判事件が係属していた」とあるのは、「労働審判事件が終了した際に当該労働審判事件が係属していた」と読み替えるものとする。	**第33条**　法第24条第１項の規定により労働審判事件が終了したときは、裁判所書記官は、その旨及び終了の年月日を記録上明らかにしなければならない。 ２　前項に規定する場合においては、裁判所書記官は、当事者に対し、遅滞なく、その旨を通知しなければならない。ただし、労働審判手続の期日において労働審判事件を終了した場合に、その期日に出頭していた当事者については、この限りでない。
（労働審判手続の申立ての取下げ） **第24条の２**　労働審判手続の申立ては、労働審判が確定するまで、その全部又は一部を取り下げることができる。	**（申立ての取下げがあった場合の取扱い・法第24条の２等）** **第34条**　労働審判手続の申立てが取り下げられた場合（相手方が出頭した労働審判手続の期日においてされた場合を除く。）は、裁判所書記官は、第９条第４項の申立書の写しの送付を受けた相手方に対し、その旨を通知しなければならない。
（費用の負担） **第25条**　裁判所は、労働審判事件が終了した場合（第18条及び第21条	**（費用の負担等の申立ての方式等・法第25条等）** **第35条**　法第25条の申立ては、書面

第5項に規定する場合を除く。）において、必要と認めるときは、申立てにより又は職権で、当該労働審判事件に関する手続の費用の負担を命ずる決定をすることができる。	でしなければならない。 2　民事訴訟規則第1編第4章第1節の規定は、労働審判事件に関する手続の費用の負担について準用する。この場合において、同規則第24条第2項中「第47条（書類の送付）第1項」とあるのは、「労働審判規則（平成17年最高裁判所規則第2号）第20条第1項」と読み替えるものとする。
（事件の記録の閲覧等） **第26条**　当事者及び利害関係を疎明した第三者は、裁判所書記官に対し、労働審判事件の記録の閲覧若しくは謄写、その正本、謄本若しくは抄本の交付又は労働審判事件に関する事項の証明書の交付を請求することができる。 2　民事訴訟法第91条第4項及び第5項並びに第92条の規定は、前項の記録について準用する。 **（訴訟手続の中止）** **第27条**　労働審判手続の申立てがあった事件について訴訟が係属するときは、受訴裁判所は、労働審判事件が終了するまで訴訟手続を中止することができる。	**（閲覧等の制限の申立ての方式等・法第26条）** **第36条**　民事訴訟規則第34条の規定は、法第26条第2項において準用する民事訴訟法（平成8年法律第109号）第92条の規定による秘密記載部分の閲覧等について準用する。
（即時抗告）	

第28条　第25条の規定による決定に対しては、即時抗告をすることができる。 ２　第６条、第21条第２項、第23条第１項及び第25条の規定による決定に対する即時抗告は、執行停止の効力を有する。	
（当事者に対する住所、氏名等の秘匿） **第28条の２**　労働審判手続における申立てその他の申述については、民事訴訟法第１編第８章の規定を準用する。この場合において、同法第133条第１項中「当事者」とあるのは「当事者又は参加人（労働審判法第29条第２項において準用する民事調停法（昭和26年法律第222号）第11条の規定により労働審判手続に参加した者をいう。第133条の４第１項、第２項及び第７項において同じ。）」と、同法第133条の２第２項中「訴訟記録等（訴訟記録又は第132条の４第１項の処分の申立てに係る事件の記録をいう。第133条の４第１項及び第２項において同じ。）」とあるのは「労働審判事件の記録」と、同法第133条の４第１項中「者は、訴訟記録等」とあるのは「当	**（当事者に対する住所、氏名等の秘匿・法第28条の２）** **第36条の２**　労働審判手続における申立てその他の申述については、民事訴訟規則第１編第７章の規定を準用する。この場合において、同規則第52条の12第１項中「この規則の規定（第52条の10（秘匿事項届出書面の記載事項等）第１項を除く。次項において同じ。）」とあるのは「労働審判規則第37条において準用する非訟事件手続規則（平成24年最高裁判所規則第７号）の規定」と、同条第２項中「この規則」とあるのは「労働審判規則第37条において準用する非訟事件手続規則」と読み替えるものとする。

事者若しくは参加人又は利害関係を疎明した第三者は、労働審判事件の記録」と、同条第2項中「当事者」とあるのは「当事者又は参加人」と、「訴訟記録等」とあるのは「労働審判事件の記録」と、同条第7項中「当事者」とあるのは「当事者若しくは参加人」と読み替えるものとする。	
（非訟事件手続法及び民事調停法の準用） **第29条**　特別の定めがある場合を除いて、労働審判事件に関しては、非訟事件手続法第2編の規定（同法第12条（同法第14条及び第15条において準用する場合を含む。）、第27条、第40条、第42条の2、第52条、第53条及び第65条の規定を除く。）を準用する。この場合において、同法第43条第4項中「第2項」とあるのは、「労働審判法第5条第3項」と読み替えるものとする。 **2**　民事調停法（昭和26年法律第222号）第11条、第12条、第16条及び第36条の規定は、労働審判事件について準用する。この場合において、同法第11条中「調停の」とあるのは「労働審判手続の」	**（非訟事件手続規則の準用）** **第37条**　特別の定めがある場合を除いて、労働審判事件に関しては、非訟事件手続規則の規定（同規則第8条から第11条までの規定中忌避に関する部分並びに同規則第15条、第21条（民事訴訟規則第77条を準用する部分を除く。）、第44条、第45条及び第50条の規定を除く。）を準用する。

と、「調停委員会」とあるのは「労働審判委員会」と、「調停手続」とあるのは「労働審判手続」と、同法第12条第1項中「調停委員会」とあるのは「労働審判委員会」と、「調停の」とあるのは「調停又は労働審判の」と、「調停前の措置」とあるのは「調停又は労働審判前の措置」と、同法第36条第1項中「前二条」とあるのは「労働審判法（平成16年法律第45号）第31条及び第32条」と読み替えるものとする。	
（最高裁判所規則） **第30条**　この法律に定めるもののほか、労働審判手続に関し必要な事項は、最高裁判所規則で定める。	
（不出頭に対する制裁） **第31条**　労働審判官の呼出しを受けた事件の関係人が正当な理由がなく出頭しないときは、裁判所は、5万円以下の過料に処する。	
（措置違反に対する制裁） **第32条**　当事者が正当な理由がなく第29条第2項において準用する民事調停法第12条の規定による措置に従わないときは、裁判所は、10	

万円以下の過料に処する。	
（評議の秘密を漏らす罪） **第33条**　労働審判員又は労働審判員であった者が正当な理由がなく評議の経過又は労働審判官若しくは労働審判員の意見若しくはその多少の数を漏らしたときは、30万円以下の罰金に処する。	
（人の秘密を漏らす罪） **第34条**　労働審判員又は労働審判員であった者が正当な理由がなくその職務上取り扱ったことについて知り得た人の秘密を漏らしたときは、１年以下の懲役又は50万円以下の罰金に処する。	

〈著者略歴〉

鴨田　哲郎（かもた　てつお）

昭和26年生

昭和53年　弁護士登録（東京弁護士会）

　旬報法律事務所所属

平成14年11月より19年10月まで日本労働弁護団幹事長

君和田　伸仁（きみわだ　のぶひと）

昭和38年生

平成４年　弁護士登録（第二東京弁護士会）

　東京法律事務所所属

日本労働弁護団常任幹事

東京労働局紛争調整委員（平成17年１月～同22年12月）

東京大学ロースクール客員教授（平成22年４月～）

棗　一郎（なつめ　いちろう）

昭和36年生

平成９年　弁護士登録（第二東京弁護士会）

　旬報法律事務所所属

現在、日本労働弁護団常任幹事

日本弁護士連合会労働法制委員会事務局長

3 訂版
労働審判制度　その仕組みと活用の実際

平成17年 7 月20日　初版発行
令和 5 年 5 月20日　3 訂初版

検印省略

日本法令®

〒 101- 0032
東京都千代田区岩本町 1 丁目 2 番19号
https://www.horei.co.jp/

共　　著　鴨　田　哲　郎
　　　　　君和田　伸　仁
　　　　　棗　　　一　郎
発 行 者　青　木　健　次
編 集 者　岩　倉　春　光
印 刷 所　文 唱 堂 印 刷
製 本 所　国　　宝　　社

(営　業)　TEL　03-6858-6967　　Eメール　syuppan@horei.co.jp
(通　販)　TEL　03-6858-6966　　Eメール　book.order@horei.co.jp
(編　集)　FAX　03-6858-6957　　Eメール　tankoubon@horei.co.jp

(オンラインショップ)　https://www.horei.co.jp/iec/
(お 詫 び と 訂 正)　https://www.horei.co.jp/book/owabi.shtml
(書 籍 の 追 加 情 報)　https://www.horei.co.jp/book/osirasebook.shtml

※万一、本書の内容に誤記等が判明した場合には、上記「お詫びと訂正」に最新情報を掲載しております。ホームページに掲載されていない内容につきましては、FAX またはEメールで編集までお問合せください。

ISBN 978-4-539-72977-9